检察调研指导

入额领导干部带头办案专辑

2019年

贵州省人民检察院／编

JIANCHA
DIAOYAN
ZHIDAO

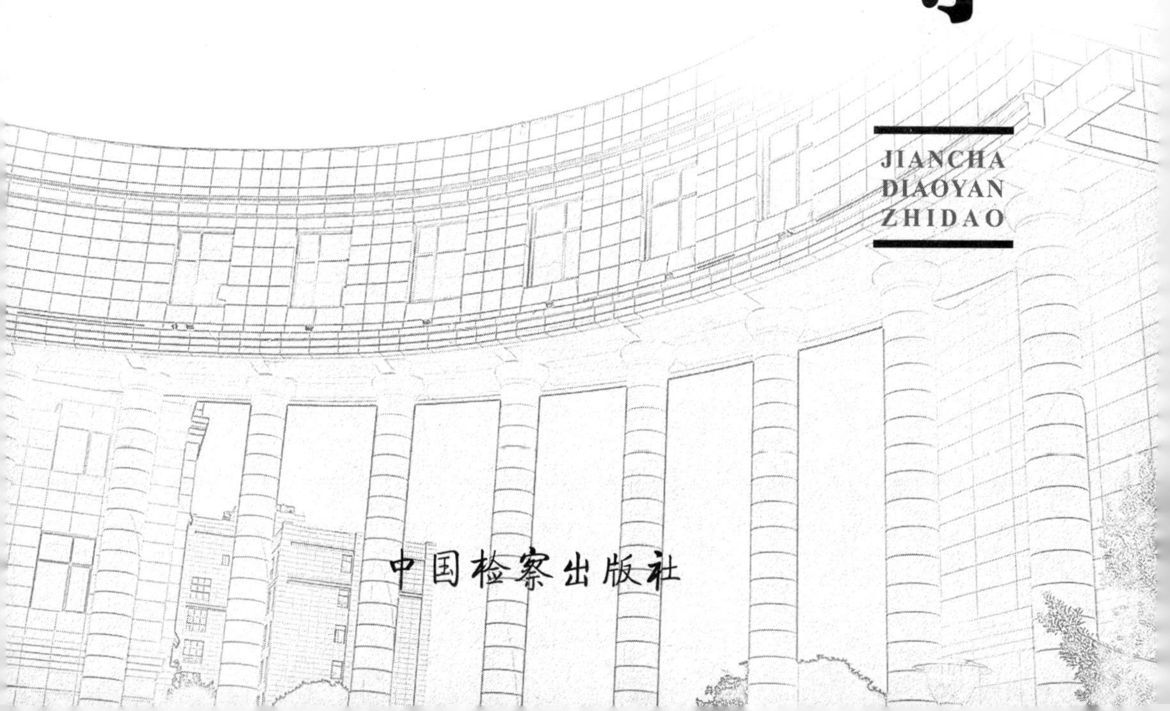

中国检察出版社

目　　录

公益诉讼案

侵犯公民人身权利、民主权利案

贪污贿赂案

破坏社会主义市场经济秩序案

侵犯财产案

妨害社会管理秩序案

危害公共安全案

其　他

公益诉讼案

钟山区人民检察院督促住房和城乡建设局依法履职案

——治理龙潭小河欣欣溪苑河段水质污染

关键词

生态环保　环境污染保护　诉前检察建议

要　旨

住房和城乡建设局对正在建设河堤排污渠指导、督建不力，导致工程停工，排污渠未能及时建成发挥作用，其行政不作为行为侵害了国家利益和社会公共利益。检察机关依职权向该单位发出检察建议，要求其加强监督管理。

基本案情

钟山区人民检察院在履行职责中发现，龙潭小河欣欣溪苑河段水质浑浊且有臭味，影响附近居民生活和身体健康，居民反映强烈，经调查系凉都体育中心、麻窝寨、欣欣溪苑、水岸明珠等地居民生活污水直排入河道所致，钟山区住房和城乡建设局对正在建设河堤排污渠指导、督建不力，导致工程停工，排污渠未能及时建成发挥作用，其行政不作为行为侵害了国家利益和社会公共利益。

检察机关履职情况

2019 年 3 月 11 日，钟山区检察院民行部检察干警在生态环保巡查过程中发现水城河龙潭小河欣欣溪苑河段，水质浑浊且有臭味，经初步查看，系市政管网堵塞，导致凉都体育中心、麻窝寨、欣欣溪苑、水岸明珠等地居民生活污水直排入河道所致。经向欣欣水岸家园的六盘水汉洋物业服务有限公司了解，确定系钟山区住房和城乡建设局对正在建设河堤排污渠指导、督建不力，导致工程停工，排污渠未能及时建成发挥作用所致，查证属实后，检察机关于2019年3月20日立案，次日向钟山区住房和城乡建设局发出诉前检察建议；钟山区住房和城乡建设局收到检察建议后，认为整治难度大，不能在两个月期限内完成，多次与办案人员磋商能否把整改期限适当延长，经论证办案组提出，水城河是钟山区的主要城区河流，其清洁、美观是钟山区的一道靓丽风景，容不得有半点瑕疵。为此，区住建局高度重视，立即确定施工方案，确立“凉都体育中心景观桥至欣欣家园新水城河黑臭水体综合治理建设项目”，将省级资金42万元拨付给区基础设施公司用于该工程建设，多次督促区基础设施公司加快施工进度，并于2019年5月28日回复表示，该工程经工人们日夜不停地赶工，已完成总工程量95%，预计于2019年6月15日全部完工并投入使用。收到该单位的整改回复后，办案组立即开展公益诉讼现场“回头看”活动，到现场进行跟进巡查，现场看到区基础设施公司组织相关人员正在完善欣欣溪苑小区景观河道内截污干渠、污水井及体育中心桥下污水管道的设施，该河段内、污水、臭水已看不到，闻不到了，河水污染已得到有效根治。欣欣溪苑小区景观河道又恢复了原来水清、岸绿的景色。督查完毕后，办案组相关人员又召集区住建局的相关人员进行现场座谈，对其快速整改、认真整改的作风表示称赞，并呼吁其在今后的工作中再接再厉，把凉都六盘水打造得更好。区住建局表示，在今后的工作中将继续努力，确保工作按时、按期完成。

指导意义

督促整改要有钉钉子精神。该案是钟山区检察机关开展公益诉讼案件“回头看”专项活动的整改彻底、落实到位的又一典型案例，该案证实了行使检察监督，要有钉钉子精神，发现问题，紧盯不放，共同磋商，共同协作，破解难题，这样才能达到督促落实整改的成效，下一步将以此为此案为契机，认真开展公益诉讼“回头看”专项活动，确保每一件公益诉讼工作均落到实处。

依法建议，共同协作。检察建议的发出要有理有据，要合法化、司法化，文书制作规范化，同时具备检察建议的刚性，只有合理的建议，才能促使被监督单位认识到自己不认真履职所造成的损害，而后心甘情愿，认认真真的整改到位。同时检察建议发出后，检察机关不要以监督者的姿态高高在上，强行命令，要主动与被监督单位就整改困难问题进行沟通协商，共同协作，共同破解难题，才能达到双赢多赢共赢的目的和效果。

相关规定

1.《中华人民共和国水污染防治法》

第四十九条 城镇污水应当集中处理。

县级以上地方人民政府应当通过财政预算和其他渠道筹集资金，统筹安排建设城镇污水集中处理设施及配套管网，提高本行政区域城镇污水的收集率和处理率。

国务院建设主管部门应当会同国务院经济综合宏观调控、环境保护主管部门，根据城乡规划和水污染防治规划，组织编制全国城镇污水处理设施建设规划。县级以上地方人民政府组织建设、经济综合宏观调控、环境保护、水行政等部门编制本行政区域的城镇污水处理设施建设规划。县级以上地方人民政府建设主管部门应当按照城镇污水处理设施建设规划，组织建设城镇污水集中处理设施及配套管网，并加强对城镇污水集中处理设施运营的监督管理。

城镇污水集中处理设施的运营单位按照国家规定向排污者提供污水处理的有偿服务，收取污水处理费用，保证污水集中处理设施的正常运行。收取的污水处理费用应当用于城镇污水集中处理设施的建设运行和污泥处理处置，不得挪作他用。

城镇污水集中处理设施的污水处理收费、管理以及使用的具体办法，由国务院规定。

2.《中华人民共和国行政诉讼法》

第二十五条（第四款） 人民检察院在履行职责中发现生态环境和资源保护、食品药品安全、国有财产保护、国有土地使用权出让等领域负有监督管理职责的行政机关违法行使职权或者不作为，致使国家利益或者社会公共利益受到侵害的，应当向行政机关提出检察建议，督促其依法履行职责。行政机关不依法履行职责的，人民检察院依法向人民法院提起诉讼。

3. 最高人民法院、最高人民检察院《关于检察公益诉讼案件适用法律若干问题的解释》

第二十一条 人民检察院在履行职责中发现生态环境和资源保护、食品药品安全、国有财产保护、国有土地使用权出让等领域负有监督管理职责的行政机关违法行使职权或者不作为，致使国家利益或者社会公共利益受到侵害的，应当向行政机关提出检察建议，督促其依法履行职责。

行政机关应当在收到检察建议书之日起两个月内依法履行职责，并书面回复人民检察院。出现国家利益或者社会公共利益损害继续扩大等紧急情形的，行政机关应当在十五日内书面回复。

行政机关不依法履行职责的，人民检察院依法向人民法院提起诉讼。

[主办检察官：黄　洪*
检察官助理：王在梅]

* 六盘水市钟山区人民检察院副检察长。

水城县人民检察院诉环境保护局不全面履职案

——消除老鹰山煤矿环境污染隐患

关键词

污染　怠于履行职责　公益诉讼

要　旨

老鹰山煤矿将该矿洗选原煤后产生的煤泥直接堆放在矿区洗煤车间外涵洞出口处村民的耕地上，对土壤和河流造成污染，使公共利益受到损害，水城县环境保护局对老鹰山煤矿的这一违法行为怠于履行监管职责。水城县人民检察院向贵州省普安县人民法院提起行政公益诉讼，责令老鹰山煤矿对该矿洗煤车间外面涵洞出口处耕地上的煤泥进行处置，消除环境污染隐患。

基本案情

六盘水市人民检察院生态环境保护检察处在联合市环保局、市公安局开展环保督导督查过程中，发现贵州水城矿业股份有限公司老鹰山煤矿（下称老鹰山煤矿）在水城县老鹰山街道办陆家坝居委会陆家坝组老鹰山煤矿洗煤车间外面涵洞出口处（村民土地上）随意堆放煤泥，未采取防渗漏等污染防治措施，使周边环境受到污染，国家利益和社会公共利益受到侵害，水城县环境保护局怠于履行监管职责。六盘水市人民检察院生态环境保护检察处通过市检生态线移〔2017〕2号线索移交函将该案移交到水城县人民检察院，水城县人民检察院依法进行了审查。

水城县老鹰山街道办陆家坝居委会陆家坝组老鹰山煤矿洗煤车间外涵洞出口处堆放大量煤泥。经调查查明，自2016年4月起，老鹰山煤矿在未办理环境影响评价审批手续、未对地面采取防渗漏等污染防治措施、未在土地与河流之间修建挡土墙、只简单的用编织袋装上煤泥进行围挡的情况下，将该矿原煤洗选后产生的煤泥直接堆放在水城县老鹰山街道办陆家坝居委会陆家坝组老鹰山煤矿洗煤车间外涵洞出口处村民的耕地上，该煤泥堆存点紧邻居民区、交通要道、耕地及最终汇入黔中水利枢纽三岔河的支流文阁小河，地势低洼区域四周均用煤泥装袋垒砌成简易“挡土墙”进行围挡，但由于煤泥堆放量大、堆存时间长，用煤泥充填的围挡设施已经破损，在雨水、风力等外力作用下极易使煤泥堆场的污染扩散至周边环境而产生不同程度的污染。

检察机关履职情况

2017年3月15日，水城县人民检察院向水城县环境保护局发出检察建议，建议该局依法履行对煤泥堆放的监督管理职责。该局于2017年4月15日回复，老鹰山煤矿已拉运泥土至煤泥堆放现场，正在开展对煤泥进行覆盖绿化工作。但老鹰山煤矿此举并未达到环境保护的目的，且水城县环境保护局未对老鹰山煤矿的整改内容进行验收，也未进一步的要求老鹰山煤矿进行彻底整改，存在怠于履行监管职责的行为。

为督促水城县环境保护局依法履行职责，促进行政机关依法行政，保护环境资源、维护社会公共利益，2017年6月14日，水城县人民检察院向贵州省普安县人民法院提起行政公益诉讼，诉请法院确认被告水城县环境保护局对老鹰山煤矿在该矿洗煤车间外面涵洞出口处耕地上堆放煤泥造成环境污染怠于履行监管职责的行为违法，并判令被告依法履行监管职责，责令老鹰山煤矿对该矿洗煤车间外面涵洞出口处耕地上的煤泥进行处置，消除环境污染隐患。

贵州省普安县人民法院2017年6月30日当庭作出判决：确认被告水城县环境保护局对老鹰山煤矿在该矿洗煤车间外面涵洞出口处耕地上堆放煤泥造成环境污染怠于履行监管职责的行为违法，并判令被告依法履行监管职责，责令老鹰山煤矿对该矿洗煤车间外面涵洞出口处耕地上的煤泥进行处置，消除环境污染隐患。被告对判决结果无异议，当庭表示不上诉。

指导意义

老鹰山煤矿在未办理环境影响评价审批手续、未对地面采取防渗漏等污染防治措施、未在土地与河流之间修建挡土墙、只简单的用编织袋装上煤泥进行围挡的情况下，将该矿洗选原煤后产生的煤泥直接堆放在矿区洗煤车间外涵洞出口处村民的耕地上，对土壤和河流造成污染，使公共利益受到损害，水城县环境保护局对老鹰山煤矿的这一违法行为怠于履行监管职责。本案事实清楚，诉前程序完备，系六盘水市人民检察院交办，符合全国人民代表大会常务委员会《关于授权最高人民检察院在部分地区开展公益诉讼试点工作的决定》、《检察机关提起公益诉讼试点方案》的相关规定及要求，可以由水城县人民检察院以公益诉讼人身份提起行政公益诉讼。对本案提起公益诉讼的意义在于，六盘水市是能源城市，更是南方煤炭的主要产地，但煤炭生产企业不重视环境保护。通过该起公益诉讼案件，能够提醒、引起煤炭生产企业对环境保护工作的重视。

在该案办理过程中，水城县环境保护局在收到水城县人民检察院发出的检察建议后，的确对老鹰山煤矿煤泥堆放的行为进行了监督整改，并将整改情况书面回复了水城县人民检察院。但事情并未就此完结。水城县人民检察院收到水城县环境保护局的回复后，找专业机构对老鹰山煤矿的整改结果进行了评估，但结果并未达到相关法律法规的要求。其后水城县人民检察院决定对水城县环境保护局提起行政公益诉讼。

在该案中，水城县环境保护局并非不履职，而是未能履职到位。该局在督促老鹰山煤矿进行整改后，没有对其进行合法有效的验收，其自身也未能意识到整改结果不合格，并直接导致老鹰山煤矿形成了已经整改到位的错误意识。水城县人民检察院提起此次行政公益诉讼，对水城县环境保护局法律意识起到了加深的作用，使该局的工作人员对法律法规的认识更加清晰，并能在今后在工作中，规范自身的执法行为，将法定职责履行到位。

相关规定

1.《中华人民共和国环境保护法》

第十条（第一款）　国务院环境保护主管部门，对全国环境保护工作实施统一监督管理；县级以上地方人民政府环境保护主管部门，对本行政区域环境保护工作实施统一监督管理。

2.《中华人民共和国固体废物污染环境防治法》

第十条（第二款）　县级以上地方人民政府环境保护行政主管部门对本行政区域内固体废物污染环境的防治工作实施统一监督管理。县级以上地方人民政府有关部门在各自的职责范围内负责固体废物污染环境防治的监督管理工作。

3.《贵州省环境保护条例》

第五条（第二款）　县级以上人民政府环境保护行政主管部门对本行政区域环境保护工作实施统一监督管理。

4.《一般工业固体废物贮存、处置场污染控制标准》(GB 18599－2001)

第5.1.2条　应依据环境影响评价结论确定场址的位置及其与周围人群的距离，并经具有审批权的环境保护行政主管部门批准，并可作为规划控制的依据。

在对一般工业固体废物贮存、处置场场址进行环境影响评价时，应重点考虑一般工业固体废物贮存、处置场产生的渗滤液以及粉尘等大气污染物等因素，根据其所在地区的环境功能区类别，综合评价其对周围环境、居住人群的身体健康、日常生活和生产活动的影响，确定其与常住居民居住场所、农用地、地表水体、高速公路、交通主干道（国道或省道）、铁路、飞机场、军事基地等敏感对象之间合理的位置关系。

［主办检察官：陈桃红*
检　察　官：邹　刚　王本莉
检察官助理：姚　秀　金　丹］

* 六盘水市水城县人民检察院副检察长。

侵犯公民人身权利、民主权利案

林某某故意杀人案

——持刀行凶致人死亡的主观故意认定

关键词

故意杀人　自首　前科

要　旨

对于持刀行凶致人伤亡的主观故意，可以考察行凶的方式、部位、刀数、力度等方面，结合证人证言、被告人供述，判断是杀人的故意还是伤害的故意。

基本案情

被告人林某某，男，1990 年 7 月出生，重庆市荣昌县人，案发前暂住贵州省贵阳市南明区月亮岩出租屋，曾因犯抢劫罪于 2008 年 9 月 16 日被重庆市荣昌县人民法院判处有期徒刑 2 年零 6 个月，于 2010 年 12 月 11 日刑满释放。

2016 年 5 月 2 日上午 8 时许，被告人林某某和被害人曾某、高某某在贵阳市南明区月亮岩教师新村 30 栋 3 单元工地因工资结算单价一事发生纠纷，经管理员谭某调解，双方对结算单价达成一致，并约定中午结算。后林某某在其宿舍等待至中午仍未见曾某前来结算工资，遂心生怨恨，产生杀人恶念，于当日中午 13 时许在贵阳市南明区月亮岩路教师新村一小超市旁购买了一把水果刀，并携刀返回工地。到工地后，被告人林某某持刀对正在教师新村 30 栋 3 单元楼顶外墙钢架上工作的被害人曾某的胸、腹等部位进行多次捅刺，在水果刀已弯曲的情况下，林某某怕曾某不死，又持弯曲的水果刀划破曾某颈部，导致曾某当场死亡。后被告人在下楼途中遇到被害人高某某，又持刀对被害人高某某的颈部、面部多次刺杀，并在高某某逃跑时杀伤其背部，后高某某逃离现场，被告人林某某在现场停留至公安民警赶到。

经刑事科学技术鉴定，被害人曾某系被锐器刺破双肺及左肺动脉、静脉致双侧开放性血气胸、急性大失血死亡；被害人高某某因外伤致左侧颜面部创口属轻伤一级，因外伤致左颈部创口属轻微伤，因外伤致左背部创口属轻微伤。

指控与证明犯罪

2016 年 7 月 14 日，贵阳市公安局南明分局以林某某涉嫌故意杀人罪移送贵阳市南明区人民检察院审查起诉，该院于 2016 年 7 月 18 日移送贵州省贵阳市人民检察院审查起诉。

审查起诉阶段，贵阳市人民检察院审查了全案卷宗，讯问了犯罪嫌疑人。经审查后发现，涉案证据存在以下瑕疵：移送审查起诉告知书无被害人高某某签字；证人谭某辨认笔录未填写照片编号；提取痕迹、物证登记表中未填写见证人；对于凶器的辨认，用于辨认的刀显示为正常状态，而作案凶器实物照片显示为弯曲的刀，二者差异过大；侦查机关制作的部分同步录音录像无法打开。为此，检察机关要求公安机关予以补正或作出合理解释，公安机关依法作了补正及情况说明，检察机关审查后予以采信。

2017 年 1 月 20 日，贵阳市人民检察院以林某某犯故意杀人罪向贵阳市中级人民法院提起公诉。2017 年 3 月 24 日，贵阳市中级人民法院公开开庭审理本案。

法庭调查阶段，公诉人宣读起诉书指控被告人林某某持刀故意杀人，致一人死亡一人轻伤，其行为构成故意杀人罪。对于指控的犯罪事实，公诉人出示了五组证据予以证明：一是本案物证作案工具水果刀；二是被告人林某某基本信息、本案立案情况、本案发破案经过及抓获经过、本案物证提取笔录及相关扣押书证、被害人遗体处理情况、被告人入看守所羁押身体时身体状况及其犯罪前科情况等书证；三是证人证言、被害人陈述、被告人供述和辩解等言词证据；四是物证鉴定书、尸体体检报告等鉴定意见；五是证人李某、唐某、谭某等人的辨认笔录。

法庭辩论阶段，公诉人发表公诉意见：从林某某行凶的方式、部位、刀数、力度上看，可以认定被告人林某某基于非法剥夺他人生命的故意，实施故意杀人行为，造成一人死亡、一人轻伤的后果，应以故意杀人罪追究其刑事责任。案发后，被告人一直留在现场楼下，直至公安民警将其抓获，归案后供述一直稳定，具有自首情节，依法可从轻或减轻处罚。同时，本案被告人因琐事持刀杀人，致一死一轻伤，后果严重，当众公然行凶，社会影响恶劣，且被告人曾于 2008 年因犯抢劫罪被判处有期徒刑 2 年 6 个月，两次罪行均为严重侵害人身安全的暴力犯罪，主观恶性深、人身危险性大、社会危害性高，应当从重处罚。综合案件事实和情节，建议判处被告人林某某死刑缓期2年执行，剥夺政治权利终身，并限制减刑。

辩护人提出：被害人不按照约定支付报酬，具有一定的过错，直接影响被害人的主观恶性、社会危害性，对矛盾的激化有推动作用，因此不宜判处被告人死刑。

公诉人针对辩护意见进行答辩：本案中，被害人曾某、高某某并未恶意拖欠被告人林某某的工资，被害人不存在过错，双方的矛盾仅为普通的民间纠纷，本可通过理智、平和的方法予以解决，但仅因曾某没有及时支付林某某剩余款项，林某某即心生恶念，逞一时之快，不择手段，不计后果，闯下大祸犯下重罪，必须接受法律的严厉制裁。

法庭经审理，认为公诉人出示的证据能够相互印证，予以确认，对辩护人提出的被害人具有一定过错的辩护意见，不予采纳。综合考虑犯罪事实和量刑情节，2017年4月13日，贵阳市中级人民法院作出一审判决，以故意杀人罪判处被告人林某某死刑缓期2年执行，剥夺政治权利终身，限制减刑。

宣判后，被告人林某某表示服判不提上诉，贵阳市人民检察院经审查，同意判决内容。

指导意义

以人为本，生命至上，公民的生命安全必须依法坚决保障，社会稳定和群众安全感也必须得到有力维护，任何非法剥夺他人生命的行为，都具有极大的社会危害性，必须依法从严惩处。本案是司法体制改革后贵阳市法院、检察院“两长”同时出庭履行职务的首个案件，体现了贵阳市司法机关强化办案，坚决依法严厉打击严重刑事犯罪的坚定决心；展现了贵阳市司法机关服务大局，坚决维护省会城市和谐稳定的坚定决心；彰显了贵阳市司法机关立足以人为本，坚决保护群众生命安全的真切用心。

相关规定

《中华人民共和国刑法》

第二十三条 已经着手实行犯罪，由于犯罪分子意志以外的原因而未得逞的，是犯罪未遂。

对于未遂犯，可以比照既遂犯从轻或者减轻处罚。

第四十八条 死刑只适用于罪行极其严重的犯罪分子。对于应当判处死刑的犯罪分子，如果不是必须立即执行的，可以判处死刑同时宣告缓期二年执行。

死刑除依法由最高人民法院判决的以外，都应当报请最高人民法院核准。

死刑缓期执行的，可以由高级人民法院判决或者核准。

第五十条 判处死刑缓期执行的，在死刑缓期执行期间，如果没有故意犯罪，二年期满以后，减为无期徒刑；如果确有重大立功表现，二年期满以后，减为二十五年有期徒刑；如果故意犯罪，情节恶劣的，报请最高人民法院核准后执行死刑；对于故意犯罪未执行死刑的，死刑缓期执行的期间重新计算，并报最高人民法院备案。

对被判处死刑缓期执行的累犯以及因故意杀人、强奸、抢劫、绑架、放火、爆炸、投放危险物质或者有组织的暴力性犯罪被判处死刑缓期执行的犯罪分子，人民法院根据犯罪情节等情况可以同时决定对其限制减刑。

第五十六条 对于危害国家安全的犯罪分子应当附加剥夺政治权利；对于故意杀人、强奸、放火、爆炸、投毒、抢劫等严重破坏社会秩序的犯罪分子，可以附加剥夺政治权利。

独立适用剥夺政治权利的，依照本法分则的规定。

第五十七条 对于被判处死刑、无期徒刑的犯罪分子，应当剥夺政治权利终身。

在死刑缓期执行减为有期徒刑或者无期徒刑减为有期徒刑的时候，应当把附加剥夺政治权利的期限改为三年以上十年以下。

第六十二条 犯罪分子具有本法规定的从重处罚、从轻处罚情节的，应当在法定刑的限度以内判处刑罚。

第六十七条 犯罪以后自动投案，如实供述自己的罪行的，是自首。对于自首的犯罪分子，可以从轻或者减轻处罚。其中，犯罪较轻的，可以免除处罚。

被采取强制措施的犯罪嫌疑人、被告人和正在服刑的罪犯，如实供述司法机关还未掌握的本人其他罪行的，以自首论。

犯罪嫌疑人虽不具有前两款规定的自首情节，但是如实供述自己罪行的，可以从轻处罚；因其如实供述自己罪行，避免特别严重后果发生的，可以减轻处罚。

［主办检察官：陈雪梅*
检　察　官：刘辰暄
检察官助理：刘　青］

---

* 贵阳市人民检察院检察长。

杨某某故意杀人案

——被告人翻供且无直接证据时如何构建完整证据体系

关键词

故意杀人　翻供　间接证据　排除合理怀疑

要　旨

在被告人翻供且没有直接证据的情况下，证据的采信应当综合全案证据，看其供述和辩解是否合理且有无其他证据印证，并且要重视常情、常理的应用，通过内心确信来指引构建完整证据体系。

基本案情

被告人杨某某，女，1969年9月出生，农民，贵州省人。

被告人杨某某与被害人殷某系夫妻关系，长期以来，殷某酗酒后经常殴打杨某某。2016年8月27日晚，殷某在村里的小卖部购得3斤白酒，晚饭时与其父殷某昌喝酒。殷某昌离开后，殷某继续喝酒。22时许，殷某殴打杨某某，并将其赶出家门。杨某某想到长期被殷某殴打，心中气愤，持火钳进屋击打殷某的手、脚和背部，又先后将白酒和敌敌畏农药灌入殷某口中，见殷某身体瘫软，便将殷某拖到卧室床上，为其脱鞋并盖好被子，将敌敌畏药瓶放到床头柜上。随后打电话通知殷某的亲属，称其酒后喝下敌敌畏已经死亡。殷某的亲属赶到时，殷某已死亡。8月29日，杨某某之子殷某恒送殷某遗体火化，因怀疑其父死因，遂打电话问杨某某，在殷某恒的再三追问下杨某某承认其杀害殷某的事实。经鉴定，被害人殷某系敌敌畏中毒致死。

指控与证明犯罪

2016年11月14日，贵州省安顺市平坝区公安局以被告人杨某某涉嫌故意杀人罪向平坝区人民检察院移送审查起诉，平坝区人民检察院于同年11月18日向安顺市人民检察院报送审查起诉。

在侦查阶段，杨某某7次供述均称因长期受到家暴而用敌敌畏毒死其丈夫殷某的事实。审查起诉阶段，杨某某翻供，辩称被害人系自己服农药自杀。检察机关审查认为杨某某翻供理由不能成立。理由是：首先，杨某某辩称因其儿子曾打过被害人，女儿上高中时，被害人曾企图强奸。案发当天，杨某某以这两件事骂被害人，后被害人喝敌敌畏自杀。之前供述的将敌敌畏灌入被害人口中，是为保全儿女名誉，替被害人坐牢。经查，其儿子称确因被害人酒后殴打母亲而打过被害人，但事后跪地向被害人道歉，已获原谅，平日关系也好。其女儿称上高中时有一晚，被害人喝醉酒后到其床上抱她，但其不能判断被害人是企图强奸还是基于父爱的行为表现。其次，杨某某的翻供理由不合常理。杨某某在检察机关第一次退查前的供述全部是有罪供述，后以保护儿女名誉、之前没有想到等为由推翻到案后的所有有罪供述。经查看所有讯问同录，均不存在非法取证行为，其供述时表情自然，叙述犯罪经过流畅，且每谈到长期被被害人殴打就痛哭。其多次作的有罪供述应是其真实意思表达。最后，被害人的儿子、儿媳、父亲均证实被害人虽然平日爱喝酒，且酒后脾气不好，但并没有心理负担，近一年来做农活比较积极，和儿女的关系也好，并无自杀倾向。同村村民也证实被害人做农活积极，性格开朗，不是会走极端的人，案发当天下午与被害人一起喝酒，也无异常表现。被害人的姐夫也证实案发当天下午与被害人一起喝酒，在回家的路上有说有笑，情绪正常，不存在自杀倾向。

2017 年 3 月 7 日，安顺市人民检察院以杨某某犯故意杀人罪向安顺市中级人民法院提起公诉，2017 年 4 月 20 日，安顺市中级人民法院公开开庭审理了本案。

法庭调查阶段，公诉人宣读起诉书指控被告人杨某某因不能正确处理家庭矛盾，使用敌敌畏毒害被害人，致其死亡，其行为构成故意杀人罪。对以上指控的犯罪事实，公诉人出示了两组证据予以证明：一是定罪证据方面。包括户籍证明、抓获经过、扣押物品清单、人身检查笔录、提取笔录、现场勘验检查笔录、鉴定意见、15 名证人证言、杨某某的供述与辩解、看守所谈话记录、辨认笔录等。证明：被告人杨某某具有加害被害人的犯罪动机，杨某某所作有罪供述与现场勘验、证人证言等能够印证杨某某作案后没有对被害人施救、掩盖犯罪事实、被亲属追问后情绪反常、带农药离家、威胁儿子要自杀等行为。其多次有罪供述及视听资料也直接证实其趁被害人醉酒，强行将农药敌敌畏灌入被害人口中，致被害人死亡的犯罪事实。二是量刑证据方面。8 名证人证言、杨某某的供述、谅解书、贵州省平坝区人民法院民事裁定书等，证明：杨某某长期被被害人酒后殴打，本案案发后，被害人近亲属联名出具谅解书谅解被告人。

法庭辩论阶段，公诉人发表公诉意见：一是本案事实清楚，证据确实、充分，足以证实起诉指控事实。杨某某7次有罪供述稳定自然一致，供述的作案细节和证人证言、物证、鉴定意见等相互印证，充分证实了杨某某的作案动机和从作案后隐瞒犯罪事实到以死逼子女宽恕，最终主动承认的过程，也证实了杨某某有罪供述的真实性。二是本案证据足以排除被害人自杀的可能性，被告人翻供理由不能成立。首先，被害人的近亲属、村民及案发当天下午和被害人接触过的证人均证实被害人情绪正常，无自杀倾向。其次，杨某某翻供的两个理由牵强，不合常理。杨某某的儿女和儿媳与被害人关系相处融洽，其儿子虽与殷某有过间隙，但已获谅解。三是量刑建议。根据《中华人民共和国刑法》第232条之规定，被告人杨某某的行为构成故意杀人罪，依法应在死刑、无期徒刑或者10年以上有期徒刑之间量刑。但是，鉴于本案系因被告人不堪长期忍受家庭暴力，且案发当天被害人对被告人实施了殴打、辱骂的行为而引发，应当认定被害人具有重大过错。同时，被害人的近亲属亦对被告人表示谅解，出具了书面谅解书。为此，根据“两高两部”《关于依法办理家庭暴力犯罪案件的意见》第20条、最高人民法院《关于贯彻宽严相济刑事政策的若干意见》第22条的规定，建议对杨某某从轻处罚。

被告人的子女、亲属等多名证人出庭作证，被告人及其辩护人进行充分质证，上述证人的证明情况与卷内证言一致。

被告人否认毒杀被害人，其辩护人提出不能排除被害人自杀的可能。

2017年6月6日，安顺市中级人民法院召开审判委员会审议本案，承办案件法官认为，本案事实不清，证据不足，敌敌畏进入死者体内有多种可能：一是杨某某毒害；二是被害人自己喝下；三是其他原因所致（酒瓶中检出敌敌畏），不能排除合理怀疑，应宣判杨某某无罪。安顺市人民检察院常务副检察长张宇列席审委会并发表意见：

第一，本案证据能够形成完整证明锁链，足以证实杨某某毒害其丈夫殷某的犯罪事实。一是被告人7次有罪供述稳定自然一致。均有同步录音录像，供述作案细节稳定，表情自然。死者的多名亲属请求对杨某某从宽处理，被告人是在无任何强迫和压力的情况下所作供述，侦查人员取证也没有受到死者家属施加压力，足见其供述客观，是其真意表达。二是被告人作案动机得到充分证实。被告人供述其因不堪忍受家庭暴力而毒害其丈夫的动机，得到了其亲生子女、死者近亲属等证言的印证。三是被告人供述的作案细节，包括先被死者殴打、死者在屋内长时间喝酒、被告人持火钳击打死者、持酒瓶灌死者、用敌敌畏灌死者且有部分洒在沙发和地上、将敌敌畏瓶子放到床头柜上等，与证人证言、鉴定意见、尸检检验、现场勘查等主客观证据均能相互印证。四是被告人亲生子女、儿媳、被害人的近亲属等充分证实了被告人作案后从隐瞒犯罪事实到最终主动承认的过程。同时，在被关押期间的4次例行谈话记录中，被告人均主动讲述了其因长期受到家暴而用敌敌畏毒死其丈夫的事情。

第二，被告人翻供理由明显不成立。从作案动机上看，该案是因家庭暴力引起的亲杀案件，被告人无论在侦查阶段还是庭审中都表达了对被害人酒后殴打辱骂她的痛恨。从证据状态上看，公安机关的取证合法规范，无强迫诱导情形。被告人有罪供述稳定自然，情绪发泄完全处于自主状态。本案证人包括其亲生成年子女都证实了案发经过和被告人承认毒死被害人的事实。从细节吻合上看，证人所述敌敌畏瓶子摆放位置，被告人供述灌被害人喝敌敌畏并洒出的细节等均与被告人的有罪供述、现场勘验、证人证言相互印证。从案发后表现上看，被告人向被害人的亲属解释被害人死因前后不一致，从辩解到承认、向儿女忏悔、请求子女谅解的过程清楚，有其子女、儿媳的证言证实。从翻供理由上看，其对被害人死亡的过程和原因供述前后矛盾，不能自圆其说，既不合逻辑，也不合情理。

第三，本案合理怀疑可以得到充分排除。一是关于被害人自己喝下敌敌畏的怀疑。被害人自己喝下敌敌畏只有两种可能：误食和自杀。从在卷证据看，被告人的有罪供述称敌敌畏一直在其身上，无罪辩解称敌敌畏存放在被害人喝酒的隔壁房间。被害人一直在喝酒，已经丧失行动能力，处于任凭被告人持火钳击打的状态，不存在到另一房间找到并误食农药的可能，同时，被害人的近亲属均证实其无自杀可能。二是关于酒中是否有敌敌畏而致死的怀疑。小卖部同批次白酒未鉴定出敌敌畏成分，当天与被害人共同喝酒的被害人父亲、姐夫和村民等均无类似中毒反应。在被害人家沙发下提取的无盖酒瓶上有少量敌敌畏，与被告人供述敌敌畏洒在沙发上和地上相印证。

安顺市中级人民法院审判委员会多数意见认为，本案事实清楚，证据确实、充分，本案案发自然、被告人有罪供述自然、证据印证自然，其翻供违反常情常理，被告人构成故意杀人罪，考虑本案是家庭暴力引起，可对被告人减轻处罚。

2017年6月12日，安顺市中级人民法院作出一审判决，以故意杀人罪判处被告人杨某某有期徒刑6年。一审宣判后，被告人未上诉，判决已生效。

指导意义

本案经过依法侦查、起诉和审判，做到收集审查证据客观全面，多名证人出庭作证，根据庭审实质化要求进行示证、质证，本案证据确实、充分，结合事实证据和常理常情，足以排除合理怀疑。

本案的特殊性在于，这是一起因被告人不堪忍受家庭暴力引发的亲杀案件，手段相对平和，作案现场是仅有被告人和被害人共同居住的场所，作案涉及的物证与日常生活相关，这在客观上决定了本案证据体系的构成，必须依靠言词证据与客观证据之间、证人证言之间、证人证言与被告人供述之间相互印证，形成完备的证据锁链，进而认定事实。

相关规定

1.《中华人民共和国刑法》

第二百三十二条 故意杀人的，处死刑、无期徒刑或者十年以上有期徒刑；情节较轻的，处三年以上十年以下有期徒刑。

2. 最高人民法院、最高人民检察院、公安部《关于办理死刑案件审查判断证据若干问题的规定》

第二十二条 对被告人供述和辩解的审查，应当结合控辩双方提供的所有证据以及被告人本人的全部供述和辩解进行。

被告人庭前供述一致，庭审中翻供，但被告人不能合理说明翻供理由或者其辩解与全案证据相矛盾，而庭前供述与其他证据能够相互印证的，可以采信被告人庭前供述。

被告人庭前供述和辩解出现反复，但庭审中供认的，且庭审中的供述与其他证据能够印证的，可以采信庭审中的供述；被告人庭前供述和辩解出现反复，庭审中不供认，且无其他证据与庭前供述印证的，不能采信庭前供述。

3. 最高人民法院、最高人民检察院、公安院、司法部《关于依法办理家庭暴力犯罪案件的意见》

20. 充分考虑案件中的防卫因素和过错责任。对于长期遭受家庭暴力后，在激愤、恐惧状态下为了防止再次遭受家庭暴力，或者为了摆脱家庭暴力而故意杀害、伤害施暴人，被告人的行为具有防卫因素，施暴人在案件起因上具有明显过错或者直接责任的，可以酌情从宽处罚。对于因遭受严重家庭暴力，身体、精神受到重大损害而故意杀害施暴人；或者因不堪忍受长期家庭暴力而故意杀害施暴人，犯罪情节不是特别恶劣，手段不是特别残忍的，可以认定为刑法第二百三十二条规定的故意杀人“情节较轻”。在服刑期间确有悔改表现的，可以根据其家庭情况，依法放宽减刑的幅度，缩短减刑的起始时间与间隔时间；符合假释条件的，应当假释。被杀害施暴人的近亲属表示谅解的，在量刑、减刑、假释时应当予以充分考虑。

4. 最高人民法院《关于贯彻宽严相济刑事政策的若干意见》

17. 对于自首的被告人，除了罪行极其严重、主观恶性极深、人身危险性极大，或者恶意地利用自首规避法律制裁者以外，一般均应当依法从宽处罚。

对于亲属以不同形式送被告人归案或协助司法机关抓获被告人而认定为自

首的，原则上都应当依法从宽处罚；有的虽然不能认定为自首，但考虑到被告人亲属支持司法机关工作，促使被告人到案、认罪、悔罪，在决定对被告人具体处罚时，也应当予以充分考虑。

22. 对于因恋爱、婚姻、家庭、邻里纠纷等民间矛盾激化引发的犯罪，因劳动纠纷、管理失当等原因引发、犯罪动机不属恶劣的犯罪，因被害方过错或者基于义愤引发的或者具有防卫因素的突发性犯罪，应酌情从宽处罚。

［主办检察官：张　宇*
检　察　官：陈芳凌］

* 安顺市人民检察院常务副检察长。

聂某某故意杀人案

——对极其严重的刑事犯罪如何准确适用刑事司法政策

关键词

故意杀人　情节恶劣　死刑

要　旨

办理重大疑难复杂案件，要针对案件事实、法律定性，补充收集相关证据，充分采信能形成证据锁链的证据，准确认定犯罪事实。对极其严重的刑事犯罪，对穷凶极恶的犯罪分子，要正确理解和准确适用刑事司法政策，依法提出严惩的量刑建议。要认真践行以审判为中心的改革要求，充分发挥诉前和庭审中的主导作用，较好履行检察机关法律监督职能。

基本案情

聂某某，男，1957 年出生，贵州人，无业。

聂某某于 2012 年在许某、被害人张某两家房屋中间的土地上建房后，张某、许某的房屋均出现裂缝，两家认为是因聂某某修建的房屋导致的房屋损坏，遂将聂某某起诉至法院。2014 年，法院判处聂某某赔偿张某家 24 万余元、许某家 7 万余元。聂某某不服判决上诉后，中级法院维持原判。后张某申请执行，法院依法查封了涉案房屋，并启动评估拍卖程序，在三次拍卖均流拍后，依法采取以物抵债的方式将涉案房屋评估作价 25 万元强制执行给张某，聂某某遂产生杀害张某、许某两家的想法。

2016 年 3 月的一天，聂某某到村垃圾填埋场附近准备杀害张某，被前来倒垃圾的张某及其妻陆某发现后逃离现场。2016 年 11 月 19 日上午 8 时许，聂某某看见张某在街上收垃圾，遂驾驶其租来的面包车将事先准备好的刀子、锄头、两齿耙、汽油等作案工具运到村垃圾填埋场附近，隐藏在旁边的树林里。当日上午 9 时许，张某驾车带着陆某及其孙女（未成年人）到垃圾填埋场倒垃圾时，聂某某持刀和锄头冲向张某等人，张某持洋铲与聂某某搏斗，搏斗过程中，聂某某砍中张某颈部、头部数刀，致张某当场死亡。聂某某随即持刀追杀陆某未果后，又返回垃圾填埋场用两齿耙砸碎车窗玻璃将陆某孙女拉下车，持刀砍断陆某孙女左上肢和双下肢。随后，聂某某驾车前往张某家和许某家欲杀害两家人，见两家房门紧闭后，想到与张某甲因合伙开砂厂曾发生过矛盾，被张某甲及其弟张某乙等人殴打，便产生报复张某甲和张某乙的念头，遂立即驾车前往官屯村大水沟组张某甲家，发现张某甲家无人，又到张某乙家，看见张某乙在家后，立即持刀冲进屋里砍杀张某乙，将张某乙追砍至二楼客厅，张某乙被砍数刀后逃至其家一楼门口的水泥梯处，聂某某因门被关，不能下到一楼，遂从二楼扔刀砍杀张某乙、扔柜子和砖头砸张某乙，直至将张某乙当场砸死。期间，张某乙之母被害人李某去救张某乙，被聂某某所扔的柜子砸伤头部。当日10时45分许，聂某某被赶到现场的民警当场抓获。

指控与证明犯罪

经过多次论证，检察机关认为，从聂某某供述及行为方式来看，其作案前系概括的杀人故意，欲杀张某全家，作案时不计后果地砍杀被害人张某头部、颈部，即使对年仅4岁的被害人陆某孙女，其也不择手段地砍断其左上肢、双下肢，直接放任其行为可能导致陆某孙女大失血死亡的结果发生。之后聂某某又临时起意杀害张某乙等人，持刀乱砍杀张某乙，且在张某乙未被其砍死逃跑后，又扔刀砍杀张某乙，找来木柜子、砖头持续不断地砸张某乙，直至砸中张某乙头部致张某乙当场死亡才停止其施害行为，期间，张某乙母亲被害人李某对受伤的张某乙进行救助时，聂某某不仅未停止其扔柜子等物砸张某乙的行为，反而继续扔柜子、砖头，其在当时完全可预见继续扔、砸等行为可能会砸中前来救助的李某等人，但其仍积极追求张某乙死亡结果发生，足见聂某某对李某的死亡持放任态度。因此，聂某某一系列连续不断的杀人行为均是在其案发前的杀人故意支配下使然，客观上，其杀人过程中不计后果乱砍、乱杀，导致两死两伤。聂某某因民事纠纷蓄谋杀人，故意剥夺他人生命，其行为已经符合故意杀人罪的构成要件，犯罪事实清楚，证据确实、充分，应当以故意杀人罪追究其刑事责任。

此外，检察机关经审查后发现，涉案证据存在以下瑕疵：现场提取的两齿耙、手套、长刀、聂某某作案时所穿衣物、十指拭子、身上的可疑血迹等未依法送检与被害人及聂某某作DNA比对；聂某某未对现场提取的锄头、长刀等物进行辨认；聂某某与张某家、张某乙家、张某甲家之间的纠纷缘由等情节未彻底核实清楚等问题。鉴于存在以上情况，检察机关以案件事实不清，证据不足，退回补充侦查。经补充侦查后，毕节市检察院于2017年3月24日以聂某某涉嫌故意杀人罪依法向毕节市中级法院提起公诉，建议以故意杀人罪判处被告人聂某某死刑立即执行，并处剥夺政治权利终身。

法庭辩论阶段，公诉人指出：聂某某在与张某家因房屋发生普通民事纠纷后，在经过人民法院的判决确认，检察机关也决定不支持其抗诉申请的情况下，置法律于不顾，一心想报复张某及许某家，事先准备刀、锄头等作案工具伺机作案，且主观上是想对张某家及许某家进行灭门，在砍死了张某后，对无辜的4岁儿童陆某孙女也忍心下手，并残忍地砍断其左上肢、双下肢，情节特别恶劣，手段特别残忍，属于典型的滥杀无辜。之后继续持刀冲进张某乙家砍杀张某乙，砍伤张某乙后又在张某乙家二楼扔刀、砖头、柜子等物砸张某乙头部等处，直至将张某乙当场砸死，将去救助张某乙的李某砸伤。主观恶性极大，人身危险性极大，社会危害性极大。应以故意杀人罪对其定罪处罚。并建议对聂某某从重判处。

2017年6月26日，毕节市中级法院以聂某某犯故意杀人罪，判处其死刑。宣判后，聂某某不服上诉。二审法院经审理，维持原判。经过死刑复核后，2018年9月17日，聂某某被依法执行死刑。

指导意义

本案是典型的民事案件引发的刑事案件，该民事纠纷的起因是聂某某本人为实现自己利益最大化，丝毫不顾及他人生命财产安全，一意孤行，不遵守自己的承诺，不承担自己应承担的责任，毫无诚实守信之心；在诉讼过程中多次不同意调解，坚决要求走鉴定程序，鉴定之后又对不利于自己的结果存疑，甚至当庭抓扯出庭的鉴定人，判决生效后拒不履行生效的判决，对法律毫无敬畏之心；在经二审、再审、检察机关不支持其抗诉之后，仍不正视自己的过错，而是一味埋怨司法机关；思想偏执、极端，行凶时痛下狠手，残杀无辜儿童，毫无恻隐之心。被害人张某乙与其无直接恩怨，被害人陆某孙女更是毫无反抗之力的儿童，其犯罪行为是其本人不能正确处理自己不良情绪，不依法接受于己不利的裁决结果所致。本案在罪刑法定的原则下，严格依照法律定罪量刑，维护法律尊严，维护被害人及被害人家属的合法权益，实现了法律效果、社会效果的有机统一。

本案的办理中，检察长作为案件的承办检察官，切实落实司法办案责任制的亲历性要求，不仅阅卷、撰写审查报告，不断复核相关证据，而且出庭支持公诉，带领办案组作了大量的准备工作。前期审查起诉工作在引导证据材料收集、与侦查部门沟通协调，努力完善证据、固定证据，形成完整的证据链条，注意从其无罪和罪轻的辩解中发现补充完善证据及法律文书的规范制作等方面为庭审的顺利进行奠定了良好的基础，保证了案件事实认定的准确、所采信证据的合法性，确保了案件质量。案件起诉后，及时与承办法官取得联系，并与承办法官交换意见，及时了解辩护人意见以及本案存在的焦点问题，明确诉讼方向及出庭准备重点工作。案件诉前的审慎审查起诉工作使承办人在庭上沉着冷静、有条不紊地应对被告人及辩护人所提出的辩解及辩护意见。法庭辩论时公诉人能够做到法庭调查化繁为简，法庭讯问简明扼要，切入重点，牢牢控制住辩论方向，不纠缠于细枝末节问题，把辩论方向引向诉方准备最为充分、证据最为扎实之处，较好地发挥了检察机关在庭审活动中的主导作用。

相关规定

《中华人民共和国刑法》

第二百三十二条 故意杀人的，处死刑、无期徒刑或者十年以上有期徒刑；情节较轻的，处三年以上十年以下有期徒刑。

[主办检察官：石子友*
检　察　官：安　聪
检察官助理：吴丽莉]

* 毕节市人民检察院检察长。

郭某某故意伤害案

——认罪态度、自首、取得被害人谅解等情节对量刑的影响

关键词

故意伤害罪　刑事和解

要　旨

案发后被告人及时报警，在现场等待民警处理，到案后如实供述自己的犯罪行为，构成自首。事后经法院调解、被告人积极向被害人赔礼道歉，并对被害人进行赔偿，取得被害人谅解。综合量刑情节，可适用缓刑。

基本案情

被告人郭某某，男，1993 年 2 月出生，贵州省三都水族自治县（以下简称三都县）人。

2018 年 4 月 23 日 0 时许，被告人郭某某回家时，发现邓某躲在自己家中，因此怀疑其妻沈某与邓某有不正当男女关系，于是叫来平某等三人评理，同日凌晨 3 时许，郭某某因不满意沈某与邓某的解释，从客厅桌上拿起一把长约 20 厘米的水果刀，将邓某左侧腰部捅伤后，打电话报警称家中进入小偷，经法医鉴定，邓某伤情为重伤二级。事后经本院院调解后，被告人家属已赔偿被害人 93000 元整，取得被害人的谅解。

指控与证明犯罪

本案由三都县公安局侦查终结，以被告人郭某某涉嫌故意伤害罪，于 2018 年 7 月 5 日向三都水族自治县人民检察院移送审查起诉。

审查起诉阶段，三都水族自治县人民检察院案件承办人审查了全案卷宗，讯问了犯罪嫌疑人，经审理认为，被告人郭某某无视国家法律，故意伤害他人身体，致使被害人所受伤为重伤二级，其行为已触犯《中华人民共和国刑法》第 234 条之规定。

三都水族自治县以三检刑诉〔2018〕126 号起诉书向三都水族自治县人民

法院提起公诉。

法庭调查阶段，公诉人宣读起诉书指控被告人被告人郭某某于 2018 年 4 月 23 日 0 时许，被告人郭某某回家时，发现邓某躲在自己家中，因此怀疑其妻沈某与邓某有不正当男女关系，于是叫来平某等三人评理，同日凌晨 3 时许，郭某某因不满意沈某与邓某的解释，从客厅桌上拿起一把长约 20 厘米的水果刀，将邓某左侧腰部捅伤后，打电话报警称家中进入小偷，经法医鉴定，邓某伤情为重伤二级。对于指控的犯罪事实，公诉人出示了四组证据予以证明：一是书证；二是证人证言；三是被害人的陈述；四是鉴定意见等。

法庭辩论阶段，公诉人发表公诉意见：出示了被告人郭某某的户籍证明、到案经过，伤情鉴定意见书，证人证言、被害人陈述、被告人的供述等，认为本案犯罪事实清楚，证据确实、充分，足以认定被告人郭某某触犯了《中华人民共和国刑法》第 234 条第 2 款之规定。

案发后被告人郭某某及时报警，并在现场等待民警处理，到案后能如实供述自己的犯罪行为，构成自首，依法应当从轻或者减轻处罚。

事后经过本院组织调解，被告人郭某某向被害人赔礼道歉，并积极对被害人进行赔偿，取得被害人谅解，依法可以从轻处罚。

被告人郭某某对自己的犯罪行为供认不讳，且认同检察机关提出从轻处罚的意见。法庭经审理，认为公诉人出示的证据能够相互印证，予以确认。综合考虑犯罪事实和量刑情节，认为被告人郭某某的犯罪情节较轻，认罪态度好，具有悔罪表现，没有再犯的危险，依法适用缓刑对所居住的社区没有重大的不良影响，可以宣告缓刑。检察机关量刑适当，法院予以采纳。三都水族自治县人民法院以（2018）黔 2732 刑初 106 号刑事判决书以被告人郭某某犯故意伤害罪，判处有期徒刑 6 个月，缓刑 1 年。

指导意义

根据《中华人民共和国刑法》第 234 条第 2 款之规定，故意伤害他人身体，造成轻伤以上的，构成故意伤害罪，应当追究行为人的刑事责任。但是，我们检察机关在办理案件的同时可以根据法律的规定，有效地兼顾社会效果和法律效果。在审理案件的过程中，承办人充分考虑了被害人的过错问题、被告人的自首情节，还有在审理案件的过程中，积极地做双方当事人的思想工作，化解社会矛盾，使得被告人取得被害人的谅解，从而考虑被告人的认罪态度、自首情节、取得被害人谅解等依法向法院提出适当的量刑建议，这样，既教育被告人，也能很好地化解矛盾，减少此类案件的发生率。

相关规定

1.《中华人民共和国刑法》

第六十一条 对于犯罪分子决定刑罚的时候，应当根据犯罪的事实、犯罪的性质、情节和对于社会的危害程度，依照本法的有关规定判处。

第六十二条 犯罪分子具有本法规定的从重处罚、从轻处罚情节的，应当在法定刑的限度以内判处刑罚。

第六十三条 犯罪分子具有本法规定的减轻处罚情节的，应当在法定刑以下判处刑罚；本法规定有数个量刑幅度的，应当在法定量刑幅度的下一个量刑幅度内判处刑罚。

犯罪分子虽然不具有本法规定的减轻处罚情节，但是根据案件的特殊情况，经最高人民法院核准，也可以在法定刑以下判处刑罚。

第六十七条 犯罪以后自动投案，如实供述自己的罪行的，是自首。对于自首的犯罪分子，可以从轻或者减轻处罚。其中，犯罪较轻的，可以免除处罚。

被采取强制措施的犯罪嫌疑人、被告人和正在服刑的罪犯，如实供述司法机关还未掌握的本人其他罪行的，以自首论。

犯罪嫌疑人虽不具有前两款规定的自首情节，但是如实供述自己罪行的，可以从轻处罚；因其如实供述自己罪行，避免特别严重后果发生的，可以减轻处罚。

第七十二条 对于被判处拘役、三年以下有期徒刑的犯罪分子，同时符合下列条件的，可以宣告缓刑，对其中不满十八周岁的人、怀孕的妇女和已满七十五周岁的人，应当宣告缓刑：

（一）犯罪情节较轻；

（二）有悔罪表现；

（三）没有再犯罪的危险；

（四）宣告缓刑对所居住社区没有重大不良影响。

宣告缓刑，可以根据犯罪情况，同时禁止犯罪分子在缓刑考验期限内从事特定活动，进入特定区域、场所，接触特定的人。被宣告缓刑的犯罪分子，如果被判处附加刑，附加刑仍须执行。

第七十三条 拘役的缓刑考验期限为原判刑期以上一年以下，但是不能少于二个月。

有期徒刑的缓刑考验期限为原判刑期以上五年以下，但是不能少于一年。

缓刑考验期限，从判决确定之日起计算。

第二百三十四条 故意伤害他人身体的，处三年以下有期徒刑、拘役或者管制。

犯前款罪，致人重伤的，处三年以上十年以下有期徒刑；致人死亡或者以特别残忍手段致人重伤造成严重残疾的，处十年以上有期徒刑、无期徒刑或者死刑。本法另有规定的，依照规定。

2. 最高人民检察院《关于办理当事人达成和解的轻微刑事案件的若干意见》

（略）

［独任检察官：唐万千*
检察官助理：潘秋燕］

---

* 黔南州三都县人民检察院检察长。

石某某故意伤害案

——故意殴打他人的行为认定

关键词

故意伤害罪　口角纠纷　犯罪既遂

要　旨

被告人因与被害人之间发生口角纠纷，被告人手持木凳伤害了被害人的身体，根据刑法对故意伤害罪定义：故意损害他人身体造成伤害的行为，故本案构成故意伤害罪。

基本案情

被告人石某某，男，1971 年 3 月出生，小学文化。

2018 年 6 月 4 日 22 时许，石某某与兴某、和某等人在贵州省平塘县者密镇茂村村下茂七组兴某家中吃饭，石某某与兴某酒后因言语冲突引发争吵，后石某某用兴某家中凳子殴打兴某头部，导致兴某右耳朵及脸部受伤。兴某被打后，谩骂石某某，而后石某某用手掌殴打兴某脸部，兴某被打倒地后，经和某劝阻石某某离开兴某家。次日，石某某得知是国兴被其殴打受伤严重，遂赶到兴某家与石廷和一起将兴某送至者密镇卫生院，因兴某伤势严重，于 2018 年 6 月 5 日转至平塘县人民医院 ICU 治疗。被害人兴某于 2018 年 7 月 8 日 22 时许在平塘县人民医院 ICU 病房死亡。者密派出所接到者密镇村民报案，民警立即前往者密卫生院调查并抓获被告人石某某。

指控与证明犯罪

本案由平塘县公安局侦查终结，以被告人石某某涉嫌故意伤害罪，于 2018 年 8 月 21 日向本院移送审查起诉。本院受理后，同年 8 月 22 日已告知被告人有权委托辩护人，同年 8 月 23 日已告知被害人近亲属有权委托诉讼代理人，依法讯问了被告人，审查了全部案件材料。2018 年 9 月 18 日，将该案移送黔南州人民检察院审查起诉，黔南州人民检察院审查后于 2018 年 10 月 10 日将该案下裁，根据黔南州人民检察院的交办意见，平塘县人民检察院于 2018 年 10 月 23 日，以石某某犯故意伤害罪对其提起公诉。11 月 22 日，平塘县人民法院依法组成合议庭公开开庭审理本案。

公诉人出示了指控犯罪的证据：受案登记表，立案决定书，证人证言，现场勘验检查工作笔录、现场图及照片，现场指认笔录及照片，法医学尸体检验鉴定意见书，抓获经过，被告人石某某的供述及户籍证明等，证明石某某故意伤害他人的事实。

公诉人发表公诉意见：被告人石某某因生活琐事与他人发生矛盾，后故意殴打他人，致一人死亡，其行为触犯了《中华人民共和国刑法》第 234 条的规定，犯罪事实清楚，证据确实、充分，应当以故意伤害罪追究其刑事责任。根据《中华人民共和国刑事诉讼法》第 172 条的规定，提起公诉，请依法判处。经审理，法院判决：平塘县人民法院经审理，认定被告人石某某持木凳伤害被害人兴某身体，导致被害人兴某死亡的严重后果，其行为构成故意伤害罪。2018 年 11 月 22 日，综合被告人石某某的犯罪性质、犯罪情节、危害后果以及犯罪后表现，依照《中华人民共和国刑法》第 234 条第 2 款、第 67 条第 3 款、第 61 条、第 62 条之规定，判处被告人石某某有期徒刑 10 年。

指导意义

故意伤害罪是指故意损害他人身体造成伤害的行为。在实践中，遇到因生活琐事、口角纠纷、情感纠纷等发生的伤害行为，要充分审查造成伤害时主观意志是故意为之还是过失行为。对被告人主观行为的认定在案件中尤为重要，对此罪与彼罪，罪与非罪定性起关键性作用，在审理案件过程中要结合被告人的认罪态度和犯罪情节及犯罪性质等综合考虑后对被告人进行定罪和处罚，在保持谦抑审慎的态度打击犯罪的同时，切实保障当事人合法权益，努力使办案实现法律效果、社会效果和政治效果的有机统一。

相关规定

《中华人民共和国刑法》

第二百三十四条 故意伤害他人身体的，处三年以下有期徒刑、拘役或者管制。

犯前款罪，致人重伤的，处三年以上十年以下有期徒刑；致人死亡或者以特别残忍手段致人重伤造成严重残疾的，处十年以上有期徒刑、无期徒刑或者死刑。本法另有规定的，依照规定。

［主办检察官：杨斌贞*
检　察　官：王　友
检察官助理：蒙　婷］

* 黔南州平塘县人民检察院检察长。

朱某某强奸案

——强奸未遂如何定罪量刑

关键词

强奸未遂　引导侦查　其他严重后果　减轻处罚

要　旨

用胁迫方式要求和被害人发生性关系，被害人因害怕强奸而自杀死亡，属刑法第236条第3款的规定的，“致使被害人重伤、死亡或者造成其他严重后果”中的“造成其他严重后果”，应按照刑法第236条第3款的规定定罪处罚；致使被害人重伤、死亡或“造成其他严重后果”但强奸未遂的，可结合具体案情对未遂情节予以考虑，从轻或减轻处罚。

基本案情

朱某某，男，1987年出生，贵州省人，农民。

2016年9月，朱某某在和被害人陈某某手机聊天过程中，获取陈某某生活照片。2016年10月29日晚，朱某某要求陈某某和其发生性关系，否则就将照片发给陈某某老公，胁迫陈某某到陈某某家附近后强奸陈某某，因陈某某反抗，并以“外面天冷换地方到家里”为由得以逃脱，朱某某强奸未遂。同月30日晚，朱某某又来到陈某某家附近，打电话威胁陈某某开门与其发生性关系，陈某某因害怕再被朱某某强奸，而服农药“百草枯”自杀，家人发现后于次日将其送医院抢救，因抢救无效于2016年11月9日死亡。

指控与证明犯罪

检察机关受理后，审查发现该案可能涉及法定刑升格，且案件部分事实不清、证据不足，遂两次退查，引导侦查机关调取朱某某和陈某某的通话清单等证据，并对陈某某死亡原因予以鉴定。2017年6月19日，威宁自治县人民检察院以被告人朱某某涉嫌强奸罪，向威宁自治县人民法院提起公诉。

在法庭上，朱某某对起诉书指控其10月29日强奸陈某某系未遂不持异议，但辩称，10月30日晚，其虽然有想和陈某某发生性关系的想法，但电话通话过程中只是打电话叫陈某某开门出来删照片，没有威胁陈某某；还没有着手强奸陈某某，是犯罪预备而不是未遂，在陈某某未开门后主动离开，是犯罪预备中止；陈某某的死亡不是在实施强奸行为的过程中发生，且其不可能预料陈某某要自杀，不能认定陈某某自杀是其威胁而造成的后果；强奸致人死亡，是指强奸过程中使被害人受伤，被害人当场死亡或受伤后经医治无效死亡，自己没有开始实施强奸的行为且已主动放弃犯罪，因而不能认定被害人服毒死亡是其欲强奸所导致的严重后果；刑法第236条第3款没有对“其他严重后果”作具体规定，检察机关在法律没有规定的情况下所做认定违反罪刑法定原则。因而本案应适用普通的强奸罪条款，以第一次是未遂第二次是（犯罪预备）中止，在法定刑3年以下定罪处罚。

检察机关认为，对于一个万念俱灰而自杀的人来说，通常不会杜撰其自杀的原因和动机，且本案被害人陈述符合逻辑和常理，再结合前一天的强奸未遂，以及被告人拨打电话的次数和每次通话时长、证人证言等诸多证据，充分证实被害人陈述的客观性，应当予以采信，认定被告人存在威胁、胁迫行为；第二次强奸是被告人已经到了被害人家门口，要求被害人开门与自己发生性关系，因为被害人拒不开门，是其意志之外的原因致犯罪未能得逞，应当认定为犯罪未遂；被告人在被害人家门口，多次通话反复威胁、胁迫被害人，被害人已感到被强奸的现实紧迫性，且想到29日已被朱某某强奸的莫大耻辱，被逼无奈选择自杀，和被告人实施的以强奸为目的的威胁手段具有直接因果关系；妇女看重自身贞操程度系众所周知，被告人应当预料到被害人为保护自己的贞操可能作出自伤、自残、自杀等极端行为；刑法第236条第3款在规定了“致使被害人重伤、死亡”又规定“或者造成其他严重后果”，是对前一种情况的补充，检察机关的认定符合罪刑法定原则。

检察机关认为，朱某某犯强奸罪，且造成被害人陈某某自杀死亡，属刑法第236条第3款的规定的“其他严重后果”，应适用刑法第236条第3款的规定定罪处罚。法定刑为10年以上有期徒刑、无期徒刑或者死刑。朱某某在强奸陈某某过程中，因陈某某反抗逃离而未得逞；威胁陈某某开门和其发生性关系，因陈某某拒绝开门且服农药自杀而未能得逞，是犯罪未遂。可以比照既遂从轻或减轻处罚。

庭审结束后，合议庭认为检察机关出示的证据能够相互印证，认定朱某某强奸未遂，但认为被害人的死亡仅能作为一个酌定量刑情节，不能认定为刑法第236条第3款规定的“其他严重后果”。合议庭就此征求检察机关的意见，检察机关坚持庭审时发表的意见，后合议庭将该案提交审判委员会讨论，审判委员会经讨论后，决定全部采纳了检察机关的意见。

2017年12月19日，威宁自治县人民法院作出一审判决，认定朱某某犯强奸罪（未遂），并导致了陈某某自杀死亡的严重后果。考虑到朱某某强奸未遂，对其减轻处罚判处有期徒刑8年。朱某某未提出上诉，该判决已生效。

指导意义

强奸罪侵犯的对象是妇女的贞操权，广大妇女常常会视贞操胜过生命。实践中除在强奸过程中致人重伤、死亡外，还常常会出现在面对强奸的现实威胁时，被害人以死相抗，或者被奸淫后感觉无脸继续生存而自杀的情况。因此，不能简单地认为被害人重伤、死亡的结果只有发生在强奸过程中，才能认定为刑法第236条第3款规定的加重情节，事前或事后自杀而导致的重伤、死亡不能扩大为“其他严重后果”。而应当将被害人事前或事后自杀而导致的重伤、死亡，乃至家人认为其失了贞操，甚至误解为不遵守贞操等对被害人实施伤害致被害人重伤、死亡，以及因被强奸而被家庭抛弃而致使家破人亡等视为刑法第236条第3款规定的因强奸而造成的“其他严重后果”，而予以法定刑升格处罚。

另外，强奸行为大多会遭到被害人的强烈反抗，往往即使发生了被害人重伤、死亡等严重后果，强奸却可能未遂。在适用刑法第236条第3款的规定升格法定刑处罚时，不能片面地认为只要造成了重伤、死亡或其他严重后果，就不应该再考虑既遂和未遂之分而一律适用10年以上这一档升格法定刑处罚，而应当结合具体案情，对在暴力实施过程中致使被害人重伤、死亡的，不适用未遂减轻处罚，对导致被害人在事前、事后自杀或其他严重后果的，一般还是要考量未遂情节而从轻或减轻。

检察机关办理该类犯罪案件时，一是要注意不能忽略严重后果以致放纵犯罪嫌疑人；二是紧扣妇女将贞操权视于比生命健康权更为重要这一传统道德意识，严密论证强奸行为所导致的后果的严重性、考量必要性，以及强奸行为与严重后果的因果关系；三是强奸案件大多依靠嫌疑人、被害人言词证据，要结合案情对双方言词证据的客观性、真实性予以充分分析论证后准确采信，并注意搜集通话记录、聊天记录、活动轨迹记录等予以辅证，以保证不枉不纵，准确指控、打击犯罪。

相关规定

《中华人民共和国刑法》

第二十二条 为了犯罪，准备工具、制造条件的，是犯罪预备。

对于预备犯，可以比照既遂犯从轻、减轻处罚或者免除处罚。

第二十三条 已经着手实行犯罪，由于犯罪分子意志以外的原因而未得逞的，是犯罪未遂。

对于未遂犯，可以比照既遂犯从轻或者减轻处罚。

第二十四条 在犯罪过程中，自动放弃犯罪或者自动有效地防止犯罪结果发生的，是犯罪中止。

对于中止犯，没有造成损害的，应当免除处罚；造成损害的，应当减轻处罚。

第二百三十六条 以暴力、胁迫或者其他手段强奸妇女的，处三年以上十年以下有期徒刑。

奸淫不满十四周岁的幼女的，以强奸论，从重处罚。

强奸妇女、奸淫幼女，有下列情形之一的，处十年以上有期徒刑、无期徒刑或者死刑：

（一）强奸妇女、奸淫幼女情节恶劣的；

（二）强奸妇女、奸淫幼女多人的；

（三）在公共场所当众强奸妇女的；

（四）二人以上轮奸的；

（五）致使被害人重伤、死亡或者造成其他严重后果的。

［独任检察官：邹　军*
检察官助理：张道鹏］

---

* 毕节市威宁县人民检察院副检察长。

杜某某强奸、猥亵儿童案

——奸淫幼女、猥亵儿童多人多次的行为如何定罪量刑

关键词

奸淫幼女　猥亵儿童　被害人未满 14 周岁　多人多次　公共场合

要　旨

以钱财或宠物引诱、暴力威胁或者以将被害人被其奸淫的事实告知被害人父母要挟，奸淫未成年女性 3 人 6 次，且有当面奸淫不同被害人的情形，认定为奸淫幼女多人和情节恶劣，以强奸罪追究被告人刑事责任。以使用暴力相威胁或者直接使用暴力和趁被害人不备，采取强行脱裤子、扣摸、抓捏被害人下体、胸部、臀部和当着被害人面自慰的方式，强制猥亵儿童 7 人 13 次，且有在公共道路上当众猥亵 4 名被害人的情形，应当认定为在公众场合当众犯罪，以猥亵儿童罪追究其刑事责任。

基本案情

被告人杜某某，男，1983 年出生。

被告人杜某某自 2017 年初至 2017 年 9 月 26 日被抓获时止，先后在其家中奸淫幼女 3 人 6 次、在其家中或周边道路上猥亵儿童 7 人 13 次，全案共涉及被害人 8 人，均未满 14 周岁，系被告人居住地附近小学在校学生。

指控与证明犯罪

2018 年 1 月 1 日，沿河土家族自治县公安局以被告人杜某某涉嫌强奸罪、猥亵儿童罪移送沿河土家族自治县人民检察院审查起诉，该院根据案件管辖规定，于 2018 年 1 月 29 日将案件转至铜仁市人民检察院审查起诉。

审查起诉阶段，杜某某辩称：什么都没有做，没有犯罪行为，在公安机关的供述不属实。

检察机关审查认为：现有证据足以认定犯罪嫌疑人实施了奸淫幼女和猥亵儿童的行为，并且对多名未满 14 周岁的被害人实施了多次奸淫和强制猥亵行为。但是公安机关对其中一次犯罪嫌疑人同时对两名被害人实施奸淫的犯罪事实，

两被害人陈述不够完整，可能遗漏强奸犯罪事实，并且缺少相关犯罪场所的辨认证据和一些犯罪事实外围印证细节未调查清楚，需进一步补充查证。铜仁市人民检察院于2019年2月23日将案件退回沿河县公安局补充侦查，要求公安局围绕被害人的伤情诊断情况、其中一次强奸犯罪事实中被害人和在场证人离开细节、引诱时提及的小狗、相关场所和嫌疑人衣着细节、当面强奸两名被害人的完整经过，补充查证接诊被害人的医务人员关于被害人伤情形成可能原因的诊断性陈述、其中一次奸淫幼女的犯罪事实中查证被害人和证人对离开细节的针对性陈述、嫌疑人家中小狗的去向证人陈述、当面强奸的两名被害人的完整陈述、被害人对犯罪现场相关场所和嫌疑人的辨认、被害人对嫌疑人手机的辨认。

经过补充侦查，沿河县公安局进一步收集接诊被害人的医务人员证言、其中一名被害人和在场证人关于离开细节的证言、多名证人关于嫌疑人家中小狗的证言和小狗的照片、同时被奸淫的两名幼女的完整陈述、多名被害人对嫌疑人和现场的辨认笔录等证据。医务人员证言和病历证实被害人的伤情通过性侵可以造成，有证人在场的强奸犯罪事实中被害人和证人陈述的离开细节是一致的，多名证人证实被害人陈述所提及的小狗真实存在，当面强奸的两名被害人的完整陈述证实此前遗漏的强奸犯罪事实，被害人的辨认固定了相关的犯罪现场，进一步锁定了嫌疑人。

补充侦查结束后，辩护人经过阅卷后提出：一是嫌疑人否认侦查阶段的全部供述，其所供述的犯罪事实只有被害人杜某艳陈述，证据不足。二是嫌疑人当面强奸两名被害人杜某甲、陈某乙的犯罪事实，只有两名被害人的陈述，且陈述之间有多处关键细节不一致，现有证据不足以证实犯罪事实。三是其他犯罪事实均只有被害人陈述，没有嫌疑人供述，均存在证据不足。建议认定嫌疑人作无罪处理，不予起诉。

检察机关审查认为：

1. 嫌疑人虽然翻供，但没有对翻供作出合理解释，且嫌疑人供述的强奸细节与被害人陈述相互印证，关于犯罪前后的相关细节，被害人陈述、嫌疑人供述和在场证人陈述相互之间能够印证，嫌疑人供述中也提及50元现金引诱的细节，被害人及其父亲陈述均能够印证，且被害人及其父亲陈述相互印证证实为50元面额，嫌疑人未成年儿子与在场证人陈述也能印证嫌疑人要求帮其找“女朋友”这一细节，在案的未成年证人和被害人的陈述内容均符合年龄和心理特点，现有证据客观证实，相互印证形成了证据锁链，足以证实该起犯罪事实。

2. 当面强奸两名被害人的四起犯罪事实，补充查证的两被害人完整陈述能够相互印证，陈述内容均符合年龄和心理特点，排除了补充侦查前的陈述疑点，结合嫌疑人未成年子女的证言情况，现有证据已经形成证据锁链。

3. 另一起强奸犯罪事实，嫌疑人的未成年子女陈述能够与被害人陈述，对被害人到达嫌疑人家中和嫌疑人支开未成年子女的经过等犯罪预备过程细节上相互印证，周围邻居的陈述能够间接印证嫌疑人未成年子女的去向陈述，现有证据证实的情况在细节上具有高度延续性，形成了证据锁链。

4. 嫌疑人供述的猥亵儿童犯罪事实，其供述的内容与被害人陈某乙的陈述在动作、言语细节上能够相互印证，足以证实。

5. 其他多起猥亵儿童犯罪事实，虽然没有嫌疑人的供述，但是被害人陈述之间，或者被害人陈述与在场的其他证人陈述之间均相互印证。

经过对证据细节印证的充分梳理，结合本案的发案经过，检察机关最终认定杜某某自 2017 年初至 2017 年 9 月 26 日被抓获时止，先后在其家中奸淫幼女 3 人 6 次、在其家中和周边道路上猥亵儿童 7 人 13 次，全案共涉及被害人 8 人，均未满 14 周岁。决定依法对杜某某以强奸罪、猥亵儿童罪提起公诉，并向辩护人通报了审查意见，辩护人未补充新的意见。

法庭调查阶段，公诉人当庭围绕本案的立案、强制措施和被告人被害人的身份情况出示了相关书证，围绕指控的强奸罪、猥亵儿童罪出示了被告人的供述、被害人的陈述、证人证言、相关辨认笔录，以及现场勘验、检查笔录等证据。

被告人和辩护人当庭提出遭到刑讯逼供。辩护人还提出被害人和相关证人均为未成年，其陈述不具有客观性。

公诉人当庭播放了审讯同步录音录像，证实公安机关讯问程序合法，不存在刑讯逼供行为。并对辩护人关于未成年人陈述的客观性答辩指出，本案中被害人和证人对其陈述的内容均未超出认识能力，陈述当然具有客观性。

法庭辩论阶段，公诉人发表公诉意见：

1. 本案事实清楚，证据确实、充分。被告人供述与被害人陈述的相互印证，被害人陈述之间相互印证，被害人陈述与证人陈述相互印证，现有证据已经形成锁链。

2. 关于定罪量刑方面的法律适用。被告人奸淫幼女多人和情节恶劣，应当以强奸罪追究其刑事责任，并且依法应当判处 10 年以上有期徒刑、无期徒刑或者死刑。被告人强制猥亵儿童 7 人 13 次，且有在公共道路上当众猥亵 4 名被害人的情形，应当认定为在公众场合当众犯罪，应当以猥亵儿童罪追究其刑事责任，并且依法应当判处 5 年以上有期徒刑。本案被害人主要为农村留守儿童，依照相关刑事政策，应当对被告人从重处罚，建议对被告人数罪并罚判处无期徒刑。

法庭经过审理，认定了起诉的全部犯罪事实，部分采纳公诉量刑建议。2018 年 7 月 16 日，铜仁市中级人民法院作出一审判决，以强奸罪判处被告人杜某某有期徒刑 15 年，并处剥夺政治权利 5 年，以猥亵儿童罪判处有期徒刑

8 年，数罪并罚决定执行有期徒刑 20 年，剥夺政治权利 5 年。被告人杜某某上诉至贵州省高级人民法院，该院二审裁定驳回上诉维持原判。

指导意义

本案涉及被害人的人数多，被害人均系未满 14 周岁的未成年人，是同一所学校的在校学生，多数为小学五六年级学生，在未成年被害人保护方面具有特殊典型意义。针对本案被害人的年龄身心特点，询问被害人时专门由公诉部门办案经验丰富年长女检察官带队，除通知法定监护人到场外，通知被害人所在学校的一名女性班主任老师在场，并就被害人的心理辅导与其进行了沟通，在其配合下，对到场被害人家长进行了心理疏导。案件办结后，检察机关与公安机关和教育部门交换了关于未成年被害人保护方面的意见。

本案审查起诉阶段，检察机关发现本案被害人多数家庭困难，控申部门对 8 名未成年被害人所在的 7 户家庭（其中两名被害人系双胞胎）启动司法救助程序，获得了市政法委、乡镇基层政府和村委的支持和配合，8 名未成年被害人家庭均系脱贫攻坚“建档立卡户”，共申请司法救助 5.5 万元，案件办理当年已经发放至被害人家庭。

相关规定

最高人民法院、最高人民检察院、公安部、司法部《关于依法惩治性侵害未成年人犯罪的意见》

20. 以金钱财物等方式引诱幼女与自己发生性关系的；知道或者应当知道幼女被他人强迫卖淫而仍与其发生性关系的，均以强奸罪论处。

23. 在校园、游泳馆、儿童游乐场等公共场所对未成年人实施强奸、猥亵犯罪，只要有其他多人在场，不论在场人员是否实际看到，均可以依照刑法第二百三十六条第三款、第二百三十七条的规定，认定为在公共场所“当众”强奸妇女，强制猥亵、侮辱妇女，猥亵儿童。

24. 介绍、帮助他人奸淫幼女、猥亵儿童的，以强奸罪、猥亵儿童罪的共犯论处。

34. 对未成年被害人因性侵害犯罪而造成人身损害，不能及时获得有效赔偿，生活困难的，各级人民法院、人民检察院、公安机关可会同有关部门，优先考虑予以司法救助。

［独任检察官：杨志刚*
检察官助理：滕树孝］

* 铜仁市人民检察院副检察长。

杨某某拐骗儿童、猥亵儿童案

——对未成年人进行性侵的行为认定

关键词

熟人性侵　拐骗儿童　猥亵儿童

要　旨

拐骗不满14周岁的未成年人，脱离家庭或者监护人的，以拐骗儿童罪追究其刑事责任；猥亵儿童的，以猥亵儿童罪追究其刑事责任，依照刑法第237条前两款的规定从重处罚。

基本案情

被告人杨某某，汉族，男，1973年10月生，小学文化，无固定职业，系被害人邻居。被害人卢某某父亲与被告人杨某某均系外来务工人员，共同租住在一栋出租楼，案发时被害人及其同龄伙伴就在被告人杨某某家中玩耍。

被告人杨某某在未经过被害人卢某某家人同意的情况下，于2018年10月2日15时以购买碟片为由，私自将年仅8岁的被害人卢某某骗出并带往贵州省安顺市平坝区，使被害人脱离家庭和监护人。在安顺市平坝区一旅社居住期间，被告人杨某某为满足性欲，让被害人卢某某赤裸下身陪其同床睡觉，并用手抠摸被害人阴部。2018年10月4日10时许，被告人杨某某将被害人卢某某送回至贵阳市云岩区后让其自行回家。

指控与证明犯罪

本案由贵阳市公安局云岩分局于2018年11月20日提请贵阳市云岩区人民检察院批准逮捕，云岩区人民检察院经审查后于2018年11月27日作出批准逮捕决定。贵阳市公安局云岩分局侦查终结后，以被告人杨某某涉嫌拐骗儿童罪、猥亵儿童罪，于2018年12月6日向本院移送审查起诉。本院受理后，向被害人的法定代理人就是否开展心理辅导征询意见，因法定代理人不同意而未对被害人进行心理疏导。2018年12月26日，云岩区人民检察院以杨某某涉嫌拐骗儿童罪、猥亵儿童罪起诉至贵阳市云岩区人民法院，并提出5至8年的量刑建议。

2019 年 1 月 15 日，贵阳市云岩区人民法院依法不公开开庭审理此案。

法庭辩论阶段，公诉人发表公诉意见：

1. 根据法庭调查及法庭质证情况，证实本案证据的取得合法并符合证据要素的特征，各证据之间能够形成证据锁链，逻辑关系清晰，指向明确，具有唯一性、合法性及客观性，充分证明云岩区人民检察院起诉书指控被告人杨某某犯拐骗儿童罪、猥亵儿童罪的证据确实、充分。

（1）本案全部证据系侦查机关依法取得。从案发阶段的报警到确定嫌疑人身份；从被害人陈述、证人证言到被告人的供述和辩解，再到指认笔录和电子数据，案件所有证据的取得均合法客观。

（2）有确实、充分的证据证明被告人实施了拐骗和猥亵被害人的行为。对拐骗行为有监控照片及被害人、证人、被告人的言词证据证明；对猥亵行为，被害人的陈述与被告人的供述基本一致。

（3）有确实、充分的证据证明被告人有拐骗、猥亵的故意。被告人杨某某供述："我大姑说我没有一个家，我带'小某某'去的目的就是假装让我大姑看一下我有一个女儿。""我和'小某某'是在一张床上睡的，我没有脱衣服，我让她把裤子脱了。'小某某'是没有穿有内裤，和"小某某"在一张床上睡了两天。我当时抱着"小某某"睡觉时，我用右手抠摸了"小某某"的阴部及胸部。"

2. 被告人杨某某明知被害人卢某某未满 14 周岁，仍将其拐骗至贵州省安顺市平坝区，致使年仅 8 岁的卢某某脱离监护人。同时为满足性欲望，对 8 岁的被害人卢某某实施猥亵，对未成年被害人身心健康造成损害，其行为已触犯《中华人民共和国刑法》第 262 条之规定和《中华人民共和国刑法》第 237 条之规定，犯罪事实清楚，证据确实、充分，应当以拐骗儿童罪、猥亵儿童罪追究刑事责任。

3. 通过庭审，已经清楚地了解杨某某的犯罪事实，该行为已经触犯了我国刑法关于拐骗儿童罪、猥亵儿童罪的规定，构成刑事犯罪。杨某某为了所谓的面子，将一个年仅 8 岁的小女孩拐骗至外地，在被害人处于无助状态下对她实施猥亵行为，对被害人造成严重的身心伤害，也对被害人的精神造成损害，危害社会和谐稳定。

综上所述，起诉书认定本案被告人杨某某的犯罪事实清楚，证据确实、充分，依法应当认定被告人有罪，建议以拐骗儿童罪、猥亵儿童罪判处被告人杨某某有期徒刑 5 年以上 8 年以下。

被告人杨某某及其辩护人对公诉意见没有异议，被告人表示希望能对其从轻处理。辩护人提出，考虑被告人认罪态度好，建议从轻处罚。

法庭经审理，认定公诉人提交的证据能够相互印证，予以确认。综合考虑全案犯罪事实、情节，对杨某某处以相应刑罚，2019 年 1 月 16 日，贵阳市云岩区人民法院以杨某某犯拐骗儿童罪判处其有期徒刑 3 年，犯猥亵儿童罪判处其有期徒刑 5 年，决定执行有期徒刑 7 年。

指导意义

本案属于典型的熟人性侵未成年人案件，杨某某正是利用被害人年龄小、缺乏自我保护意识的特点，对被害人进行侵害。本案的办理过程中，承办人始终坚持儿童利益最大化原则，一方面注重保护被害人的隐私，维护其合法权益，为其申请司法救助金。同时快速处理案件，避免案件对被害人产生心理上、生活上的不利影响；另一方面向法院提出较高的量刑建议，建议法院对杨某某侵害未成年人的行为予以严惩，最终法院以杨某某犯拐骗儿童罪判处其有期徒刑 3 年，犯猥亵儿童罪判处其有期徒刑 5 年，决定执行有期徒刑 7 年。

在证据审查方面，由于性侵类案件具有证人少、物证少、供证矛盾多等特点，导致性侵类案件往往出现“一对一”的局面。本案直接证据只有被害人陈述和被告人供述，且由于被害人年幼所致其陈述具有的特殊性，导致被害人陈述与被告人供述之间有部分细节不一致。承办人根据被害人认知水平、记忆能力、表达能力有限等特点，仔细审查发、破案经过，被害人陈述与被告人供述，并从间接证据上寻找突破口，分析疑点，去伪存真，得出结论。

从该案中可以得出几点指导意义：

一是未成年人权利保护是当前社会各界关注的重要问题。近年来，猥亵、强奸等性侵害未成年人的犯罪案件屡屡发生，不但严重侵害未成年人权利，影响未成年人身心健康，也给被害人家庭造成损害，危害社会和谐稳定，必须予以严惩。

二是侵害未成年人犯罪案件，在法律适用、证据把握上有其特殊性，如何正确适用法律、把握证据标准，需要承办人不断提高自身业务水平，仔细慎重审查案件证据，从而形成内心确信，得出正确结论。

三是未成年人被侵害后，身心会受到极大伤害，需要特殊保护和关爱帮助，因此检察机关在指控犯罪的同时，应当加强对被害人的保护和救助，帮助他们恢复对社会公平正义的信心。

四是全社会都应当重视未成年人保护工作，家庭和学校应当是保护未成年人的第一道坎。应当重视对儿童的安全教育，从小提升儿童的自我保护意识，同时努力净化儿童的生存环境，为儿童提供一个安全美好的世界。

相关规定

《中华人民共和国刑法》

第二百三十七条 以暴力、胁迫或者其他方法强制猥亵他人或者侮辱妇女的，处五年以下有期徒刑或者拘役。

聚众或者在公共场所当众犯前款罪的，或者有其他恶劣情节的，处五年以上有期徒刑。

猥亵儿童的，依照前两款的规定从重处罚。

第二百六十二条 拐骗不满十四周岁的未成年人，脱离家庭或者监护人的，处五年以下有期徒刑或者拘役。

［独任检察官：李　祥*
检察官助理：麻昌俊］

* 贵阳市云岩区人民检察院副检察长。

贪污贿赂案

邱某某、许某某贪污案

——利用职务便利侵吞大学生医疗保险基金是否属于贪污特定款物

关键词

贪污罪　贪污特定款物　公共财物认定

要　旨

国家工作人员利用职务上的便利，设立虚假药品采购清单，逃避财务监管，非法占有公共财物（医疗保险基金），数额巨大，所得资金用于个人生产经营活动，应当以贪污罪追究刑事责任，并且应当认定具有贪污特定款物的从重处罚情节。

基本案情

2013 年至 2016 年，被告人邱某某利用担任贵阳护理职业学院医疗服务中心副主任、主任，管理贵阳护理学院医务室、贵州职业技术学院医务室、贵阳幼儿师范高等专科学校医务室、桂月社区卫生服务站的职务便利，与被告人许某某（贵州某医药公司销售员）共谋采取设立虚假的高价药品单虚增药品数量或药品价格的方式，通过 4 个医疗点医药费医保报账，套取大学生医保补贴用于冲抵邱某某个人经营的南明朝阳诊所在贵州某医药公司的药款。经鉴定，邱某某的南明朝阳诊所在 2013 年至 2016 年期间用大学生医保资金冲抵药品耗材共计人民币 423896. 22 元。

2014 年 4 月 30 日，被告人邱某某利用担任贵阳护理职业学院医疗服务中心主任的职务便利，在明知贵阳护理学院要求终止与贵州省职业技术学院医疗合作的情况下，以私盖贵阳护理学院公章、出具虚假《情况说明》方式，请贵州省职业技术学院将2015年大学生医保款269787.5元拨付至云岩区第二人民医院。2015年邱某某私刻贵阳市云岩区第二人民医院的公章，冒用贵阳市云岩区第二人民医院的名义与贵阳市幼儿师范高等专科学校签订《医疗合作协议》，后贵阳市幼儿师范高等专科学校按照协议约定将2015年大学生医保款89800.00元拨付至贵阳市云岩区第二人民医院。邱某某与许某某以贵阳市云岩区第二人民医院支付贵州某医药公司药款的名义将套取暂存贵阳市云岩区第二人民医院的大学生医保款359587.5元中的300055.2元提出（因邱某某与贵阳市云岩区第二人民医院协议由该院收取过账手续费），后邱某某与许某某将其中146140.52元用于冲抵在2015年实际由邱某某控制的桂月社区卫生服务站拖欠贵州某医药公司药款，另有人民币28000.00元由许某某（因邱某某向许某某索要冲抵后的钱款，对公账户的钱无法提取，为此许某某个人拿钱28000元交给邱某某）在贵阳护理学院邱某某办公室送给邱某某，后邱某某用于家庭支出。

指控与证明犯罪

本案系贵阳市纪委移送涉案线索至贵阳市人民检察院反贪污贿赂局，由贵阳市人民检察院反贪污贿赂局指定由贵阳市白云区人民检察院反贪污贿赂局立案侦查的职务犯罪案件。白云区院公诉部门于2017年4月6日收案审查起诉。由于该案被告人原任职职务为县处级，且贪污公款数额巨大且贪污款项性质特殊、贪污方式较为隐蔽，因此，白云区院将该案件列为大要案件审查起诉。

在法庭调查阶段，公诉人宣读起诉书，举证质证阶段检察机关运用多媒体示证系统同步向法庭和旁听群众直观展现二被告人套取公款开具的药价“高、低单”、二被告人沟通制假过程的“短信截图”等重要客观性证据，利用客观证据印证被告人的供述，从而形成证据锁链证实两名被告人侵吞大学生医保款项的犯罪事实。

在法庭辩论阶段，公诉人发表公诉意见：被告人邱某某身为国家工作人员，利用职务上的便利，设立采购药品的“高、低单”截取中间差价，逃避财务监管，侵吞大学生医保款，数额巨大，为进一步保障大学生在读书期间患病时基本生活不受影响，逐步增进公共福利水平。国家设立大学生医保基金统筹帮助大学生就医。但是，被告人在大学生医疗保险基金使用、管理运营等过程中，利用职权实施侵吞大学生医疗保险基金的犯罪。这种犯罪行为不仅严重侵犯了公职人员职务的廉洁性，也严重损害了国家、社会和人民利益，法律必须对其加大惩处力度。应当以贪污罪追究被告人的刑事责任，并且应当认定被告人贪污大学生医保款属于“贪污特定款物”，依法应当从重处罚。

辩护人提出：一是大学生医保款不应当认定为“贪污特定款物”，新司法解释无溯及力。二是大学生医保款中学生缴纳部分不应当认定为公共财物。

公诉人针对辩护人意见进行答辩：第一，根据2017年7月19日最高人民检察院第十二届检察委员会第67次会议审议通过了《关于贪污养老、医疗等社会保险基金能否适用〈最高人民法院、最高人民检察院关于办理贪污贿赂刑事案件适用法律若干问题的解释〉第一条第二款第一项规定的批复》："养老、医疗、工伤、失业、生育等社会保险基金可以认定为《最高人民法院、最高人民检察院关于办理贪污贿赂刑事案件适用法律若干问题的解释》第一条第二款第一项规定的'特定款物'"之规定，本案中被告人利用职务上的便利侵吞的款项是专用于大学生医疗的保险基金。依法应当属于贪污特定款物。又根据最高人民法院、最高人民检察院《关于适用刑事司法解释时间效力问题的规定》："二、对于司法解释实施前发生的行为，行为时没有相关司法解释，司法解释施行后尚未处理或者正在处理的案件，依照司法解释的规定办理"之规定，本案应当依法适用新的司法解释办理。第二，根据《中华人民共和国刑法》第91条："本法所称公共财产，是指下列财产……（三）用于扶贫和其他公益事业的社会捐助或者专项基金的财产。在国家机关，国有公司，企业、集体企业和人民团体管理、使用或者运输中的私人财产"之规定，大学生医保款来源于政府拨款及少部分源于学生自筹，且款项用于大学生群体的医疗支出，具有特定属性。无论从款项的来源还是从款项的用途而言都具有特定的公共属性，依法应当认定为刑法第91条规定的公共财产。

法庭经审理，认为公诉人出示的证据能够相互印证，予以确认。对辩护人的意见，不予采纳。综合考虑犯罪事实和量刑情节，2017年11月24日贵阳市白云区人民法院作出（2017）黔0113刑初269号刑事判决。以贪污罪判处被告人邱某某有期徒刑3年6个月，并处罚金人民币20万元。以贪污罪判处许某某有期徒刑2年，缓刑3年，并处罚金人民币10万元。

一审宣判后，被告人邱某某不服，以"贪污款项的性质不是大学生医保款，是门诊部本身运行资金收入，一审认定的贪污数额应扣除用于支付工作人员工资的费用，一审量刑过重"为由，向贵阳市中级人民法院提出上诉。

贵阳市中级人民法院经审理后认为原判事实清楚，证据确实、充分，定性准确，量刑适当，于2018年5月17日驳回上诉，维持原判。

指导意义

检察长出庭公诉重大职务犯罪案件，对优化资源配置、运用科技强检手段实现"智慧检察"、规范庭审行为、提高庭审质量等方面起到了良好的示范引导作用。

认定事实精准，在审查起诉过程中及时发现案件在认定金额方面存在的障碍问题，通过案例检索、重点论证、疑点利益归属于被告人的把握精准的认定被告人的犯罪金额。公诉意见、量刑建议获得一、二审法院的采纳。

适用法律准确，本案在提起公诉时并没有相关司法解释对贪污“特定款物”情节作出规定。经检察委员会讨论认为将本案中的大学生医保款认定为特定款物，应当属于具有特殊性质和特殊用途的款物，是国家为保障人民群众基本生命健康这一公共属性的支出款项。所以应当认定为贪污“特定款物”，这一认定符合法律以及司法解释对“特定款物”的保护目的。案件移送法院之后，最高人民检察院第十二届检察委员会第67次会议审议通过了《关于贪污养老、医疗等社会保险基金能否适用〈最高人民法院、最高人民检察院关于办理贪污贿赂刑事案件适用法律若干问题的解释〉第一条第二款第一项规定的批复》，批复的下发肯定了本案办理过程中贪污“特定款物”的认定的正确性。最终人民法院采纳检察机关公诉意见认定本案具有贪污“特定款项”的从重处罚情节。

检察机关在办理贪污职务犯罪案件中，要紧扣职务行为并且把握好贪污财物的本质特征，收集、审查、运用证据。特别要注意审查贪污款物的来源和主要用途，从而精准地认定贪污“特定款物”情节。此外，特别要注意收集采用特殊手段掩盖贪污行为，逃避财务监管的证据，揭示行为人具有非法占有公共财物得主观目的。

相关规定

1.《中华人民共和国刑法》

第九十一条 本法所称公共财产，是指下列财产：

（一）国有财产；

（二）劳动群众集体所有的财产；

（三）用于扶贫和其他公益事业的社会捐助或者专项基金的财产。

在国家机关、国有公司、企业、集体企业和人民团体管理、使用或者运输中的私人财产，以公共财产论。

第三百八十二条 国家工作人员利用职务上的便利，侵吞、窃取、骗取或者以其他手段非法占有公共财物的，是贪污罪。

受国家机关、国有公司、企业、事业单位、人民团体委托管理、经营国有财产的人员，利用职务上的便利，侵吞、窃取、骗取或者以其他手段非法占有国有财物的，以贪污论。

与前两款所列人员勾结，伙同贪污的，以共犯论处。

第三百八十三条 对犯贪污罪的，根据情节轻重，分别依照下列规定处罚：

（一）贪污数额较大或者有其他较重情节的，处三年以下有期徒刑或者拘役，并处罚金。

（二）贪污数额巨大或者有其他严重情节的，处三年以上十年以下有期徒刑，并处罚金或者没收财产。

（三）贪污数额特别巨大或者有其他特别严重情节的，处十年以上有期徒刑或者无期徒刑，并处罚金或者没收财产；数额特别巨大，并使国家和人民利益遭受特别重大损失的，处无期徒刑或者死刑，并处没收财产。

对多次贪污未经处理的，按照累计贪污数额处罚。

犯第一款罪，在提起公诉前如实供述自己罪行、真诚悔罪、积极退赃，避免、减少损害结果的发生，有第一项规定情形的，可以从轻、减轻或者免除处罚；有第二项、第三项规定情形的，可以从轻处罚。

犯第一款罪，有第三项规定情形被判处死刑缓期执行的，人民法院根据犯罪情节等情况可以同时决定在其死刑缓期执行二年期满依法减为无期徒刑后，终身监禁，不得减刑、假释。

2.《关于贪污养老、医疗等社会保险基金能否适用〈最高人民法院、最高人民检察院关于办理贪污贿赂刑事案件适用法律若干问题的解释〉第一条第二款第一项规定的批复》

（略）

3. 最高人民法院、最高人民检察院《关于适用刑事司法解释时间效力问题的规定》

（略）

[独任检察官：刘少坤*
检察官助理：朱青雲]

* 贵阳市白云区人民检察院检察长。

程某某贪污案

——携带挪用的公款部分如何认定

关键词

贪污　“两金”　挪用公款潜逃

要　旨

行为人“携带挪用的公款潜逃的”，对其携带挪用的公款部分，以贪污罪定罪处罚。在国家机关、国有公司、企业、集体企业和人民团体管理、使用或运输中的私人财产，以公共财产论。

基本案情

程某某于2016年4月到长顺县广顺镇财政分局工作，从2017年1月开始，根据广顺镇财政分局的要求，程某某作为负责管理统发工资的财政分局工作人员，每月应将广顺镇各单位干部职工的养老保险金及职业年金（以下简称“两金”）统一代扣到其个人账户上并缴到长顺县社保局。从2017年1月至2018年6月（不包含2017年3月至5月扣缴在广顺镇财政分局工作人员陈某某个人账户上的部分“两金”），程某某统一代扣广顺镇各单位干部职工的“两金”并划转到其个人账户上的资金共有11次，金额共计2359960.99元（不含程某某个人工资及应缴部分），但这11次实际应缴给长顺县社保局“两金”为2032888.51元，在此过程中程某某利用其报送扣划干部职工“两金”基数的便利，多报送了广顺镇干部职工的“两金”的扣划数额，多扣划广顺镇干部职工“两金”共计288345.14元到其个人银行账户上，后程某某将该笔公款用于个人私用。

2018年7月25日前，广顺镇财政分局局长黄某通知程某某将干部职工的工资、代扣干部职工的“两金”以及上缴县社保局的金额核对上报，程某某担心自己多扣干部职工“两金”用于私用的事情暴露，便决定将自己银行账户中剩余的公款取出携款潜逃，2018年7月25日早上，程某某到达惠水县后，先分别在三个农村商业银行网点的柜台和自动取款机上将自己银行账户中的279900元取出（包含程某某利用多报送扣划基数贪污的5月、6月两个月的广顺镇干部职工“两金”133800.31元和应上缴的广顺镇干部职工部分“两金”146099.69元），后因为担心逃跑过程中个人行踪败露，便借用其朋友韦某某的身份证在惠水县建设西路中国电信营业厅办理了一张手机电话卡，给自己潜逃时使用。随后程某某从惠水县搭乘出租车潜逃至贵州省都匀市，从都匀市再换乘出租车潜逃至浙江省宁波市。之后在其朋友及单位领导的规劝下，程某某于2018年7月27日到长顺县监察委员会投案自首。被告人程某某共贪污金额为434444.83元。

指控与证明犯罪

本案由贵州省长顺县监察委员会侦查终结，以被告人程某某涉嫌贪污罪，于2018年11月12日向本院移送审查起诉。本院受理后，于2018年11月12日启动刑事诉讼程序，并于同日对程某某刑事拘留，并于2018年11月19日决定逮捕。2018年11月22日，长顺县人民检察院以程某某犯贪污罪对其提起公诉。同年12月18日，该县人民法院依法公开开庭审理本案。法庭经审理，认定被告人程某某利用在广顺镇财政所负责统一代扣广顺镇干部职工“两金”的便利，将自己管理的公款434444.83元予以扣留，数额巨大，符合贪污罪的构成要件，犯罪事实清楚，证据确实、充分，应当以贪污罪追究其刑事责任。2018年12月18日，长顺县人民法院作出判决，认定被告人程某某犯贪污罪，判处有期徒刑3年，并处罚金30万元。判决后，被告人当庭提出上诉，2019年3月20日，黔南布依族苗族自治州中级人民法院依法作出合议庭公开开庭审理，认为一审判决认定事实清楚，证据确实、充分，定罪准确，量刑并无不当，审判程序合法，依法作出裁定：驳回上诉，维持原判，本裁定为终审裁定。

指导意义

是否利用职务之便，是否以非法占有为目的，是正确认识贪污罪的关键。对职务之便、非法占有的认定，应当围绕其身份主体，工作职责，具体从事的业务等方面取证。行为人将职工的“两金”，用于个人消费，并携带潜逃，应当认定为其利用职务之便，以非法占有为目的。携带公款潜逃以贪污罪追究行为人的刑事责任，应对公款的性质、来源、去向、行为人潜逃的路线、取款的地点、乘坐的车辆及落脚处等予以取证，完善证据链，以确定行为人的责任。

相关规定

1.《中华人民共和国刑法》

第九十一条 本法所称公共财产，是指下列财产：

（一）国有财产；

（二）劳动群众集体所有的财产；

（三）用于扶贫和其他公益事业的社会捐助或者专项基金的财产。

在国家机关、国有公司、企业、集体企业和人民团体管理、使用或者运输中的私人财产，以公共财产论。

第九十三条 本法所称国家工作人员，是指国家机关中从事公务的人员。

国有公司、企业、事业单位、人民团体中从事公务的人员和国家机关、国有公司、企业、事业单位委派到非国有公司、企业、事业单位、社会团体从事公务的人员，以及其他依照法律从事公务的人员，以国家工作人员论。

第三百八十二条 国家工作人员利用职务上的便利，侵吞、窃取、骗取或者以其他手段非法占有公共财物的，是贪污罪。

受国家机关、国有公司、企业、事业单位、人民团体委托管理、经营国有财产的人员，利用职务上的便利，侵吞、窃取、骗取或者以其他手段非法占有国有财物的，以贪污论。

与前两款所列人员勾结，伙同贪污的，以共犯论处。

2. 最高人民法院、最高人民检察院《关于办理贪污贿赂刑事案件适用法律若干问题的解释》

（略）

3.《全国法院审理经济犯罪案件工作座谈会纪要》

（略）

［主办检察官：罗宗邦*
检　察　官：焦文玉
检察官助理：韦继伟］

* 黔南州长顺县人民检察院检察长。

刘某某受贿案

——案发前上交钱款后仍收受他人财物的是否计入受贿数额

关键词

利用职务之便　受贿　受贿数额

要　旨

国家工作人员利用职务上的便利，索取他人财物，或者非法收受他人财物，为他人谋取利益的，应当以受贿罪追究其刑事责任。行为人在案发前将钱款退回到廉政账户后，不收敛、不收手，仍在收受他人财物，所以该钱款不属于主动上交，应当计入受贿数额。

基本案情

被告人刘某某，男，1972 年生，贵州省人。

2012 年至 2016 年间，被告人刘某某在担任桐梓县人民医院副院长期间，利用分管医疗、设备的职务之便，在县医院设备采购过程中为遵义市甲公司销售经理张甲、贵州乙公司业务员张乙、江西丙公司业务员王某华、遵义市丁公司销售代表令狐某波谋取利益，收受贿赂共计 44.916 万元。详情如下：

2013 年下半年，被告人刘某某在桐梓县医院其办公室收受张甲所送现金 1.2 万元；2015 年春节前，被告人刘某某在桐梓县荣德山庄其家门口收受张甲所送现金 10 万元；2016 年春节前，被告人刘某某在其家门口收受张甲所送现金 10 万元。

2015 年年初，被告人刘某某在桐梓县医院其办公室收受令狐某波所送现金 1 万元；2016 年春节前，被告人刘某某在其办公室收受令狐某波所送现金 3 万元；2014 年至 2016 年间，被告人刘某某收受令狐某波以春节、中秋节为由所送现金共 4.3 万元。

2016 年 4 月份，被告人刘某某在其办公室收受张乙所送现金 1.776 万元；2016 年 7 月份，被告人刘某某在其办公室收受张乙所送现金 3.58 万元；2016

年10月份，被告人刘某某在其办公室收受张乙所送现金3.41万元。

2012年，被告人刘某某在其办公室收受王某华所送现金共3.5万元；2013年期间，被告人刘某某在其办公室分别收受王某华所送现金0.5万元、0.2万元；2015年春节后，被告人刘某某在王某华车上收受王某华所送现金2万元；2015年年初，被告人刘某某在桐梓县医院走廊上收受王某华所送现金0.05万元；2015年下半年，被告人刘某某在其办公室收受王某华所送现金0.1万元；2014年至2016年春节前后，被告人刘某某在其办公室收受王某华所送现金0.3万元。

指控与证明犯罪

2016年12月26日，刘某某涉嫌受贿罪被桐梓县公安局执行刑事拘留，经遵义市人民检察院批准，于2017年1月6日被桐梓县公安局执行逮捕，经桐梓县人民检察院决定，于2017年1月20日被桐梓县公安局执行取保候审。2017年3月2日，本案由桐梓县人民检察院反贪部门侦查终结，以被告人刘某某涉嫌受贿罪向桐梓县人民检察院移送审查起诉。

审查起诉阶段，桐梓县人民检察院审查了全案卷宗，讯问了犯罪嫌疑人，并充分听取了张甲、张乙、王某华、令狐某波等人的证言及辩护人意见，进一步核实了刘某某的犯罪事实。

检察机关审查认为，犯罪事实有立案决定书、归案情况说明、桐梓县人民政府、桐梓县医院文件以及桐梓县医疗设备采购合同等书证，证人张甲、张乙、王某华、令狐某波等人的证言，被告人刘某某的自书材料、4次有罪供述与辩解，刘某某辨认其亲笔签署合同，以及证人张甲、张乙辨认与县医院签署医疗设备销售合同等，犯罪事实清楚，证据确实、充分，应当以受贿罪追究其刑事责任。

2017年4月17日，桐梓县人民检察院以刘某某犯受贿罪向桐梓县人民法院提起公诉。6月22日，桐梓县人民法院公开审理了本案。

法庭调查阶段，公诉人宣读起诉书指控被告人刘某某在2012年至2016年担任桐梓县人民医院副院长期间，利用分管医疗、设备的职务之便，在县医院设备采购过程中为遵义市甲公司销售经理张甲、贵州乙公司业务员张乙、江西丙公司业务员王某华、遵义市丁公司销售代表令狐某波谋取利益，收受贿赂共计44.916万元，其行为构成受贿罪。对于指控的犯罪事实，公诉人出示了几组证据予以证明：一是被告人刘某某的立案情况及基本信息；二是桐梓县人民政府、桐梓县医院文件以及桐梓县医疗设备采购合同等书证；三是证人张甲、张乙、王某华、令狐某波等人的证言；四是被告人刘某某的自书材料、4次有罪供述与辩解；五是刘某某辨认其亲笔签署合同，以及证人张甲、张乙辨认与县医院签署医疗设备销售合同。

法庭辩论阶段，公诉人发表公诉意见：被告人刘某某在2012年至2016年担任桐梓县人民医院副院长期间，利用分管医疗、设备的职务之便，在县医院设备采购过程中为遵义市甲公司销售经理张甲、贵州乙公司业务员张乙、江西丙公司业务员王某华、遵义市丁公司销售代表令狐某波谋取利益，收受贿赂共计44.916万元，其行为构成受贿罪，应以受贿罪对其定罪处罚。

刘某某的辩护人对检察机关认定被告人受贿的犯罪数额提出异议：被告人刘某某在案发前退回到廉政账户的5万元属于被告人主动上交，不应作为犯罪数额。

公诉人针对辩护意见进行答辩：辩方提供的桐梓县农村信用社的两张现金缴款单，能够证明在2016年2月29日向桐梓县纪委的廉政账户上交纳了5万元。但是在2016年2月以后，被告人刘某某仍在收受他人财物，因此，不能依据最高人民法院、最高人民检察院《关于办理受贿刑事案件适用法律若干问题的意见》第9条“国家机关工作人员收受请托人财物后及时退还或者上交的，不是受贿”的规定，而认定上交的5万元不计入受贿数额。

法庭经审理，认为公诉人提交的证据能够相互印证，予以确认。被告人刘某某身为国家工作人员，利用职务之便，为他人谋取利益，收受他人现金40.916万元，其行为已触犯《中华人民共和国刑法》第385条的规定，构成受贿罪，且属数额巨大，依法应在“三年以上十年以下有期徒刑，并处罚金或者没收财产”的幅度内量刑处罚。2017年11月23日，桐梓县人民法院作出一审判决，以受贿罪判处被告人刘某某有期徒刑3年，缓刑5年，并处罚金人民币20万元，违法所得409660元予以没收，由收缴机关上缴国库。

指导意义

被告人刘某某身为国家工作人员，利用职务上的便利，为他人谋取利益，非法收受他人所送现金44.916万元，数额巨大，犯罪事实清楚，证据确实、充分，应当以受贿罪追究其刑事责任。被告人刘某某在案发前退回到廉政账户的5万元属于被告人主动上交，是否计入犯罪数额？根据本案证据形成的证据体系和查明的犯罪事实，被告人刘某某收受该5万元的行为已经构成受贿罪，其主动上交行为可以依法作为从轻处罚的情节。被告人刘某某在上交上述款项后不收敛、不收手，仍在收受他人财物，不能简单适用最高人民法院、最高人民检察院《关于办理受贿刑事案件适用法律若干问题的意见》第9条“国家机关工作人员收受请托人财物后及时退还或者上交的，不是受贿”的规定。综上，上交的该5万元应当计入受贿数额。

相关规定

1.《中华人民共和国刑法》

第六十四条 犯罪分子违法所得的一切财物，应当予以追缴或者责令退赔；对被害人的合法财产，应当及时返还；违禁品和供犯罪所用的本人财物，应当予以没收。没收的财物和罚金，一律上缴国库，不得挪用和自行处理。

第六十七条 犯罪以后自动投案，如实供述自己的罪行的，是自首。对于自首的犯罪分子，可以从轻或者减轻处罚。其中，犯罪较轻的，可以免除处罚。

被采取强制措施的犯罪嫌疑人、被告人和正在服刑的罪犯，如实供述司法机关还未掌握的本人其他罪行的，以自首论。

犯罪嫌疑人虽不具有前两款规定的自首情节，但是如实供述自己罪行的，可以从轻处罚；因其如实供述自己罪行，避免特别严重后果发生的，可以减轻处罚。

第六十八条 犯罪分子有揭发他人犯罪行为，查证属实的，或者提供重要线索，从而得以侦破其他案件等立功表现的，可以从轻或者减轻处罚；有重大立功表现的，可以减轻或者免除处罚。

第七十二条 对于被判处拘役、三年以下有期徒刑的犯罪分子，同时符合下列条件的，可以宣告缓刑，对其中不满十八周岁的人、怀孕的妇女和已满七十五周岁的人，应当宣告缓刑：

（一）犯罪情节较轻；

（二）有悔罪表现；

（三）没有再犯罪的危险；

（四）宣告缓刑对所居住社区没有重大不良影响。

宣告缓刑，可以根据犯罪情况，同时禁止犯罪分子在缓刑考验期限内从事特定活动，进入特定区域、场所，接触特定的人。

被宣告缓刑的犯罪分子，如果被判处附加刑，附加刑仍须执行。

第三百八十三条 对犯贪污罪的，根据情节轻重，分别依照下列规定处罚：

（一）贪污数额较大或者有其他较重情节的，处三年以下有期徒刑或者拘役，并处罚金。

（二）贪污数额巨大或者有其他严重情节的，处三年以上十年以下有期徒刑，并处罚金或者没收财产。

（三）贪污数额特别巨大或者有其他特别严重情节的，处十年以上有期徒刑或者无期徒刑，并处罚金或者没收财产；数额特别巨大，并使国家和人民利益遭受特别重大损失的，处无期徒刑或者死刑，并处没收财产。

对多次贪污未经处理的，按照累计贪污数额处罚。

犯第一款罪，在提起公诉前如实供述自己罪行、真诚悔罪、积极退赃，避免、减少损害结果的发生，有第一项规定情形的，可以从轻、减轻或者免除处罚；有第二项、第三项规定情形的，可以从轻处罚。

犯第一款罪，有第三项规定情形被判处死刑缓期执行的，人民法院根据犯罪情节等情况可以同时决定在其死刑缓期执行二年期满依法减为无期徒刑后，终身监禁，不得减刑、假释。

第三百八十五条 国家工作人员利用职务上的便利，索取他人财物的，或者非法收受他人财物，为他人谋取利益的，是受贿罪。

国家工作人员在经济往来中，违反国家规定，收受各种名义的回扣、手续费，归个人所有的，以受贿论处。

第三百八十六条 对犯受贿罪的，根据受贿所得数额及情节，依照本法第三百八十三条的规定处罚。索贿的从重处罚。

2. 最高人民法院、最高人民检察院《关于办理贪污贿赂刑事案件适用法律若干问题的解释》

第二条 贪污或者受贿数额在二十万元以上不满三百万元的，应当认定为刑法第三百八十三条第一款规定的“数额巨大”，依法判处三年以上十年以下有期徒刑，并处罚金或者没收财产。

贪污数额在十万元以上不满二十万元，具有本解释第一条第二款规定的情形之一的，应当认定为刑法第三百八十三条第一款规定的“其他严重情节”，依法判处三年以上十年以下有期徒刑，并处罚金或者没收财产。

受贿数额在十万元以上不满二十万元，具有本解释第一条第三款规定的情形之一的，应当认定为刑法第三百八十三条第一款规定的“其他严重情节”，依法判处三年以上十年以下有期徒刑，并处罚金或者没收财产。

第十八条 贪污贿赂犯罪分子违法所得的一切财物，应当依照刑法第六十四条的规定予以追缴或者责令退赔，对被害人的合法财产应当及时返还。对尚未追缴到案或者尚未足额退赔的违法所得，应当继续追缴或者责令退赔。

第十九条 对贪污罪、受贿罪判处三年以下有期徒刑或者拘役的，应当并处十万元以上五十万元以下的罚金；判处三年以上十年以下有期徒刑的，应当并处二十万元以上犯罪数额二倍以下的罚金或者没收财产；判处十年以上有期徒刑或者无期徒刑的，应当并处五十万元以上犯罪数额二倍以下的罚金或者没收财产。

对刑法规定并处罚金的其他贪污贿赂犯罪，应当在十万元以上犯罪数额二倍以下判处罚金。

3. 最高人民法院《关于处理自首和立功具体应用法律若干问题的解释》

第五条 根据刑法第六十八条第一款的规定，犯罪分子到案后有检举、揭发他人犯罪行为，包括共同犯罪案件中的犯罪分子揭发同案犯共同犯罪以外的其他犯罪，经查证属实；提供侦破其他案件的重要线索，经查证属实；阻止他人犯罪活动；协助司法机关抓捕其他犯罪嫌疑人（包括同案犯）；具有其他有利于国家和社会的突出表现的，应当认定为有立功表现。

[独任检察官：黄美松*
检察官助理：吴　红]

* 遵义市桐梓县人民检察院检察长。

周某某受贿案

——“受而未收”的行为认定

关键词

“合作”开办公司　“受而未收”约定占有　受贿数额

要　旨

国家工作人员利用职务上的便利为请托人谋取利益，由请托人出资，“合作”开办公司或者进行其他“合作”投资的，以受贿罪论处。受贿数额为请托人给国家工作人员的出资额。虽然行为人没有办理股权转让手续，股份由他人代持，但该钱款实际已置于行为人的控制之下，具有对财物的处分权，应当认定为“收受”。

基本案情

被告人周某某，男，1960年5月出生，贵州省某州原人大常委会主任（正厅长级）。

2002年至2015年，被告人周某某利用担任某贵州省某县代理县长、县长、县委副书记、县委书记、某州副州长的职务便利，为贵州省某镇某煤矿（以下简称某煤矿）、某州某锋房地产开发有限责任公司（以下简称某锋公司）、贵州省某县某镇邱某湾煤矿（以下简称邱某湾煤矿）实际管理人颜某、贵州省某县某镇鑫某煤矿（以下简称鑫某煤矿）法定代表人杨某某、晶某房地产开发有限责任公司（以下简称晶某公司）等单位和个人谋取利益，收受泓某煤矿实际控制人、某锋公司法定代表人辛某给予的财物，收受颜某、杨某某、雷某、黎某代表晶某公司给予的钱款，共计折合人民币723.2765万元。其中，2012年7月至2014年，周某某分两次收受辛某为其出资购买的某市鑫某通小额贷款有限责任公司2%股份及股份增资共计人民币400万元。

指控与证明犯罪

2017年12月8日，贵州省检察院指定安顺市人民检察院办理周某某涉嫌受贿罪一案，安顺市人民检察院组成以检察长吴英为组长的专案组办理此案。

审查起诉期间，专案组审查了全案卷宗，讯问了犯罪嫌疑人，充分听取辩护人的意见。针对周某某在春节期间收受他人钱款、分两次收受辛某轿车的价值、辛某为周某某出资购买某市鑫某通小额贷款有限责任公司2%股份及股份增资共计人民币400万元等问题进行了重点审查和核实。

2018年2月2日，安顺市人民检察院以周某某犯受贿罪向安顺市中级人民法院提起公诉。4月25日，安顺市中级人民法院公开开庭审理了本案，吴英检察长出庭支持公诉。

庭审调查阶段，公诉人宣读了起诉书，指控被告人周某某利用职务便利，非法收受他人财物共计折合人民币723.2765万元，为他人谋取利益，数额特别巨大，构成受贿罪，针对起诉书指控的犯罪事实，出示了被告人任职文件、相关工程建设、银行交易记录等大量书证，行贿人的证言及被告人的供述与辩解。

法庭辩论阶段，辩护人发表辩护意见，认为周某某收受辛某为其出资购买的某市鑫某通小额贷款有限责任公司2%股份及股份增资共计人民币400万元，不应当作为周某某受贿的金额予以认定，理由是：一是辛某陈述其赠与周某某的某市鑫某通小额贷款有限责任公司2%股份没有登记在周某某或者其亲属、特定关系人的名下。二是周某某没有参与鑫某通公司的管理，没有管理决策权。三是周某某没有享有2%股权的收益权，2013年至2016年4次分红，都由鑫某通公司直接支付给股权代持人。四是周某某不享有2%股权的处置权。涉案的2%股权在公司经营期间经历过两次转让，从交易过程、价款支付、变更登记等环节看，周某某没有实质的处分权，也没有收取过股权转让价款。

针对辩护人的辩护意见，公诉人作如下答辩：

2007年最高人民法院、最高人民检察院《关于办理受贿刑事案件适用法律若干问题的意见》第3条第1款与第2款分别指出："国家工作人员利用职务上的便利为请托人谋取利益，由请托人出资，'合作'开办公司或者进行其他'合作'投资的，以受贿论处。受贿数额为请托人给国家工作人员的出资额。""国家工作人员利用职务上的便利为请托人谋取利益，以合作开办公司或者其他合作投资的名义获取利润，没有实际投资和参与管理、经营的，以受贿论处。"

2003年11月13日，最高人民法院下发的《全国法院审理经济犯罪案件工作座谈会纪要》规定：国家工作人员利用职务上的便利，索取或非法收受股票，没有支付股本金，为他人谋取利益，构成受贿罪的，其受贿数额按照收受股票时的实际价格计算。

本案被告人周某某收受辛某出资共计400万元为其购买鑫某通公司股份及增资扩股，应认定受贿（既遂），受贿数额为辛某给周某某的出资及增资额共计400万元。首先，股份是一种可以用金钱衡量的财产权利。周某某本人没有实际出资，而是由辛某出资为其购买2%的股份，占股本身即意味着参与公司的经营管理，就是“合作”开办公司。这与周某某直接收受辛某400万元再去投资没有本质区别，应当以受贿论处。其次，鑫某通公司是有限责任公司，其股权不能在产权市场进行交易，不存在市场价格。受贿数额为辛某为周某某的出资、增资额400万元，如有出资“收益”，即分红的红利、工资等，则系犯罪所得的收益，应当依法追缴，但不计入受贿数额。另外，股份的盈利和亏损，这一价值体现的是股份与经营之间的关系。最后，周某某能够实际控制财物，400万元属于“受而未收”，应认定为既遂。虽然没有办理股权转让手续，股份由他人代持，但是由他人代持系辛某与周某某等人共同商量，经周某某认可的。且股份已经从张奇某处实际转让，实际已置于周某某的控制之下。后期的200万元增资扩股，也是同样道理。一方面，周某某主观上同意接受辛某400万元购得的2%的股份及增资扩股；另一方面，周某某与辛某之间已形成“约定占有”，即是辛某基于约定委托他人保管周某某的财物，事实上周某某具有对财物的处分权，对此应当认定为“收受”。这与贿赂的本质相符，体现权钱交易的实质特征。

综上，被告人周某某收受辛某出资购买股份和增资扩股共计400万元，虽未变更权属登记为周某某所有，亦不影响受贿罪的认定。

2018年12月12日，安顺市中级人民法院依法作出一审判决，检察机关指控事实成立，以周某某犯受贿罪，判处有期徒刑11年，并处罚金人民币60万元。被告人周某某当庭表示服判不上诉，本案已生效。

指导意义

行贿人以送给国家工作人员“股份”的行贿方式具有隐蔽性，许多受贿人没有实际控制股份、尚未实际参与分红，属于“受而未收”状态，实际上双方对股份已经“约定占有”，受贿人是否实际参与管理和经营，不影响受贿罪的认定。本案中，辛某与周某某商定，由辛某出资200万元购买公司股份送给周某某。随后，辛某出资200万元为周某某从张奇某处购买鑫某通公司2%股份，并经周某某同意，该股份由他人代持。鑫某通公司增资扩股后，辛某与周某某再次商定，辛某再出资200万元为周某某2%的股份增资，并实际打款200万元为周某某增资。周某某多次与辛某商定，股份及收益由辛某安排他人管理，待其退休后一并交给周某某，这样约定是行受贿双方企图规避法律制裁的直接体现。

相关规定

1.《中华人民共和国刑法》

第三百八十五条 国家工作人员利用职务上的便利，索取他人财物的，或者非法收受他人财物，为他人谋取利益的，是受贿罪。

国家工作人员在经济往来中，违反国家规定，收受各种名义的回扣、手续费，归个人所有的，以受贿论处。

2. 最高人民法院、最高人民检察院《关于办理受贿刑事案件适用法律若干问题的意见》

三、关于以开办公司等合作投资名义收受贿赂问题

国家工作人员利用职务上的便利为请托人谋取利益，由请托人出资，“合作”开办公司或者进行其他“合作”投资的，以受贿论处。受贿数额为请托人给国家工作人员的出资额。

国家工作人员利用职务上的便利为请托人谋取利益，以合作开办公司或者其他合作投资的名义获取“利润”，没有实际出资和参与管理、经营的，以受贿论处。

3. 最高人民法院《全国法院审理经济犯罪案件工作座谈会纪要》

（略）

[主办检察官：吴 英*
检 察 官：陈芳凌
检察辅助人员：孔 培]

* 安顺市人民检察院检察长。

梁某某受贿案

——利用职务便利收受、索取财物为他人谋取利益的行为认定

关键词

利用职务之便　非法收受、索取　谋取利益

要　旨

被告人作为国家工作人员，利用职务上的便利，非法收受他人财物，为他人谋取利益，甚至索取他人财物，犯罪数额特别巨大，构成受贿罪。

基本案情

2012 年至 2017 年期间，被告人梁某某利用其担任黔东南州某县委副书记、县长，甲县委书记职务上的便利，不为老百姓着想搞扶贫开发，热衷于收受贿赂搞工程项目，先后为魏某明等 8 人谋取利益，非法收受上述人员共计人民币 125 万元，美金 1 万元，港币 2 万元，收受价值 88 万元商品房一套、价值 13 万元的车位一个。接受两套房屋装修，装修款共计 67.049 元。在梁某某被贵州省纪委、监委立案调查后，其上缴违法所得 60 万元及价值 88 万元商品房、价值 13 万元的车位一个。

指控与证明犯罪

梁某某涉嫌受贿案件线索，由黔南州监委移送贵州省监委，经省监委书面商请，贵州省检察院和黔东南州检察院派员提前介入该案。2018 年 5 月 30 日，贵州省监委将案件移送贵州省检察院审查起诉，贵州省检察院将该案指定黔东南州检察院办理。

审查起诉阶段，黔东南州检察院审查全案卷宗，讯问了犯罪嫌疑人，询问了相关证人，充分听取了辩护人的意见，进一步核实犯罪嫌疑人涉案金额，对扣押房产的装修物品等进行价格评估。经审查后发现，涉案证据存在以下瑕疵：监察机关未调取相关工程书证，不能证明梁某某确实为他人谋取利益。对于此项，监察机关及时进行补正，检察机关审查后予以采信。

2018 年 7 月 15 日，黔东南州检察院以梁某某涉嫌受贿罪向黔东南州中级法院提起公诉，2018 年 11 月 1 日，黔东南州中级法院依法公开开庭审理本案。

2018 年 10 月 12 日，黔东南州中级法院和黔东南州检察院分别派员和犯罪嫌疑人及其辩护律师召开了庭前会议，庭前会议就是否申请回避问题、申请不公开审理问题、申请非法证据排除问题、被告人对指控事实是否有异议的问题、证人出庭作证的问题、申请重新鉴定的问题、是否有新证据提供的问题、庭审中举证质证的方式等八个问题交换了意见。

法庭调查阶段，陈继忠检察长宣读起诉书，指控被告人梁某某利用职务之便，为他人谋取利益，非法收受、索取他人财物，其行为构成受贿罪。对于指控的事实，公诉人以行贿事实为主，出示了以下证据：被告人梁某某的个人基本情况、任职以及立案情况；相关证人证言；被告人梁某某的供述；相关工程材料。

法庭辩论阶段，公诉人发表公诉意见：被告人梁某某在担任某县委副书记、县长及甲县县委书记期间，利用其职务上的便利，在工程建设、资金拨付等方面给为魏某明等 8 人谋取利益，非法收受、索取上述人员财物共计 297.22197 万元，港币 2 万元、美元 1 万元，数额特别巨大，应当以受贿罪追究其刑事责任。

辩护人提出：一是监察机关移送的证据仅有被告人有罪的证据，未移送被告人罪轻、无罪的证据；二是要求证人出庭作证；三是在卷的价格认定结论不符合认定规范要求，要求重新鉴定。

公诉人针对辩护意见进行答辩：第一，涉及违纪证据，不属于检察机关管辖范围；在经过被告人认可且没有证据证明监察机关隐匿、隐藏犯罪嫌疑人罪轻、无罪的证据的情况下，应认为监察机关已移送被告人梁某某涉案全部证据。第二，相关证人的言词证据，均经过证人签字认可，可以直接作为证据使用。第三，根据国家发展改革委、最高人民法院、最高人民检察院、公安部、财政部《关于扣押追缴没收及收缴财物价格鉴定管理的补充通知》规定，价格认定结论符合认定规范要求，重新鉴定无相关依据。

法庭经审理认为，被告人梁某某作为国家工作人员，利用其职务上的便利，非法收受他人财物，为他人谋取利益，甚至索取他人财物，其行为已经构成受贿罪，检察机关指控梁某某犯受贿罪，证据确实、充分，指控罪名成立。综合考量其犯罪数额，以人民币折算总额为 305.84219 万元，已经属于数额特别巨大，但梁某某在诉讼过程中有认罪、悔罪表现等这些情况，将依法对其进行量刑。

2019 年 2 月 18 日，黔东南州中级法院作出判决，合议庭全部认定了起诉书指控事实，认定梁某某犯受贿罪，判处有期徒刑10年，并处罚金人民币100万元。一审判决作出后，梁某某在上诉期内未提出上诉，判决生效。

指导意义

随着检察机关查办和预防职务犯罪职责划转到监察机关后，如何做好相关工作的衔接和严厉惩治腐败，是检察机关当前应当认真研究的课题之一，检察机关办理好监察机关移送的职务犯罪案件应当从以下三个方面做好工作：

一是牢固树立检察机关的使命担当意识，坚定严厉惩治扶贫领域"蛀虫"的决心。甲县作为贵州省14个深度贫困县之一，梁某某作为县委书记，本该带领群众脱贫致富，赢得群众的拥戴，却热衷大搞形象工程，大肆收受贿赂，严重损害了党和政府的形象。检察机关紧紧围绕工作大局，紧扣检察职能，积极回应人民群众关于法治的重大期盼，以最严格证据标准、最严格的司法办案程序，以证据定案强化说理，以精准指控犯罪定罪量刑，致使被告人梁某某深刻忏悔，当庭认罪服法，最终通过执法办案将脱贫攻坚战上的"蛀虫"绳之以法，彰显检察机关反腐败的政治效果。

二是将检察机关领导带头办理重大、疑难、复杂案件常态化，实现领导办案模式转变的决心。在办理该案过程中，贵州省检察院傅信平检察长亲自阅卷，亲自提出案件的疑点、难点、提出具体的指导意见；时任副检察长肖振猛同志亲自主持案件的研判，组织召开会议进行讨论，对办理案件中遇到的问题带领团队与监委进行沟通协调，对法律文书、需要补强和完善的证据严格把关，确保案件事实、证据和程序经得起历史和法律的检验。黔东南州检察院陈继忠检察长亲自阅卷、亲自提审、亲自出庭。省州两级检察院主要领导带头办理案件，这充分体现了检察机关构建领导带头办案新常态，真正做到领导指挥办案案件化，案件全程化，实现了领导办案方式的重大转变。

三是检察机关应当主动加强配合，形成严厉惩治腐败合力的决心。该案的办理，为黔东南州检察机关办理职务犯罪案件提供了可复制的办案模式。监察体制改革后，黔东南州检察机关主动加强沟通协调，与黔东南州监察机关制定了《办理职务犯罪案件提前介入工作机制》《办理职务犯罪案件案件管辖工作机制》《办理职务犯罪案件案件移送衔接工作机制》等办案机制，对派员提前介入、审查起诉、案件移送、提起公诉阶段均作了有益探索，形成了有力的工作协调配合机制，确保办案程序的规范合法。

相关规定

1.《中华人民共和国刑法》

第三百八十五条 国家工作人员利用职务上的便利，索取他人财物的，或者非法收受他人财物，为他人谋取利益的，是受贿罪。

国家工作人员在经济往来中，违反国家规定，收受各种名义的回扣、手续费，归个人所有的，以受贿论处。

2. 最高人民法院、最高人民检察院《关于办理贪污贿赂刑事案件适用法律若干问题的解释》

第三条 贪污或者受贿数额在三百万元以上的，应当认定为刑法第三百八十三条第一款规定的“数额特别巨大”，依法判处十年以上有期徒刑、无期徒刑或者死刑，并处罚金或者没收财产。

贪污数额在一百五十万元以上不满三百万元，具有本解释第一条第二款规定的情形之一的，应当认定为刑法第三百八十三条第一款规定的“其他特别严重情节”，依法判处十年以上有期徒刑、无期徒刑或者死刑，并处罚金或者没收财产。

受贿数额在一百五十万元以上不满三百万元，具有本解释第一条第三款规定的情形之一的，应当认定为刑法第三百八十三条第一款规定的“其他特别严重情节”，依法判处十年以上有期徒刑、无期徒刑或者死刑，并处罚金或者没收财产。

第十九条 对贪污罪、受贿罪判处三年以下有期徒刑或者拘役的，应当并处十万元以上五十万元以下的罚金；判处三年以上十年以下有期徒刑的，应当并处二十万元以上犯罪数额二倍以下的罚金或者没收财产；判处十年以上有期徒刑或者无期徒刑的，应当并处五十万元以上犯罪数额二倍以下的罚金或者没收财产。

对刑法规定并处罚金的其他贪污贿赂犯罪，应当在十万元以上犯罪数额二倍以下判处罚金。

3.《中华人民共和国监察法》

第十五条 监察机关对下列公职人员和有关人员进行监察：

（一）中国共产党机关、人民代表大会及其常务委员会机关、人民政府、监察委员会、人民法院、人民检察院、中国人民政治协商会议各级委员会机关、民主党派机关和工商业联合会机关的公务员，以及参照《中华人民共和国公务员法》管理的人员；

（二）法律、法规授权或者受国家机关依法委托管理公共事务的组织中从事公务的人员；

（三）国有企业管理人员；

（四）公办的教育、科研、文化、医疗卫生、体育等单位中从事管理的人员；

（五）基层群众性自治组织中从事管理的人员；

（六）其他依法履行公职的人员。

［主办检察官：陈继忠*
检　察　官：张　梁　黄俊保
检察官助理：袁通英　刘熙玲］

---

* 黔东南州人民检察院检察长。

王某某受贿案

——利用多种形式索取他人财物的行为认定

关键词

"借款"　转让费　受贿罪

要　旨

被告人虚构周某的竞争对手"贵阳公司"，借故索取周某500万元的行为，应定性为受贿。被告人王某某以他人名义要求周某以房屋抵押冲抵600万元借款的行为，应定性为受贿罪（未遂）。

基本案情

被告人王某某，男，1962年3月出生，某市人大常委会原副主任。因涉嫌受贿罪，2017年4月19日被逮捕。

2012年7月，王某某帮助周某以1.7亿元从吴某处取得H公司某国际项目开发权。在洽谈项目转让过程中，应周某请托，王某某答应在拆迁及项目推进上予以帮助支持，周某表示今后会感谢王某某。后周某提出拿该项目的股份送给王某某，同时王某某借口一家"贵阳公司"正与吴某洽谈项目转让事宜，其可以帮忙让"贵阳公司"退出，但需支付该公司"转让费"2000万元为名向周某要好处费，周某答应。2013年4月，王某某以要支付"贵阳公司"转让费为由，让周某先支付500万元，2013年4月周某将500万元支付给王某某指定的收款人，周某心中明白根本没有所谓的"贵阳公司"，该款实为王某某所要。

2014年，周某将项目转出，并此事告知王某某，王某某要求周某再付600万元给"贵阳公司"了结此事，周某答应。2014年4月，王某某催周某支付该600万元，周某无力支付，王某某遂让顺某公司法定代表人韩某某假借600万元代周某支付给"贵阳公司"。因周某未按约定支付该600万元，王某某遂安排韩某某和周某对该600万元约定利息，并要求周某用房产抵押，同年6月3日周某将甲处房产抵押给Y公司（韩某某之子韩某的公司），并办理相关登记，6月12日周某向Y公司出具了600万元的借条，后周某共计支付利息126

万元。2016年7月，王某某、周某、韩某某又协商，解除甲处房产抵押，2016年7月25日周某用其正在开发的写字楼约800平方米商铺冲抵借款及利息共800万元，并由YS公司（韩某某之子韩某的公司）与B公司、C公司签订《商品房认购协议书》，确定“借款”转为购房款，该房产实际由王某某控制。

指控与证明犯罪

经贵州省人民检察院指定，本案由黔南州人民检察院反贪局侦查终结，以被告人王某某涉嫌受贿罪于2017年7月19日移送公诉部门审查起诉。本案的争议焦点在于：

1. 王某某虚构周某的竞争对手“贵阳公司”，借故索取周某500万元的行为，定性为诈骗还是受贿？

承办检察官认为认定为受贿罪（索贿）为宜，理由如下：

一是在一般诈骗行为中，被害人交出或给付财物，是基于错误认识，形似自愿而并非自愿。本案中，言词证据显示王某某最初提及贵阳公司时，周某就产生了怀疑，在交付第一笔500万元的过程中，其更加明确地意识到“贵阳公司”就是一个幌子，想到该款就是王某某所得，但周某仍然继续送给对方财物，主要是基于王某某特殊的职务身份，其目的仍在于希望王某某在项目建设中为其提供帮助，最后周某在王某某的催促下被迫支付500万元，可见周某并非受骗而交付财物，而是行、受贿关系。

二是在本案中周某请托王某某为其介绍接盘房产项目的交易，并对项目后期拆迁工作予以帮助，并承诺要对其表示感谢，虽然并未约定感谢的具体方式和内容，但王某某以市政府分管该项目领导的身份，说服吴某与周某达成交易，并因项目上的事向相关部门领导打招呼。虽然此时王某某已调任市人大副主任，但市委对拆迁协调领导小组这一机构并未作出调整，也没有重新任命其他领导对该项目进行跟踪协调，王某某的帮助行为，主要还是利用了其对项目工程具有跟踪、协调的职务之便，还是其利用职务便利、发挥职权作用的一种延续。因此，现有证据可以认定王某某索贿500万元的事实。

2. 王某某以他人名义要求周某以房屋抵押冲抵600万元借款的行为如何定性？

承办检察官认为王某某以他人名义要求周某以房屋抵押冲抵600万元借款的行为，定性为受贿罪（未遂）为宜。理由如下：

一是周某在交付第一笔500万元后明确意识到“贵阳公司”是王某某找其要钱的一个幌子，此时他完全可以停止继续给付行为甚至追回500万元，但其却答应继续给付600万元，可见行、受贿人双方达成了默契，双方从主观上，对权钱交易的后果均是积极追求的。

二是贿赂犯罪中的“财物”，包括货币、物品和财产性利益。财产性利益包括可以折算为货币的物质利益如房屋装修、债务免除等，以及需要支付货币的其他利益如会员服务、旅游等，周某后期因无力支付，王某某以韩某某等人的名义要求用写字楼用于抵押冲抵600万元借款，并以房屋认购合同和协议的形式，约定该抵押借款转作购房款，该抵押演变为财产性利益，故王某某接受周某请托，并利用职务便利实施帮助，最终获取500万元现金及600万元商铺抵押债权（可转为购房款）的行为，完全符合受贿罪（索贿）的构成特征，王某某确有虚构事实的行为，但虚构“贵阳公司”仅为其索贿的手段，无论“贵阳公司”是否真实存在，对周某行贿的主观动机和王某某提供帮助并不会产生实质影响。

鉴于本案中双方设定转抵押时写字楼属于在建楼盘，未办理抵押登记，尽管王某某和韩某某均证实该房产签订商品房买卖合同后由王某某实际控制，但双方仅仅通过签订认购合同和《承诺书》的方式将价值800万元的房产用于了结600万元债权债务关系，600万元的受贿利益并未真正得以实现，因此属于犯罪未遂。同时，根据《刑法》第64条的规定，犯罪分子违法所得的一切财物，应当予以追缴或责令退赔，故周某按照约定支付的利息126万元可相应认定为受贿所得的非法利益，且该非法利益已经实际获取，应计入受贿金额。

2018年1月25日，黔南州人民检察院以王某某犯受贿罪向黔南州中级人民法院提起公诉。黔南州中级人民法院以受贿罪判处王某某有期徒刑15年。

指导意义

本案第一个焦点问题是构成诈骗罪还是受贿罪，因此应分别分析是否满足诈骗罪的成立条件，以及是否满足受贿罪的成立条件。王某某虚构周某的竞争对手“贵阳公司”，借故索取周某500万元的行为，之所以不构成诈骗罪，是由于不满足诈骗罪的成立条件。诈骗罪要求被害人陷入认识错误而处分财产，本案中周某知道不存在“贵阳公司”，其并不是因认识错误而将500万元送王某某的，故不满足诈骗罪成立条件。王某某的行为构成受贿罪，是由于完全满足受贿罪的成立条件。王某某利用职务上的便利，为周某在取得项目开发权过程中提供帮助并索要500万元的行为，完全符合受贿罪的成立条件。本案第二个焦点问题是王某某以他人名义要求周某以房屋抵押冲抵600万元借款的行为如何定性。受贿罪中“财物”包括财产性利益，600万元商铺抵押债权属于财产性利益，故王某某取得600万元商铺抵押债权的行为构成受贿罪。

相关规定

《中华人民共和国刑法》

第六十四条 犯罪分子违法所得的一切财物，应当予以追缴或者责令退赔；对被害人的合法财产，应当及时返还；违禁品和供犯罪所用的本人财物，应当予以没收。没收的财物和罚金，一律上缴国库，不得挪用和自行处理。

第三百八十五条 国家工作人员利用职务上的便利，索取他人财物的，或者非法收受他人财物，为他人谋取利益的，是受贿罪。

国家工作人员在经济往来中，违反国家规定，收受各种名义的回扣、手续费，归个人所有的，以受贿论处。

［主办检察官：马 涛*
检 察 官：艾礼军 向 瑜
检察官助理：蔡 鑫］

* 黔南州人民检察院检察长。

吴某某受贿案

——国家工作人员利用职务便利为他人谋取利益后收受他人财物的行为认定

关键词

回扣　感谢费　数额特别巨大

要　旨

国家工作人员利用职务上的便利，非法收受他人财物并为他人谋取利益的行为，侵犯了国家机关、国有公司、企事业单位、人民团体的正常管理活动及国家工作人员职务行为的廉洁性，以受贿论处。

基本案情

被告人吴某某，男，1970 年 3 月出生，苗族，大学本科文化，原系兴义市人民医院医学检验科主任。

2004 年 4 月至 2018 年 2 月，被告人吴某某在任兴义市人民（工人）医院、兴义市人民医院（以下均简称“市医院”）检验科副主任（主持工作）、住院部检验科（检验二科）主任、医学检验科主任期间，利用职务便利，在市医院申购医疗设备及耗材方面，为贵州某科技有限公司马某、李某，贵州某单采血浆有限公司、贵州某医疗器械有限公司、贵阳某医疗器械有限公司、贵州某贸易有限公司陈某某、时某某、申某，贵阳某商贸有限公司、中国医疗器械某省有限公司、国药集团（某省）黔西南州医疗器械公司李某某、张某某、阮某某，四川某医疗仪器有限责任公司黄某，贵州甲医疗设备有限公司、贵州乙医疗设备有限公司周某，贵州丙生物工程技术有限公司徐某，昆明某科技有限公司刘某某，中山大学某基因股份有限公司程某某等医疗设备及耗材供应商谋取利益，收受上述人员送的回扣及感谢费共计人民币（币种下同）648.384 万元。

指控与证明犯罪

2018 年 7 月 11 日，贵州省兴义市监察委员会以吴某某涉嫌受贿罪移送兴义市人民检察院审查起诉。

审查起诉阶段，兴义市人民检察院审查了全案卷宗，讯问了犯罪嫌疑人。针对该案犯罪行为时间跨度较长，涉及企业及人员较多，检察机关充分核实了案件资金往来及去向情况。由于本案系事业单位工作人员犯罪，检察机关在退回补充侦查时提出调取该单位、人员的三定方案及内部科室职责分工文件。

2018 年 11 月 2 日，贵州省兴义市人民检察院以吴某某涉嫌受贿罪向贵州省兴义市人民法院提起公诉。11 月 29 日，贵州省兴义市人民法院开庭审理了本案。法庭调查阶段，公诉人宣读起诉书指控被告人吴某某身为国家工作人员，在经济往来中，违反国家规定收受回扣归个人所有，且非法收受他人财物，为他人谋取利益，合计金额 648.384 万元，其行为构成受贿罪。对指控的犯罪事实，公诉人区分多桩犯罪事实出示了三组证据予以证明：一是被告人吴某某的基本信息及身份情况的证据，包括户籍证明、任职文件、聘用合同、事业单位法人证书等。二是关于购销关系及过程的证据，包括设备采购计划、涉案企业营业执照、价格表、购销合同、拨付款凭证、转账明细、储蓄凭证等。三是关于收受回扣、财物为他人谋取利益的证据，包括搜查笔录及照片、证人证言、被告人吴某某的供述及忏悔录等。

法庭辩论阶段，公诉人发表公诉意见：被告人吴某某担任兴义市人民医院检验科副主任、主任，具有国家工作人员身份；其明知他人向其送钱，目的是通过其职务行为谋取利益，仍利用担任兴义市人民医院检验科副主任（主持工作）、检验科主任的职务便利，在医疗设备及试剂耗材的采购等方面为行贿人提供便利、谋取利益；其多次收受他人财物，主观收受贿赂目的明确，权钱交易行为显而易见。被告人吴某某身为国家工作人员，利用职务便利，非法收受他人财物，为他人谋取利益，主观上系故意，且已达刑事责任年龄，具备刑事责任能力，应依法以受贿罪追究其刑事责任。根据《中华人民共和国刑法》第 383 条、第 385 条、第 386 条之规定，法定刑为 10 年以上有期徒刑或无期徒刑，可以并处没收财产。同时吴某某还有以下酌定从重及法定酌定从轻处罚的情节。第一，收受贿赂时间跨度长、次数多、数额特别巨大，应依法严惩。第二，吴某某归案后如实供述自己的犯罪事实，系坦白，可以从轻处罚。第三，案发后，其主动交代赃款藏匿位置并绘制位置草图给调查人员并现场查获现金 534.265 万元，后又委托他人将剩余的赃款 114.119 万元退缴完毕，悔罪态度好，可酌定从轻处罚。建议对被告人吴某某判处 10 年以上 13 年以下有期徒刑，并处罚金。

吴某某提出“主动供述办案机关未掌握的大部分犯罪事实系自首”的辩解意见，辩护人提供了吴某某工作表现好的相关证书及论文目录，认为吴某某具有坦白、主动退缴赃款的情节，提出减轻判10年以下有期徒刑。

公诉人进行答辩认为吴某某主动供述办案机关未掌握的犯罪事实与已掌握的犯罪事实是同一种类，不属于自首；对吴某某工作表现好的相关证书及论文目录的真实性认可，但其工作表现好与本案定罪量刑无关。

法庭经审理，认为公诉人提交的证据能够相互印证，当庭予以确认，综合考虑全案犯罪事实及情节，对吴某某受贿一案当庭宣判，判处有期徒刑10年零3个月，并处罚金人民币50万元。一审宣判后，被告人未上诉，判决已生效。

指导意义

受贿罪保护的法益是国家法益，受贿罪的成立将“利用职务上的便利”“索取或者收受财物”以及“为他人谋取利益”等要素联系在一起，无论是主动索贿，还是被动受贿，无论是否实施违背自己职务要求的职务行为，即使收受贿赂后实施了职务上应当实施的行为，其实质都是将职务或者职务行为商品化、市场化，将自己所掌握的公权力作为与他人请托利益进行交易的筹码，以自身职务及职务行为为对价而得到他人财物。

本案被告人吴某某担任兴义市人民医院检验科副主任、主任，具有国家工作人员身份，其明知他人向其送钱，目的是通过其职务行为谋取利益，仍利用担任兴义市人民医院检验科副主任（主持工作）、检验科主任的职务便利，在医疗设备及试剂耗材的采购等方面为行贿人提供便利、谋取利益；其多次收受他人财物，主观收受贿赂目的明确，权钱交易行为显而易见，具有较大的社会危害性。

相关规定

《中华人民共和国刑法》

第三百八十三条 对犯贪污罪的，根据情节轻重，分别依照下列规定处罚：

（一）贪污数额较大或者有其他较重情节的，处三年以下有期徒刑或者拘役，并处罚金。

（二）贪污数额巨大或者有其他严重情节的，处三年以上十年以下有期徒刑，并处罚金或者没收财产。

（三）贪污数额特别巨大或者有其他特别严重情节的，处十年以上有期徒刑或者无期徒刑，并处罚金或者没收财产；数额特别巨大，并使国家和人民利益遭受特别重大损失的，处无期徒刑或者死刑，并处没收财产。

对多次贪污未经处理的，按照累计贪污数额处罚。

犯第一款罪，在提起公诉前如实供述自己罪行、真诚悔罪、积极退赃，避免、减少损害结果的发生，有第一项规定情形的，可以从轻、减轻或者免除处罚；有第二项、第三项规定情形的，可以从轻处罚。

犯第一款罪，有第三项规定情形被判处死刑缓期执行的，人民法院根据犯罪情节等情况可以同时决定在其死刑缓期执行二年期满依法减为无期徒刑后，终身监禁，不得减刑、假释。

第三百八十五条 国家工作人员利用职务上的便利，索取他人财物的，或者非法收受他人财物，为他人谋取利益的，是受贿罪。

国家工作人员在经济往来中，违反国家规定，收受各种名义的回扣、手续费，归个人所有的，以受贿论处。

第三百八十六条 对犯受贿罪的，根据受贿所得数额及情节，依照本法第三百八十三条的规定处罚。索贿的从重处罚。

[主办检察官：曾　英*
检　察　官：刘国建
检察官助理：柳海燕]

---

* 黔西南州兴义市人民检察院检察长。

破坏社会主义市场经济秩序案

马某某、陈某某非法吸收公众存款、职务侵占和买卖国家机关证件案

——明知亲友或单位内部人员向不特定对象吸收资金而予以放任是否构成向社会公开宣传

关键词

非法吸收公众存款　特定关系人　社会公众

要　旨

行为人在向亲友或单位内部人员吸收资金过程中，明知亲友或单位内部人员向不特定对象吸收资金而予以放任，不影响其向社会公众吸收资金的认定；以口头方式发布、传播吸收资金信息，以达到通过口口相传向社会公众非法吸收资金的目的，符合向社会公开宣传的本质特征，应当认定为非法吸收公众存款罪。

基本案情

被告人马某某，女，1965年生，贵州省人。

被告人陈某某，男，1962年生，贵州省人。

被告人马某某、陈某某系夫妻。被告人马某某、陈某某夫妇经营镇宁甲公司和贵州乙公司，因资金紧缺，于2011年2月18日成立贵州丙公司进行融资，并以投资镇宁甲公司及贵州乙公司入股分红为由，通过口口相传的形式等途径，采取支付高利息，签订投资分红协议、发放借款凭证、承诺在一定期限内还本付息等方式，在2012年4月至2015年3月期间，向唐某丽等45人非特定对象共计吸收资金913万元。截至2016年4月，支付借款人本金、利息

共计 880.1667 万元。

2015 年 7 月，因资金短缺，经协商，贵州丁公司向贵州乙公司增资 6000 万元，占贵州乙公司 60% 股份，并任命马某某担任贵州乙公司法定代表人。2015 年 12 月 30 日至 2016 年 6 月 3 日，被告人马某某多次以虚订采购、借款方式安排公司出纳和会计将贵州乙公司资金 2296.914 万元汇入法定代表人为其女婿邹某平的贵州戊公司（实际由马某某掌控）账户中，并利用职务上的便利，将其中 1035.12 万元汇入其女儿陈某、伍某和她的个人账户，经多次流转、分解后，最终转入数十个个人银行账户内用于偿还个人债务。

2014 年 3 月 25 日，被告人陈某某和马某某向敖某借款 1500 万元，借款期满后，为取得敖某的信任拖延还款期限，2014 年 8 月，陈某某在贵阳通过路边“制证”广告，花费约 300 元购买了 6 本假房屋所有权证，交予敖某作为担保。2016 年 7 月 29 日安顺市中级人民法院裁定将万通祥和资产交付贵州丁公司抵偿，在执行中发现，被告人马某某、陈某某交付给贵州丁公司提交变更登记申请资料中的土地使用证系花费约 200 元办理的假证。

指控与证明犯罪

2017 年 11 月 18 日，镇宁自治县公安局以马某某、陈某某涉嫌非法吸收公众存款罪、马某某涉嫌职务侵占罪、陈某某涉嫌买卖国家机关证件罪移送镇宁自治县人民检察院审查起诉。本案中对马某某涉嫌职务侵占和陈某某涉嫌买卖国家机关证件罪的认定意见相对较统一，在指控和辩论中主要围绕马某某、陈某某涉嫌非法吸收公众存款罪进行。

审查起诉阶段，镇宁自治县人民检察院审查了全案卷宗，讯问了犯罪嫌疑人。针对该案涉及人员多、损失较大等情况，充分听取了辩护人的意见，进一步核实了非法吸收公众存款金额，在审查后发现涉案证据存在以下瑕疵：公安机关调取的部分被吸收人银行流水记录不全、部分被吸收人证言中提到的金额与司法会计鉴定金额不一致等情况。为此，检察机关要求公安机关予以补正或作出合理解释，公安机关对未调全的银行流水补充调取，对证人证言中存在笔误的地方进行修正且请司法会计鉴定机构对鉴定金额作出补充、更正说明。检察机关审查后予以采信。

2018 年 5 月 22 日，镇宁自治县人民检察院以马某某、陈某某涉嫌非法吸收公众存款罪、马某某涉嫌职务侵占罪、陈某某涉嫌买卖国家机关证件罪向镇宁自治县人民法院提起公诉。9 月 21 日，镇宁自治县人民法院公开开庭审理本案。

法庭调查阶段，公诉人宣读起诉书指控被告人马某某、陈某某以投资公司、入股分红为由，通过口口相传的形式等途径，采取支付高利息，签订投资分红协议、发放借款凭证、承诺在一定期限内还本付息等方式，向非特定对象吸收资金，扰乱正常的金融秩序，二人的行为构成了非法吸收公众存款罪；同时，犯罪嫌疑人马某某在担任贵州乙公司法定代表人期间，利用职务上的便利条件，侵占公司资金 1035.12 万元非法占为己有，其行为已构成职务侵占罪；最后，犯罪嫌疑人陈某某购买伪造的国家机关证件，侵犯了国家机关的正常管理活动和信誉，破坏了社会管理秩序，其行为已构成买卖国家机关证件罪。对于指控的非法吸收公众存款犯罪事实，公诉人出示了四组证据：一是被告人马某某和陈某某的基本信息；二是非法吸收公众存款情况的证据，包括被吸收证人证言及投资分红协议书、借款凭证、银行交易流水等书证；三是对外宣传、公司非吸运作模式的证据，包括马某某公司、陈某某公司的基本信息和员工证人证言；四是吸收款的去向，包括马某某、陈某某的供述等。

法庭辩论阶段，公诉人发表公诉意见：被告人马某某、陈某某因在经营镇宁甲公司、贵州乙公司时资金紧缺，遂以投资镇宁甲公司及贵州乙公司入股分红为由，通过口口相传的形式进行宣传，采用不法提高支付利息，并签订投资分红协议、发放外观和内容均与银行存折十分相似的借款凭证等方式，面向不特定对象吸收资金，应以非法吸收公众存款罪追究二人刑事责任。

马某某及其辩护人提出：二被告人吸收资金对象很大一部分均为马某某、陈某某二人的特定关系人，如亲友、公司员工、同学等，不应将此部分事实认定为非法吸收公众存款罪。

公诉人答辩：本案中马某某、陈某某通过亲戚朋友、公司员工等借款人引介、口口相传的方式，向社会公众传播吸收资金，在吸收资金过程中，没有限定参加的范围、人员，也没有禁止社会公众参与吸收资金，属于向社会公众即社会不特定对象吸收资金，二人的行为构成非法吸收公众存款罪。

法庭经审理，认为公诉人出示的证据能够互相印证，予以确认。对辩护人提出的本案中吸收资金对象为特定关系人的辩护意见，不予采纳。综合考虑犯罪事实和量刑情节，2018 年 12 月 5 日，镇宁自治县人民法院作出一审判决，以被告人马某某犯非法吸收公众存款罪、职务侵占罪，判处有期徒刑 8 年，并处没收个人财产人民币 50 万元，罚金人民币 10 万元，以被告人陈某某犯非法吸收公众存款罪、买卖国家机关证件罪，判处有期徒刑 2 年 1 个月，并处罚金人民币 5 万元，收缴的分红利息 18.29 万元按集资额比例返还集资参与人，依法继续追缴马某某赃款 306.7521 万元返还贵州某农产品科技有限公司。二被告人当庭服判，表示不上诉，判决已生效。

指导意义

行为人是否面向社会公众即不特定对象吸收资金，是认定非法吸收公众存款罪的关键。对是否向社会公众公开宣传的认定，应当围绕宣传方式、目的、是否放任亲友或内部人员对外宣传进行综合判断。行为人在向亲友或单位内部人员吸收资金过程中，明知亲友或单位内部人员向不特定对象吸收资金而予以放任，符合向社会公开宣传的本质特征，应当认定为非法吸收公众存款罪。

非法吸收公众存款罪是近年来检察机关重点打击的金融犯罪之一。对该类犯罪，检察机关应着重从以下几个方面开展工作：一是提前介入引导侦查方向。非法集资类案件由于参与人数多、涉及面广，受主客观因素影响，取证工作极容易出现瑕疵和问题。检察机关对于该类案件应及时介入侦查、引导侦查，从案件审查起诉的角度协助侦查人员扩大线索，认定证据，准确定性。二是审查起诉严格把关。审查案件过程中，检察机关要坚持客观公正原则，依法、细致、全面审查证据，确保案件全面审查到位、细节核实到位、程序规范到位、定性准确到位。经过补充侦查，补强原有证据体系的证明力。三是积极听取辩护人意见。主动与辩护律师沟通，听取辩护意见，并针对辩护律师提出的问题及时要求侦查部门补充完善证据，减少庭审的不确定性，做到心中有数、未雨绸缪，掌握庭审主动权。四是积极参加庭前会议，对该案证据情况进行展示，明确庭审举证质证方式，并就可能影响庭审进行的问题统一认识，为提高开庭效率和质量打下基础。五是法庭审理中突出指控和证明犯罪的重点。充分研究法律法规和司法解释，对犯罪构成和证据证明能力进行充分论证。

相关规定

1.《中华人民共和国刑法》

第一百七十六条 非法吸收公众存款或者变相吸收公众存款，扰乱金融秩序的，处三年以下有期徒刑或者拘役，并处或者单处二万元以上二十万元以下罚金；数额巨大或者有其他严重情节的，处三年以上十年以下有期徒刑，并处五万元以上五十万元以下罚金。

单位犯前款罪的，对单位判处罚金，并对其直接负责的主管人员和其他直接责任人员，依照前款的规定处罚。

2. 最高人民法院《关于审理非法集资刑事案件具体应用法律若干问题的解释》

第一条 违反国家金融管理法律规定，向社会公众（包括单位和个人）吸收资金的行为，同时具备下列四个条件的，除刑法另有规定的以外，应当认定为刑法第一百七十六条规定的“非法吸收公众存款或者变相吸收公众存款”：

（一）未经有关部门依法批准或者借用合法经营的形式吸收资金；

（二）通过媒体、推介会、传单、手机短信等途径向社会公开宣传；

（三）承诺在一定期限内以货币、实物、股权等方式还本付息或者给付回报；

（四）向社会公众即社会不特定对象吸收资金。

未向社会公开宣传，在亲友或者单位内部针对特定对象吸收资金的，不属于非法吸收或者变相吸收公众存款。

3. 最高人民法院、最高人民检察院、公安部《关于办理非法集资刑事案件若干问题的意见》

三、关于涉案下属单位的处理问题

办理非法集资刑事案件中，人民法院、人民检察院、公安机关应当全面查清涉案单位，包括上级单位（总公司、母公司）和下属单位（分公司、子公司）的主体资格、层级、关系、地位、作用、资金流向等，区分情况依法作出处理。

上级单位已被认定为单位犯罪，下属单位实施非法集资犯罪活动，且全部或者大部分违法所得归下属单位所有的，对该下属单位也应当认定为单位犯罪。上级单位和下属单位构成共同犯罪的，应当根据犯罪单位的地位、作用，确定犯罪单位的刑事责任。

上级单位已被认定为单位犯罪，下属单位实施非法集资犯罪活动，但全部或者大部分违法所得归上级单位所有的，对下属单位不单独认定为单位犯罪。下属单位中涉嫌犯罪的人员，可以作为上级单位的其他直接责任人员依法追究刑事责任。

上级单位未被认定为单位犯罪，下属单位被认定为单位犯罪的，对上级单位中组织、策划、实施非法集资犯罪的人员，一般可以与下属单位按照自然人与单位共同犯罪处理。

上级单位与下属单位均未被认定为单位犯罪的，一般以上级单位与下属单位中承担组织、领导、管理、协调职责的主管人员和发挥主要作用的人员作为主犯，以其他积极参加非法集资犯罪的人员作为从犯，按照自然人共同犯罪处理。

[独任检察官：贾道凯*
检察官助理：周　婷　王鲜艳　朱　倩]

* 安顺市镇宁县人民检察院副检察长。

谢某某信用卡诈骗案

——冒用他人信用卡数额较大的行为认定

关键词

冒用信用卡　信用卡诈骗　银行网络安全

要　旨

利用计算机侵入银行系统，通过篡改信息等手段，控制和使用他人信用卡的，属于冒用他人信用卡，数额较大的，应当以信用卡诈骗罪追究刑事责任。

基本案情

被告人谢某某，男，1996年5月出生，无业，海南省人。

2017年1月，被告人谢某某为牟取非法利益，通过网络获取公民的姓名、身份证号码等信息情况，并筛选出贵州籍人员的信息，尝试登录贵州某银行股份有限公司（以下简称贵州银行）网银系统，在检测出相关人员在贵州银行有开户情况后，使用软件篡改网银客户的预留电话等信息，将网银账户内的存款转入谢某某等人掌控的银行卡内，从而实施网络信用卡诈骗犯罪。

2017年1月24日至2月6日期间，被告人谢某某采用上述手段，先后将秦某某账户上的76700元转出据为己有；将程某某账户上的11893元转出据为己有；将安某某账户上的9113元转出据为己有；将付某某账户上的5500元转出据为己有。

指控与证明犯罪

2017年2月16日，贵州某银行报案称2017年2月3日和2月6日，该行发生8名网银客户资金被盗取事件，且网银系统遭受大批量入侵攻击。2月21日，贵州省贵阳市公安局观山湖分局立案侦查后，于3月14日在海南省儋州市将谢某某等7名犯罪嫌疑人抓获。因该案涉及新型网络犯罪，故建议检察机关提前介入引导侦查，后于4月21日对谢某某作出批准逮捕决定。

2017年6月20日，贵州省贵阳市公安局观山湖分局以谢某某涉嫌信用卡诈骗罪移送贵阳市观山湖区人民检察院审查起诉。

审查起诉阶段，观山湖区人民检察院审查了全案卷宗，讯问了犯罪嫌疑人。针对案件涉及网络犯罪，但谢某某等人涉案所使用笔记本电脑及手机已灭失，无法调取电子证据等特殊情况，与银行网络技术人员和公安机关网安部门对接，核实作案方式及如何锁定犯罪嫌疑人等问题。要求公安机关补充收集秦某某等具体持卡人的材料，以及部分取款人的证词等证据。对谢某某否认其参与盗刷被害人丁某某银行卡的事实未予以认定。

2017 年 12 月 28 日，观山湖区人民检察院以谢某某犯信用卡诈骗罪向贵阳市观山湖区人民法院提起公诉。2018 年 1 月 11 日，贵阳市观山湖区人民法院公开开庭审理本案。

法庭调查阶段，公诉人宣读起诉书指控被告人谢某某以非法占有为目的，采取窃取他人信用卡信息，通过互联网进行使用的手段进行诈骗犯罪，数额巨大，其行为已构成信用卡诈骗罪。对于指控的犯罪事实，公诉人出示了四组证据予以证明：一是被告人谢某某的立案情况及基本信息；二是银行的报案材料及诈骗行为的流程说明、被害人及取款人交易信息；三是被害人陈述、证人证言；四是相关证人在见证人的见证下分别对被告人进行辨认的辨认笔录。

法庭辩论阶段，公诉人发表公诉意见：第一，被告人谢某某利用计算机侵入银行系统，使用软件篡改网银客户的预留电话等信息，将客户网银账户内的存款转入其控制的银行卡内，属于冒用他人信用卡，符合信用卡诈骗罪的有关规定。第二，虽然缺少电子物证等证据直接证明谢某某登录网银系统，篡改网银客户的预留电话等信息，但银行出具的诈骗操作流程与谢某某及同案参与人的供述一致；被害人及取款人交易信息吻合，且赃款由谢某某支配；软件编撰人也指向谢某某，能够形成证据锁链。第三，在量刑方面，谢某某诈骗数额巨大，且严重影响了银行网络安全，鉴于其认罪认罚，建议判处有期徒刑 5 年至 6 年，并处罚金。

法庭经审理，认为公诉人出示的证据能够相互印证，予以确认。经审理查明的事实和检察机关指控的事实一致，综合考虑犯罪事实和量刑情节，2018 年 1 月 29 日，贵阳市观山湖区人民法院作出一审判决，以信用卡诈骗罪判处被告人谢某某有期徒刑 5 年，并处罚金人民币 5 万元。一审宣判后，被告人未上诉，判决已生效。

指导意义

一是提前介入，履行引导侦查职责。本案是观山湖区首例通过银行网银系统实施诈骗犯罪的案件，因涉及银行网络安全，有关部门高度重视，贵阳市公安局组成专案组，联合观山湖分局对案件进行侦破，观山湖区人民检察院也及时派员开展案件的提前介入工作。2017 年 3 月，侦查机关在海南省儋州市，先后将谢某某等7名涉案人员抓获。得知这一情况后，观山湖区人民检察院建议侦查机关及时讯问犯罪嫌疑人，做好同步录音录像；依照法定程序收集相关电子数据，核实犯罪手段和犯罪金额。在获知犯罪时所用电脑、手机已灭失，相关电子证据无法收集后，建议公安机关改变取证方向，着重查找银行交易记录、调取取款人信息及证词等证据。针对本案犯罪手段的特殊性，观山湖区人民检察院在采取向公安机关了解案情、阅卷、讨论等常规介入方法外，还采用听取技术人员的专业意见等方式，全面客观了解案情，力求引导侦查取得实效。

二是跟踪监督，确保案件质量。2017年4月，侦查机关对谢某某等人提请批准逮捕后，因电子证据无法收集、相关取款人没有找到等原因，观山湖区院对部分涉案人员以事实不清、证据不足作出了不批准逮捕的决定。为了确保案件质量，查清犯罪嫌疑人的行为，观山湖区人民检察院派员对本案的侦查活动进行跟踪监督，要求侦查机关按照继续侦查取证意见书所列内容进行证据补强，查清犯罪金额。通过侦查发现未批准逮捕的部分犯罪嫌疑人确实存在犯罪金额达不到追诉标准、主观上没有犯罪故意等事实，后侦查机关根据查明情况，于2017年6月对谢某某移送审查起诉时，未对全体人员随案移送。

三是依法审查，保证公诉效果。本案是通过网络实施的犯罪，犯罪手段较为隐蔽，参与人员较为复杂，由于部分证据因客观原因灭失，在审查起诉阶段，如何认定谢某某参与犯罪的金额是较为突出的问题。侦查机关认定谢某某实施犯罪6次，经过讯问犯罪嫌疑人、询问证人、核实书证，并向银行网络技术人员咨询后认为，其中两次犯罪的交易记录、资金去向不明，没有直接证据证明与谢某某具有关联性，否定该两桩事实，确保案件质量。在庭审时，谢某某对起诉书指控认罪认罚，合议庭也认定了全部指控内容，依法对谢某某作出判决。

相关规定

1.《中华人民共和国刑法》

第一百九十六条 有下列情形之一，进行信用卡诈骗活动，数额较大的，处五年以下有期徒刑或者拘役，并处二万元以上二十万元以下罚金；数额巨大或者有其他严重情节的，处五年以上十年以下有期徒刑，并处五万元以上五十万元以下罚金；数额特别巨大或者有其他特别严重情节的，处十年以上有期徒刑或者无期徒刑，并处五万元以上五十万元以下罚金或者没收财产：

（一）使用伪造的信用卡，或者使用以虚假的身份证明骗领的信用卡的；

（二）使用作废的信用卡的；

（三）冒用他人信用卡的；

（四）恶意透支的。

前款所称恶意透支，是指持卡人以非法占有为目的，超过规定限额或者规定期限透支，并且经发卡银行催收后仍不归还的行为。

盗窃信用卡并使用的，依照本法第二百六十四条的规定定罪处罚。

第二百八十七条 利用计算机实施金融诈骗、盗窃、贪污、挪用公款、窃取国家秘密或者其他犯罪的，依照本法有关规定定罪处罚。

2. 最高人民法院、最高人民检察院《关于办理妨害信用卡管理刑事案件具体应用法律若干问题的解释》

第五条 使用伪造的信用卡、以虚假的身份证明骗领的信用卡、作废的信用卡或者冒用他人信用卡，进行信用卡诈骗活动，数额在五千元以上不满五万元的，应当认定为刑法第一百九十六条规定的“数额较大”；数额在五万元以上不满五十万元的，应当认定为刑法第一百九十六条规定的“数额巨大”；数额在五十万元以上的，应当认定为刑法第一百九十六条规定的“数额特别巨大”。

刑法第一百九十六条第一款第三项所称“冒用他人信用卡”，包括以下情形：

（一）拾得他人信用卡并使用的；

（二）骗取他人信用卡并使用的；

（三）窃取、收买、骗取或者以其他非法方式获取他人信用卡信息资料，并通过互联网、通讯终端等使用的；

（四）其他冒用他人信用卡的情形。

［主办检察官：叶　红*
检　察　官：潘雪峰
检察官助理：王　林］

* 贵阳市观山湖区人民检察院常务副检察长。

邹某某等人销售假冒注册商标的商品，妨害作证、包庇案

——销售明知是假冒注册商标的商品数额巨大的行为认定

关键词

假冒产品　明知　顶罪

要　旨

销售明知是假冒注册商标的商品，销售金额数额巨大的，应以销售假冒注册商标的商品罪追究其刑事责任。以暴力、威胁、贿买等方法阻止证人作证或者指使他人作伪证的，应以妨害作证罪追究其刑事责任。明知是犯罪的人而为其提供隐藏处所、财物，帮助其逃匿或者作假证明包庇的，应以包庇罪追究其刑事责任。

基本案情

被告人邹某某，男，1977 年生，贵州省人。

被告人蒋某平，男，1969 年生，贵州省人。

被告人周某容，女，1971 年生，贵州省人。

被告人余某祥，男，1976 年生，贵州省人。

被告人唐某洪，男，1974 年生，贵州省人。

2017 年 12 月初，何某电话联系邹某某，表示想购买茅台酒，邹某某答应帮何某想办法。何某分别于 2017 年 12 月 22 日、2018 年 1 月 2 日通过黄某某、尹某银行账户转给邹某某 50.48 万元酒款。2018 年 1 月 6 日，按何某安排，韩某某、周某甲到邹某某处，将何某从邹某某处购买的 70 件茅台酒（60 件飞天牌茅台酒与 10 件丁酉鸡年茅台酒）运回成都，途经赤水市收费站时被公安机关查获。

邹某某得知销售给何某的茅台酒被查后，以金钱收买、指使蒋某平为其作伪证。被告人蒋某平、周某容、余某祥、唐某洪明知邹某某销售假冒茅台酒被查，共同谋划，为蒋某平帮邹某某作假证明提供帮助。经谋划，蒋某平于 2018 年 4 月 11 日到赤水市公安机关投案，编造其于 2017 年 12 月在仁怀市介

绍“赵经理”（虚构）销售茅台酒给邹某某的谎言。

指控与证明犯罪

2018年7月16日，赤水市公安局以邹某某涉嫌销售假冒注册商标的商品罪、妨害作证罪，蒋某平、唐某洪、周某容、余某祥涉嫌包庇罪移送赤水市人民检察院审查起诉，赤水市人民检察院于2018年7月26日报送遵义市人民检察院审查起诉。

审查起诉期间，邹某某辩称：（1）其卖给何某的酒是从其他人手中购买的，价格是1000多元；（2）其从其他人手中买酒时通过扫描追溯源验过货，显示是真的。唐某洪辩称：其在送蒋某平去公安机关时才知道帮邹某某顶罪的是蒋某平及卖假酒的是邹某某。

检察机关审查认为，现有证据足以证实犯罪嫌疑人邹某某销售假冒贵州茅台酒的行为，后找蒋某平为其顶罪，而蒋某平在知道邹某某销售假冒贵州茅台酒后仍为其顶罪。唐某洪、周某容、余某祥在知道邹某某销售假冒贵州茅台酒后仍为蒋某平替邹某某顶罪提供帮助。但是，犯罪嫌疑人邹某某是否明知其销售的是假冒贵州茅台酒有待进一步查证。针对需要进一步查证的问题，遵义市人民检察院要求公安机关补充侦查相关证据。经补充侦查，赤水市公安局进一步收集了所有涉案假冒贵州茅台酒的情况说明、辨认笔录等证据。

2018年9月11日，遵义市人民检察院以被告人邹某某涉嫌销售假冒注册商标的商品罪、妨害作证罪，蒋某平、唐某洪、周某容、余某祥涉嫌包庇罪向遵义市中级人民法院提起公诉。11月9日，遵义市中级人民法院公开开庭审理了本案。

法庭调查阶段，公诉人宣读起诉书指控被告人邹某某销售明知是假冒“贵州茅台”注册商标的酒，销售金额巨大，其行为构成销售假冒注册商标的商品罪。被告人邹某某销售假酒被查后，提出愿意拿出10万元找人为其顶罪，并找到愿意代替其顶罪的蒋某平。经谋划，蒋某平于2018年4月11日到赤水市公安局投案，编造其于2017年12月在仁怀市介绍“赵经理”（虚构）销售茅台酒给邹某某的谎言，其行为构成妨害作证罪。被告人蒋某平明知邹某某销售假冒茅台酒被查的情况下，为牟取非法利益，到公安机关为邹某某作伪证顶罪，获利3.5万元，其行为构成包庇罪。被告人唐某洪明知邹某某销售假冒茅台酒被查找蒋某平顶罪的情况下，为邹某某编造事实提供咨询，将蒋某平送至公安机关，并获利19000元，其行为构成包庇罪。被告人周某容明知邹某某销售假冒茅台酒被查欲找人顶罪的情况下，通过余某祥帮邹某某联系到顶罪人蒋某平，并为邹某某支付蒋某平、唐某洪的报酬，带领蒋某平到仁怀“指认现场”，其行为已构成包庇罪。被告人余某祥明知邹某某销售假冒茅台酒被查欲找人顶罪的情况下，帮邹某某找到顶罪人蒋某平，其行为已构成包庇罪。针对以上指控的事实，公诉人出示了以下证据予以证明：

一是关于被告人邹某某、蒋某平、唐某洪、余某祥、周某容主体身份情况的证据。包括：（1）户籍资料；（2）贵州茅台酒股份有限公司出具的证明；（3）法院判决书。证明：邹某某系贵州茅台酒股份有限公司的员工，五被告人已达刑事责任年龄。

二是关于被告人邹某某销售假冒贵州茅台酒的证据。包括：（1）现场照片、银行交易记录、贵州茅台酒股份有限公司的情况说明、"贵州茅台"注册商标等书证；（2）鉴定意见；（3）辨认笔录；（4）何某、周某甲等证人证言；（5）被告人邹某某的供述。证明：邹某某销售明知是假冒"贵州茅台"注册商标的酒，销售金额50.48万元。

三是关于被告人邹某某找被告人蒋某平替其顶罪、唐某洪、周某容、余某祥为蒋某平帮邹某某顶罪提供帮助的证据。包括：（1）被告人邹某某、蒋某平、唐某洪、周某容、余某祥的供述；（2）证人周勇等人的证言；（3）微信转账记录；（4）电子数据；（5）辨认笔录及照片。证明邹某某销售假酒被查后，找蒋某平代替顶罪，蒋某平到公安机关编造事实为邹某某顶罪，唐某洪、周某容、余某祥为蒋某平替邹某某顶罪提供帮助。

法庭辩论阶段，公诉人发表公诉意见：

第一，关于本案定性。被告人邹某某销售明知是假冒"贵州茅台"注册商标的酒，销售金额为50.48万元，根据《刑法》第214条、《关于办理侵犯知识产权刑事案件具体应用法律若干问题的解释》第2条的规定，属于"销售金额巨大"的情况，构成销售假冒注册商标的商品罪。被告人邹某某指使蒋某平作伪证，构成妨害作证罪。被告人蒋某平明知邹某某是犯罪的人而为其作假证明包庇，构成包庇罪。被告人唐某洪、周某容、余某祥明知邹某某是犯罪的人，蒋某平为其作假证明提供帮助，构成包庇罪。

第二，关于被告人邹某某是否明知销售的是假冒贵州茅台酒。被告人邹某某是贵州茅台酒股份有限公司的职工，自己也经营酒类商店，追溯源扫到的生产日期、批号与酒瓶的显示不一致，还有部分酒是不能通过追溯源扫的，且邹某某与倒卖酒的人的交易不符合常理，综上认定被告人邹某某应当明知销售的是假冒贵州茅台酒。

第三，关于本案量刑建议。根据《刑法》的相关规定，建议对被告人邹某某在4年以上6年以下有期徒刑，并处罚金幅度内量刑，对被告人蒋某平在1年以上2年以下有期徒刑，对被告人唐某洪、周某容、余某祥在1年以上1年6个月以下有期徒刑幅度内量刑。

法庭经审理，认定公诉人提交的证据能够相互印证，予以确认。综合考虑全案犯罪事实、情节，对邹某某等人处以相应刑罚。2018年12月6日，遵义市中级人民法院作出一审判决，被告人邹某某犯销售假冒注册商标的商品罪，判处有期徒刑4年，并处罚金人民币30万元，犯妨害作证罪，判处有期徒刑1年6个月，并处罚金人民币5万元，决定执行有期徒刑5年，并处罚金人民币35万元；被告人蒋某平犯包庇罪，判处有期徒刑1年，并处罚金人民币2万元；被告人周某容犯包庇罪，判处有期徒刑1年，缓刑2年，并处罚金人民币2万元；被告人余某祥犯包庇罪，判处有期徒刑1年，缓刑2年，并处罚金人民币2万元；撤销四川省合江县人民法院（2016）川0522刑初86号对唐某洪宣告缓刑的部分，被告人唐某洪犯包庇罪，判处有期徒刑1年，并处罚金人民币2万元，前犯买卖身份证件罪，有期徒刑2年6个月，并处罚金人民币2万元，决定执行有期徒刑3年，并处罚金人民币4万元。一审宣判后，被告人未上诉，判决已生效。

指导意义

注册商标是一个企业的无形资产，也是一个企业的标识，保护注册商标不仅仅是保护企业的发展，也是保护消费者的利益。假冒注册商标不仅侵害了企业的合法利益，扰乱市场经济秩序，同时也使得消费者的合法权益受到了侵害，通俗地讲，就是使消费者花钱买到假货。我们要严厉打击和坚决杜绝假冒注册商标的犯罪行为，保障企业和消费者的合法权益。

证据是司法活动的依据，是司法活动客观公正的保障，编造事实，伪造证据不仅浪费司法资源，扰乱司法秩序，同时也影响司法活动，使司法权威受到损害。本案的办理，在有力地打击了假冒注册商标的犯罪行为的同时，也打击了企图通过找人顶罪和替别人顶罪的行为，有力地维护了司法权威，保障了司法公正。

相关规定

1.《中华人民共和国刑法》

第二百一十四条 销售明知是假冒注册商标的商品，销售金额数额较大的，处三年以下有期徒刑或者拘役，并处或者单处罚金；销售金额数额巨大的，处三年以上七年以下有期徒刑，并处罚金。

第三百零七条 以暴力、威胁、贿买等方法阻止证人作证或者指使他人作伪证的，处三年以下有期徒刑或者拘役；情节严重的，处三年以上七年以下有期徒刑。

帮助当事人毁灭、伪造证据，情节严重的，处三年以下有期徒刑或者拘役。

司法工作人员犯前两款罪的，从重处罚。

第三百一十条 明知是犯罪的人而为其提供隐藏处所、财物，帮助其逃匿或者作假证明包庇的，处三年以下有期徒刑、拘役或者管制；情节严重的，处三年以上十年以下有期徒刑。

犯前款罪，事前通谋的，以共同犯罪论处。

2. 最高人民法院、最高人民检察院《关于办理侵犯知识产权刑事案件具体应用法律若干问题的解释》

第一条 未经注册商标所有人许可，在同一种商品上使用与其注册商标相同的商标，具有下列情形之一的，属于刑法第二百一十三条规定的“情节严重”，应当以假冒注册商标罪判处三年以下有期徒刑或者拘役，并处或者单处罚金：

（一）非法经营数额在五万元以上或者违法所得数额在三万元以上的；

（二）假冒两种以上注册商标，非法经营数额在三万元以上或者违法所得数额在二万元以上的；

（三）其他情节严重的情形。

具有下列情形之一的，属于刑法第二百一十三条规定的“情节特别严重”，应当以假冒注册商标罪判处三年以上七年以下有期徒刑，并处罚金：

（一）非法经营数额在二十五万元以上或者违法所得数额在十五万元以上的；

（二）假冒两种以上注册商标，非法经营数额在十五万元以上或者违法所得数额在十万元以上的；

（三）其他情节特别严重的情形。

第二条 销售明知是假冒注册商标的商品，销售金额在五万元以上的，属于刑法第二百一十四条规定的“数额较大”，应当以销售假冒注册商标的商品罪判处三年以下有期徒刑或者拘役，并处或者单处罚金。

销售金额在二十五万元以上的，属于刑法第二百一十四条规定的“数额巨大”，应当以销售假冒注册商标的商品罪判处三年以上七年以下有期徒刑，并处罚金。

3. 最高人民法院、最高人民检察院《关于办理侵犯知识产权刑事案件具体应用法律若干问题的解释（二）》

第四条 对于侵犯知识产权犯罪的，人民法院应当综合考虑犯罪的违法所得、非法经营数额、给权利人造成的损失、社会危害性等情节，依法判处罚金。罚金数额一般在违法所得的一倍以上五倍以下，或者按照非法经营数额的50%以上一倍以下确定。

［独任检察官：徐　卉*
检察官助理：冯春梅］

* 遵义市人民检察院副检察长。

何某富、何某东、何某帮强迫交易、职务侵占等案

——恶势力犯罪的具体认定

关键词

恶势力犯罪　强迫交易罪　职务侵占罪　非法倒卖土地使用权罪

要　旨

恶势力团伙犯罪一般为三人或者三人以上，实施违法犯罪活动一般为三次以上，包括三次以上恶势力惯常性犯罪，或者两次惯常性犯罪一次违法活动，或者一次惯常性犯罪两次违法活动。其违法犯罪主要包括强迫交易、非法拘禁、敲诈勒索、寻衅滋事等犯罪，并在一定区域或者行业内造成较为恶劣的社会影响，扰乱经济、社会生活秩序。

基本案情

被告人何某富在任德江县某村村主任、村党支部书记期间，作风霸道、性格强势，联合其家人欺压村民，称霸一方。在2012年至2014年期间，被告人何某富、何某东、何某帮为了使自家经营的砖厂、运输车辆能获取更大的收益，利用其家庭在该村具有的强势影响力，长期采取威胁、暴力手段，阻止他人修建房屋、阻止其他车辆运输材料进村的方式，逼迫在该村修建房屋的数十人向其购买建筑材料或雇请运输车辆运输材料，多次强迫他人交易，强行提供运输服务，在当地造成严重不良影响，具体如下：

1. 2013年农历正月，何某富在该村阻碍周某福雇请其他车辆运输建筑材料修建房屋，导致周某福被迫雇请何某富之子何某帮运输建筑材料。之后何某富之子何某帮又阻碍周某福运输建筑材料修建，并动手对周某福进行殴打，导致周某福将车辆弃在现场。

2. 2013年农历二月，何某富在该村阻拦何某涛、张某轩雇请的运输建筑材料的车辆运输建筑材料修建房屋。相隔十余天，何某富之子何某帮又到村内

辱骂张某轩、何某涛，并阻止修建房屋。致使何某涛、张某轩只能从何某东、何某帮处购买建筑材料。

3. 2013 年，何某富之子何某东在该村阻拦田某春、简某会、简某军修建房屋。

4. 2014 年，马某超在该村修建房屋，因迫于何某富、何某帮、何某东在该村欺压百姓造成的影响力而在何某东、何某帮处高价购买建筑材料。

5. 2013 年初，周某江在该村修建房屋，基于何某富父子 3 人经常阻碍他人修建房屋造成的威慑力而在何某富家购买建房材料。

6. 2013 年上半年，余某娥、周某全在该村修建房屋，基于何某富父子 3 人经常阻碍他人修建房屋造成的威慑力而在何某富家高价购买建筑材料。

7. 2014 年 8 月，安某在该村修建房屋，基于何某富父子 3 人经常阻碍他人修建房屋造成的威慑力而在何某富家高价购买建筑材料。

8. 2013 年下半年，陈某某勇在该村修建房屋，基于何某富父子 3 人经常阻碍他人修建房屋造成的威慑力而在何某富家高价购买建筑材料。

9. 2011 年，马某东在该村建房，马某东在田某彪处购买建筑材料时，被要求先与何某东商量，否则不敢与其交易。最后马某东被迫只能从何某东处高价购买建筑材料。

10. 同时查明，该村的曹某贵、何某边等十余人基于何某富、何某帮、何某东在该村的势力，而在何某东、何某帮处高价购买建房材料。

2014 年 8 月，被告人何某富利用职务便利伙同其他村干部将 6.8 万元土地转让资金私分，一个月后，被告人何某富害怕被人发现后承担法律责任，将分得的 2.3 万元退还给村财务人员。

2013 年，被告人何某帮三次在德江县堰塘乡某村购买土地然后分块转卖给外村人修建房屋，从中非法获利累计人民币 80 多万元。

指控与证明犯罪

2016 年 11 月，德江县公安局在调查向某平控告何某富等人涉黑、涉恶线索中发现，何某富在 2013 年至 2014 年期间，利用村支书的身份伙同何某帮、何某东等人在某村采取堵路、威胁等手段，强迫在该村修建房屋的村民在其经营的砖厂购买建筑材料、使用其车辆运输建筑材料。德江县公安局经初查，于 2017 年 7 月 21 日立案侦查，2017 年 8 月 4 日对何某富等 3 人刑事拘留，2017 年 8 月 7 日延长拘留至 30 日。德江县人民检察院提前介入侦查引导取证。2017 年 9 月 3 日，德江县公安局以被告人何某富、何某帮、何某东涉嫌强迫交易罪提请德江县人民检察院审查逮捕。

德江县人民检察院受理本案后，分管副检察长曹永安亲自对案件进行审查，讯问犯罪嫌疑人，介入侦查取证，要求公安机关收集何某富父子3人涉恶犯罪证据，于2017年9月7日作出批准逮捕决定。2017年11月7日，德江县公安局以被告人何某富、何某帮、何某东涉嫌强迫交易罪移送审查起诉，德江县人民检察院受理该案后，成立了以检察长、公诉部负责人、业务骨干的3人办案组，负责全力审查该案。陈毓瑞检察长亲自审查卷宗材料、讯问何某富3人。为了保证该案事实清楚，证据确实、充分，依法严惩农村黑恶势力，做到精确打击，该院两次将案件退回补充侦查。陈毓瑞检察长还带领团队指导公安机关侦查，到该村进行实地查看走访，并适时向县委和上级院汇报案件进展情况和问题。在事实清楚，证据确实、充分的情况下，该案于2018年4月25日审查终结。

2018年6月21日，检察长陈毓瑞亲自出庭支持公诉。德江县人民法院充分采纳德江县人民检察院对认定被告人何某富、何某帮、何某东为家族恶势力犯罪的意见，对其指控的罪名无异议，量刑建议无异议。德江县人民法院于2018年7月30日对被告人何某富以犯强迫交易罪判处有期徒刑2年6个月，罚金人民币5万元；犯职务侵占罪判拘役3个月；决定执行有期徒刑2年6个月，罚金人民币5万元。对被告人何某帮以犯强迫交易罪判处有期徒刑2年6个月，罚金人民币5万元；犯非法倒卖土地使用权罪，判处有期徒刑1年6个月，罚金人民币5万元；决定执行有期徒刑3年6个月，罚金人民币10万元；对何某帮违法所得847630元予以追缴。对被告人何某东以犯强迫交易罪判处有期徒刑1年，罚金人民币2万元。其罚金和没收违法所得同步处罚，真正做到了“打财断血”的原则。

指导意义

黑恶势力犯罪是威胁社会安全的一大毒瘤，扫黑除恶专项斗争是党中央作出的重大决策，事关社会稳定和国家长治久安，事关人心向背和基层政权巩固，事关进行伟大斗争、建设伟大工程、推进伟大事业、实现伟大梦想，开展扫黑除恶专项斗争，是遏制刑事犯罪，增强人民群众安全感的迫切需要；是维护社会主义市场经济秩序，创造良好环境的迫切需要；是加强政权建设、巩固党的执政基础的迫切需要。通过开展扫黑除恶，有利于维护法律的尊严，保护人民的合法权益；有利于维护社会稳定和促进经济健康发展；有利于构建社会主义和谐社会。

本案中，被告人何某富、何某东、何某帮父子3人作为一个利益共同体，利用何某富担任德江县堰塘乡某村村干部之际，横行乡里，欺压百姓，称霸一方，为家族谋取利益，多次实施违法犯罪活动，在农村基层造成了恶劣影响，系恶势力犯罪。本案在准确认定恶势力犯罪的四个特征方面具有典型意义。

相关规定

1.《中华人民共和国刑法》

第二百二十六条 以暴力、威胁手段，实施下列行为之一，情节严重的，处三年以下有期徒刑或者拘役，并处或者单处罚金；情节特别严重的，处三年以上七年以下有期徒刑，并处罚金：

（一）强买强卖商品的；

（二）强迫他人提供或者接受服务的；

（三）强迫他人参与或者退出投标、拍卖的；

（四）强迫他人转让或者收购公司、企业的股份、债券或者其他资产的；

（五）强迫他人参与或者退出特定的经营活动的。

第二百二十八条 以牟利为目的，违反土地管理法规，非法转让、倒卖土地使用权，情节严重的，处三年以下有期徒刑或者拘役，并处或者单处非法转让、倒卖土地使用权价额百分之五以上百分之二十以下罚金；情节特别严重的，处三年以上七年以下有期徒刑，并处非法转让、倒卖土地使用权价额百分之五以上百分之二十以下罚金。

2. 最高人民法院、最高人民检察院、公安部、司法部《关于办理黑恶势力犯罪案件若干问题的指导意见》

14. 具有下列情形的组织，应当认定为“恶势力”：经常纠集在一起，以暴力、威胁或者其他手段，在一定区域或者行业内多次实施违法犯罪活动，为非作恶，欺压百姓，扰乱经济、社会生活秩序，造成较为恶劣的社会影响，但尚未形成黑社会性质组织的违法犯罪组织。恶势力一般为三人以上，纠集者相对固定，违法犯罪活动主要为强迫交易、故意伤害、非法拘禁、敲诈勒索、故意毁坏财物、聚众斗殴、寻衅滋事等，同时还可能伴随实施开设赌场、组织卖淫、强迫卖淫、贩卖毒品、运输毒品、制造毒品、抢劫、抢夺、聚众扰乱社会秩序、聚众扰乱公共场所秩序、交通秩序以及聚众“打砸抢”等。

在相关法律文书中的犯罪事实认定部分，可使用“恶势力”等表述加以描述。

[主办检察官：陈毓瑞*

检　察　官：严天金　孙　翔

检察官助理：田　浩]

* 铜仁市德江县人民检察院检察长。

侵犯财产案

黄某某、潘某某抢劫、抢劫枪支弹药，黄某某贪污、受贿案

——关键证据如何获取

关键词

抢劫枪支、弹药　贪污　受贿

要　旨

检察机关在办案过程上下联动、领导带头，依法主动积极办案，在犯罪嫌疑人锁定、案件侦破、强制措施适用、介入侦查取证、规范侦查行为、审前主导、犯罪指控、监督审判等方面全面发挥检察机关的职能作用，实现司法办案法律效果、政治效果、社会效果的有机统一。

基本案情

被告人黄某某，原系某市棚户区改造办公室副主任。

被告人潘某某，原系某经济开发区运管所工作人员。

被告人黄某某与潘某某系发小。1998年九十月间，黄某某、潘某某因经济困难预谋抢劫枪支进行抢劫。1998年10月的一天，黄某某、潘某某在某市小十字附近夜市摊，发现时任某市公安局大十字派出所副所长安某腰部配带一支手枪，两人随即多次对安某进行跟踪、踩点。1998年10月17日晚，黄某某、潘某某携带哑铃和刀具到达安某租住的原黔东南电影公司办公楼下蹲守；23时30分许，两人待安某外出归来，在州电影公司二楼至三楼楼梯平台上，黄某某持哑铃猛击安某头部、潘某某持刀猛刺安某左胸部致其死亡，随后，两人将安某的六四式手枪（枪号28043078，枪内有6发子弹）抢走，逃离现场后，二人将作案刀具及哑铃丢弃。

被告人黄某某、潘某某抢得枪支后寻找作案目标。1998年11月下旬的一天，黄某某、潘某某在某街上看见原中国银行某支行行长乐某建后准备抢劫乐某建家（以下简称乐家），此后，二人多次对乐某建进行跟踪、踩点。1998年12月1日13时许，黄某某、潘某某携带抢来的枪支、刀具等作案工具到达乐家门口，趁乐某娴（乐某建之女）开门上学之机冲进乐家，由黄某某持枪、潘某某持刀对乐某建、房某（乐某建之妻）、乐某娴三人进行威胁、控制；期间，黄某某与乐某建在客厅、主卧室等地发生剧烈扭打。此时，邻居刘某云听到乐家异动后随即打电话到乐家，电话被潘某某拍落在地未接通，刘某云随后又到乐家敲门。黄某某、潘某某开门将刘某云引进屋内予以控制，为制止4人反抗，黄某某、潘某某持枪、刀将4人杀害。4人被杀死后，黄某某、潘某某分别戴上手套擦拭痕迹，随即翻找财物，二人翻得两盒六四式手枪子弹、2000余元现金、纪念币、手机等物。为毁灭犯罪现场，两人将厨房内的煤气罐、电炒锅搬到客厅，将主卧室内的衣服、床单等物抛撒在客厅，并将茅台酒倒洒在衣服、床单上，打开煤气罐阀门，将电炒锅通电后调到最大功率，意图通过高温高热引发煤气爆炸来毁灭犯罪痕迹。后二人携带劫得财物逃离现场。

黄某某、潘某某作案后回到所租仓库，财物由黄某某保管，因害怕手机暴露自己故将手机砸坏弃之垃圾堆，并将纪念币售卖。潘某某将作案刀具丢弃在金井河内；2001年10月份的一天晚上，黄某某驾车将枪和子弹丢到下司中学门口清水江里。

经鉴定，乐某建系被他人用枪弹射入头部和用锐器刺入背部造成颅脑损伤和肺、脾脏损伤死亡；房某系被他人用锐器刺入胸背造成心肺损伤死亡；乐某娴系被他人用锐器刺入胸背造成心、肺、肝脏损伤死亡；刘某云系被他人用枪弹射入左胸和用锐器刺入胸、背造成心肺损伤死亡。

被告人黄某某在担任某经济开发区城管局局长期间，利用其担任局长的职务之便，于2011年至2014年分多次非法收受其三哥黄某凯（已判刑）、夜市摊点承租方周某孟等人送给其的贿赂款共计人民币660000元，为黄某凯、周某孟等人在工程承建、承包夜市摊点等事项上谋取利益。

被告人黄某某在担任某经济开发区城管局局长期间，利用其担任局长的职务便利，于2011年下半年安排分管副局长汪某、财务人员张甲采取虚开发票等方式套取国家资金18000元予以平分，其个人分得6000元。2012年5月，黄某某安排汪某、张甲采取虚开发票等方式套取国家资金48000元，以发放补助的名义与汪某、张甲等平分，其个人分得12000元。

指控与证明犯罪

黄某某、潘某某抢劫、抢劫枪支弹药案（以下简称“两案”）由凯里市公安局侦办，黄某某所涉贪污、受贿案由台江县人民检察院侦查，案件侦结后，由黔东南州人民检察院提起公诉，经开庭审理，黔东南州中级人民法院于2018年7月30日作出一审判决，以抢劫罪，抢劫枪支、弹药罪，贪污罪，受贿罪数罪并罚，判处黄某某死刑立即执行，剥夺政治权利终身，没收个人全部财产，以抢劫罪，抢劫枪支、弹药罪，数罪并罚，判处潘某某死刑立即执行，剥夺政治权利终身，没收个人全部财产。一审宣判后，两被告人提出上诉，经开庭审理，2018年12月21日，贵州省高级人民法院作出二审裁定，维持原判。

在侦查阶段：第一，通过依法查办职务犯罪为两案告破提供了关键的"指纹"信息。两案的唯一突破口是遗留在案发现场提取到的四枚指纹，2016年5月，黔东南州公安局部署进行指纹采集，在对全州适龄范围的97万人采集指纹过程中，时任某市棚户区改造办公室副主任的黄某某有意躲避了指纹采集，公安机关通过指纹查找嫌犯的侦查策略未能奏效。2016年9月7日，黄某某因涉嫌贪污、受贿罪被黔东南州台江县人民检察院立案侦查，并先后对其执行拘留、逮捕的强制措施，在关押期间，其被强制提取的指纹在上传至省公安厅指纹库后触发"预警"，经刑侦指纹鉴定专家反复比对论证，确定两案现场遗留的指纹为黄某某所留，从而锁定其为两案的重大犯罪嫌疑人。

第二，全力支持配合协助，为案件侦破助力。在公安机关将黄某某涉嫌两案重大嫌疑情况通报检察机关后，按照省检察院指示，黔东南州、台江县两级院主动作为，全力支持帮助公安机关破案。一是暂缓对黄某某所涉职务犯罪提起公诉，将案件进行退补、延期，为公安机关破案争取时间；二是将逮捕措施变更为指定居所监视居住，并将黄某某涉嫌故意销毁会计凭证线索移送凯里市公安局侦查，为公安机关接触黄某某提供有利条件，既隐蔽侦查目的又不惊动同案犯；三是将办理职务犯罪案件掌握的黄某某性格特点、情绪波动、反侦查能力等情况向公安机关反馈介绍，并派员参与公安机关制定审讯方案并观审，引导依法侦查，2016年12月2日，在黄某某进入指居点的第二次审讯中，其开始供认自己系两案的作案人。

第三，及时介入侦查，规范侦查取证。省、州、县三级检察院在本案办理中坚持上下联动，侦监、公诉合力，无缝对接，共同提前介入引导侦查。一是州、市检察院迅速抽调20余名办案经验丰富的侦监、公诉干警组成专门办案团队提前介入侦查，与公安侦查人员同吃住同办案，省检察院启动重大案件快速反应机制，多次派员到场指导；二是主动监督引导侦查取证，把牢定案事实证据的各项"关键点"，监督规范固定了案发现场所留指纹这一"关键事实"，监督规范打捞了被抛弃的涉案枪支这一"关键环节"，监督引导固定了打捞枪支与作案枪支的同一性"这一关键特征"，同步监督纠正侦查取证中存在的具体问题，从源头上保障取证的“合法性”。

在审查起诉阶段：精准公诉，有力指控犯罪。在审查起诉过程中，省、州、县三级检察机关紧紧围绕犯罪构成要件事实，就案件事实争议、证据能力及证明力认定、证明标准适用等问题多次进行面对面沟通研讨，为准确认定案件事实和适用法律打好基础。黔东南州人民检察院副检察长龙江平亲自担任案件办案组组长，通过审前不断完善证据体系，构筑坚实的案件事实和证据根基，庭审中通过设置合理讯问问题、组合运用各项证据、充分阐述指控思路，精准有力指控犯罪，促使被告人当庭认罪悔罪，旁听群众对检察机关的出庭公诉工作纷纷点赞，实现了司法办案法律效果、政治效果和社会效果的统一。

指导意义

该案的成功办理，对如何加强同公安机关的协调配合、捕诉合力介入侦查、精准公诉指控、入额领导带头办案等方面实现了良好的探索，取得可借鉴的新经验。一是全力支持配合协作，启动案件侦破的“新引擎”。省、州、县三级检察机关积极主动参与案件办理，全力支持配合协作指导公安机关破案。二是捕诉合力介入侦查，筑牢规范取证的“防火墙”。省、州、县三级检察机关上下联动，侦监、公诉合力，无缝对接，共同提前介入引导侦查，确保诉讼顺利进行。三是精准公诉指控有力，实现办案效果的“三统一”。全省检察机关在审前实行上下三级院联动协作，整合办案资源，严把案件事实与证据关，实现了司法办案法律效果、政治效果、社会效果的统一。四是入额领导带头办案，定稳案件质量的“压舱室”。案件在介入侦查引导取证、审查逮捕、审查起诉等办案阶段，省、州、县三级检察机关4家检察院参与，各级院作为入额检察官的检察长、分管副检察长、侦监、公诉部门负责人亲自办案、亲自参与案件全过程，围绕案件的事实认定、法律适用、起诉书制作等明确了具体的意见和工作方案，确保将案件办成铁案。

相关规定

《中华人民共和国刑法》

第一百二十七条 盗窃、抢夺枪支、弹药、爆炸物的，或者盗窃、抢夺毒害性、放射性、传染病病原体等物质，危害公共安全的，处三年以上十年以下有期徒刑；情节严重的，处十年以上有期徒刑、无期徒刑或者死刑。

抢劫枪支、弹药、爆炸物的，或者抢劫毒害性、放射性、传染病病原体等物质，危害公共安全的，或者盗窃、抢夺国家机关、军警人员、民兵的枪支、弹药、爆炸物的，处十年以上有期徒刑、无期徒刑或者死刑。

第二百六十三条 以暴力、胁迫或者其他方法抢劫公私财物的，处三年以上十年以下有期徒刑，并处罚金；有下列情形之一的，处十年以上有期徒刑、无期徒刑或者死刑，并处罚金或者没收财产：

（一）入户抢劫的；

（二）在公共交通工具上抢劫的；

（三）抢劫银行或者其他金融机构的；

（四）多次抢劫或者抢劫数额巨大的；

（五）抢劫致人重伤、死亡的；

（六）冒充军警人员抢劫的；

（七）持枪抢劫的；

（八）抢劫军用物资或者抢险、救灾、救济物资的。

第三百八十二条 国家工作人员利用职务上的便利，侵吞、窃取、骗取或者以其他手段非法占有公共财物的，是贪污罪。

受国家机关、国有公司、企业、事业单位、人民团体委托管理、经营国有财产的人员，利用职务上的便利，侵吞、窃取、骗取或者以其他手段非法占有国有财物的，以贪污论。

与前两款所列人员勾结，伙同贪污的，以共犯论处。

第三百八十三条 对犯贪污罪的，根据情节轻重，分别依照下列规定处罚：

（一）贪污数额较大或者有其他较重情节的，处三年以下有期徒刑或者拘役，并处罚金。

（二）贪污数额巨大或者有其他严重情节的，处三年以上十年以下有期徒刑，并处罚金或者没收财产。

（三）贪污数额特别巨大或者有其他特别严重情节的，处十年以上有期徒刑或者无期徒刑，并处罚金或者没收财产；数额特别巨大，并使国家和人民利益遭受特别重大损失的，处无期徒刑或者死刑，并处没收财产。

对多次贪污未经处理的，按照累计贪污数额处罚。

犯第一款罪，在提起公诉前如实供述自己罪行、真诚悔罪、积极退赃，避免、减少损害结果的发生，有第一项规定情形的，可以从轻、减轻或者免除处罚；有第二项、第三项规定情形的，可以从轻处罚。

犯第一款罪，有第三项规定情形被判处死刑缓期执行的，人民法院根据犯罪情节等情况可以同时决定在其死刑缓期执行二年期满依法减为无期徒刑后，终身监禁，不得减刑、假释。

第三百八十五条 国家工作人员利用职务上的便利，索取他人财物的，或者非法收受他人财物，为他人谋取利益的，是受贿罪。

国家工作人员在经济往来中，违反国家规定，收受各种名义的回扣、手续费，归个人所有的，以受贿论处。

第三百八十六条 对犯受贿罪的，根据受贿所得数额及情节，依照本法第三百八十三条的规定处罚。索贿的从重处罚。

［主办检察官：龙江平*
检　察　官：杨再滔　尹露怡　代义梅
检察官助理：邓　可］

* 黔东南州人民检察院常务副检察长。

杨某某盗窃不起诉案

——信用卡诈骗罪与盗窃罪的区分

关键词

留守未成年人　盗窃　临时监护人　家庭成员　相对不起诉

要　旨

留守未成年犯罪嫌疑人采取网络手段秘密窃取其临时监护人银行卡财物，数额较大，构成盗窃罪，而非信用卡诈骗罪。检察机关在审查案件过程应当全面审查案件事实和证据，充分理解和把握“两高”关于盗窃罪的司法解释精神，准确认定留守未成年人为临时监护人的家庭成员，并依法作出决定。

基本案情

被不起诉人杨某某，男，案发时16岁，某初中学生，喜欢钻研网络技术。因父母外出打工，杨某某于2014年9月至2017年7月居住在临时监护人杨某乙（其伯父）、陈某某（其伯母）家中。2017年3月至6月，杨某某利用其出租微信的网络平台购买了一病毒链接，并将该病毒链接通过微信发送给其伯父杨某乙、伯母陈某某，获取了杨某乙、陈某某的身份证、姓名等信息，后通过盗取杨某乙、陈某某银行卡号及使用杨某乙、陈某某手机，用自己不同的微信号成功绑定了杨某乙、陈某某的银行卡，盗取了杨某乙、陈某某银行卡内人民币共计23313元。公安机关以杨某某涉嫌信用卡诈骗罪，于2017年8月15日对其取保候审。案发后，被不起诉人杨某某家属为其积极退赃，并与二被害人达成和解。镇远县检察院依据《中华人民共和国刑事诉讼法》第173条第2款及最高人民法院、最高人民检察院《关于办理盗窃刑事案件适用法律若干问题的解释》第8条的规定，决定对杨某某不起诉。

检察机关履职情况

一是依法改变定性。公安机关以杨某某涉嫌信用卡诈骗罪移送审查起诉，镇远县检察院经审查认为，杨某某的行为从主客观方面均符合盗窃罪的构成要件，应当确定杨某某涉嫌盗窃罪，依法改变了公安机关对该案的定性。

二是充分理解法义。杨某某系受害人杨某乙的侄儿，因杨某某父母长期外出务工，杨某乙作为临时监护人，杨某某作为留守未成年人长期寄居在伯父杨某乙、伯母陈某某家中，与伯父杨某乙、伯母陈某某长期共同生活。镇远县检察院全面审查案件事实和证据，深入调查核实相关案件材料，认为杨某某与临时监护人杨某乙、陈某某长期共同生活，相互之间系亲属关系，因此可以认定杨某某系杨某乙、陈某某家庭成员。杨某某的盗窃行为符合最高人民法院、最高人民检察院《关于办理盗窃刑事案件适用法律若干问题的解释》第 8 条的规定，可以认定杨某某盗窃的行为系盗窃家庭成员的财物的行为，应当酌情从宽处理。

三是依法作出不诉。镇远县检察院审查认为，被不起诉人杨某某虽实施了《中华人民共和国刑法》第 264 条规定的行为，但犯罪情节轻微，具有坦白、悔罪情节，同时其父杨某丙代为积极退赔，双方已达成和解，并取得被害人的谅解。同时被不起诉人杨某某系未成年人，且系在校学生。为贯彻"教育、感化、挽救"的方针，坚持"教育为主、惩罚为辅"的原则，在遵循刑事和解的原则与条件下，根据《中华人民共和国刑法》第 37 条的规定，不需要判处刑罚。依据《中华人民共和国刑事诉讼法》第 173 条第 2 款及最高人民法院、最高人民检察院《关于办理盗窃刑事案件适用法律若干问题的解释》第 8 条的规定，该院决定对杨某某不起诉。

四是深入考察帮教。针对杨某某系未成年在校学生，检察机关及时充分的开展社会调查，制定针对性的帮教挽救方案，注重跟踪回访。及时全面了解和掌握被不起诉人杨某某的学习、生活及思想动态，进一步帮助其树立正确的人生观、价值观、世界观。经开展案后回访跟踪工作，杨某某处于积极良好的学习及生活状态，目前，杨某某就读于重庆某学校机械工程系电梯三班。

指导意义

检察机关办理未成年人涉嫌盗窃犯罪案件，应当全面审查案件事实和证据，充分理解和把握立法精神，在事实清楚，证据确实、充分的前提下依法作出决定。

检察机关办理未成人通过微信等移动互联网平台涉嫌盗窃犯罪，要求检察人员具有良好的专业素能和检察职业操守，在办理该类案件时检察人员应当注重把握以下几个方面：一是针对未成年人通过微信等移动互联网平台实施犯罪的行为应当全面细致审查案件，严格界定罪与非罪及此罪与彼罪。二是针对留守未成年人寄居在临时监护人或近亲属家中，实施偷窃临时监护人或近亲属财物的，扩大解释适用于最高人民法院、最高人民检察院《关于办理盗窃刑事案件适用法律若干问题的解释》第 8 条"偷拿家庭成员或者近亲属的财物，获得谅解的，一般可以不认为是犯罪；追究刑事责任的，应当酌情从宽”的规定，符合充分实现保护未成年人的立法精神。三是针对在校未成年人实施犯罪的，检察机关应当及时充分的开展社会调查，制定针对性的帮教挽救方案，注重跟踪回访。四是延伸检察职能，积极探索多维度净化未成年人健康成长环境。一方面，针对未成年人安全上网，扫除容留未成年人的黑网吧，加强对涉黄、涉黑等低俗暴力的网络信息进行监督管理等事项向相关部门提出检察建议，净化未成年人上网环境。另一方面，开展法治进校园等活动加强对未成年人开展网络安全法治宣传，帮助未成年人提升对不良网络信息的辨别能力，自觉远离和拒绝不良网络文化，有效遏制未成年人因不良网络环境诱发的犯罪。

相关规定

1.《中华人民共和国刑法》

第二百六十四条 盗窃公私财物，数额较大的，或者多次盗窃、入户盗窃、携带凶器盗窃、扒窃的，处三年以下有期徒刑、拘役或者管制，并处或单处罚金；数额巨大或者有其他严重情节的，处三年以上十年以下有期徒刑，并处罚金；数额特别巨大或者有其他特别严重情节的，处十年以上有期徒刑或者无期徒刑，并处罚金或没收财产。

2. 最高人民法院、最高人民检察院《关于办理盗窃刑事案件适用法律若干问题的解释》

第八条 偷拿家庭成员或者近亲属的财物，获得谅解的，一般可以不认为是犯罪；追究刑事责任的，应当酌情从宽。

3.《中华人民共和国刑事诉讼法》

第一百七十七条（第二款） 对于犯罪情节轻微，依照刑法规定不需要判处刑法或者免除刑罚的，人民检察院可以作出不起诉决定。

第二百九十条 对于达成和解协议的案件，公安机关可以向人民检察院提出从宽处理的建议。人民检察院可以向人民法院提出从宽处罚的建议；对于犯罪情节轻微，不需要判处刑罚的，可以作出不起诉的决定。人民法院可以依法对被告人从宽处罚。

4.《中华人民共和国未成年人保护法》

第五条 国家保护未成年人的人身、财产和其他合法权益不受侵犯。

[主任检察官：李　艳*
检　察　官：张　萍]

* 黔东南州镇远县人民检察院常务副检察长。

秦某某等人诈骗、敲诈勒索案

——恶势力集团犯罪的认定

关键词

恶势力犯罪集团　恶势力集团犯罪　诈骗　敲诈勒索

要　旨

在共同犯罪案件中，有明显的首要分子，重要成员较为固定，组织成员经常纠结在一起，共同实施3次以上恶势力惯常实施的犯罪活动或者其他犯罪活动的犯罪组织，应当认定为恶势力犯罪集团。

利用恶势力犯罪集团惯用的赌博和毒品等手段诈骗、敲诈勒索当地百姓钱财，实施了欺压、残害百姓的行为，还采取以揭发他人隐私、以“佳丽小姐”上门讨债及以暴力相威胁或上门追债等方式向被害人追债，对阻碍其追债的人员进行打击报复，构成恶势力集团犯罪。

在诈骗和敲诈勒索案件中，被告人童某兴和施某参与了事前共谋，在实施犯罪活动过程的中途离开，但其对自己参与的共同犯罪并没有阻止和有效防止犯罪结果的发生，根据共同犯罪的法律规定，其仍应当为诈骗或敲诈勒索的犯罪事实承担法律责任。

基本案情

被告人秦某某，男，1988年生，贵州省人。

被告人石某奇，男，1974年生，贵州省人。1994年因犯抢劫罪被贵州省金沙县人民法院判处有期徒刑4年；2002年因犯盗窃罪被浙江省桐乡市人民法院判处有期徒刑2年3个月；2005年2月因犯盗窃罪被浙江省海盐县人民法院判处有期徒刑2年10个月；2012年6月因犯寻衅滋事罪被浙江省诸暨市人民法院判处有期徒刑2年，2014年1月14日刑满释放。

被告人秦某强，男，1993年生，贵州省人。

被告人张某钦，男，1989年生，贵州省人。2009年11月因犯抢劫罪、抢夺罪被浙江省诸暨市人民法院判处有期徒刑3年6个月，2011年8月8日刑满释放。

被告人喻某伟，男，1988 年生，贵州省人。

被告人黄某强，男，1995 年生，贵州省人。

被告人童某兴，男，1979 年生，贵州省人。

被告人敖某林，男，1985 年生，贵州省人。

被告人施某，男，1995 年生，贵州省人。

被告人宋某，男，1995 年生，贵州省人。

2017 年 1 月至 2018 年 3 月，被告人秦某某伙同石某奇、秦某强、童某兴等人相互纠集、交叉纠集在一起，经预谋后，采取以先欺骗他人吸食毒品、喝酒后再引诱他人赌博，在赌博过程中以偷牌换牌打假牌控制牌局输赢的方式；以及采取先引诱他人吸食毒品、喝酒后再故意找人“碰瓷”的方式，先后共同实施了多次诈骗行为和敲诈勒索行为。致被害人谢某波、龙某海、吴某堂、杨某强等人被诈骗 80 余万元，被害人杨某被敲诈 5200 元，为保证被害人被迫写下的欠条得以实现，该犯罪集团还采取以公开他人隐私、以“佳丽小姐”上门讨债及以暴力相威胁或上门追债等方式向被害人追债，对阻碍其追债的人员进行打击报复。

指控与证明犯罪

本案由遵义市公安局播州分局侦查终结，以被告人秦某某、张某钦等人涉嫌诈骗罪、敲诈勒索罪分别于 2018 年 8 月 16 日、10 月 29 日向遵义市播州区人民检察院移送审查起诉，该院受理后，于 2018 年 9 月 17 日第一次退回遵义市公安局播州分局补充侦查，遵义市公安局播州分局于 2018 年 10 月 17 日补查重报。该院于 2018 年 8 月 30 日延长审查起诉期限。遵义市播州区人民检察院经审查认为，秦某某等 10 人的行为构成诈骗罪、敲诈勒索罪，遂于 2018 年 11 月 17 日向遵义市播州区人民法院提起公诉。

法庭辩论阶段：指控犯罪情况：

首先，被告人秦某某、石某奇、喻某伟等人犯诈骗罪、敲诈勒索罪的犯罪事实清楚，证据确实、充分。(1) 各被告人供述的内容与指控的犯罪事实和细节基本一致，尽管个别被告人对部分犯罪细节存在供述模糊的情况，但因本案作案时间和案发时间相隔较长等客观情况，具体表达存在不尽一致之处，完全正常，个别被告人对部分犯罪细节回避供述，也符合正常的避重就轻的认知规律。(2) 各被害人陈述内容自然合理，可信度高，且有相关证人证言予以佐证，可以排除诬告的可能性。(3) 被告人供述、被害人陈述、证人证言所印证的犯罪事实有现场勘验笔录、辨认笔录、鉴定意见等本案其他相关证据予以印证。

其次，本案应认定为恶势力犯罪集团。(1) 从本案来看，被告人多达 10

人，作案历时 1 年零 3 个月，经常纠集在一起，被告人秦某某、张某钦、黄某强、施某又于 2017 年 6 月左右多次在播州区汇龙足疗城聚集，共谋分工，形成了以秦某某为组织者和纠集者，石某奇、敖某林等提供、投放“赌博粉”或冰毒，黄某强、施某寻找“拆迁户”为犯罪目标的分工明确的犯罪组织。其中，秦某某直接组织和策划诈骗和敲诈勒索 7 起以上，系首要分子。张某钦、敖某林、黄某强等 7 人积极响应，且经常纠集在一起，较为稳定，通过犯罪所得维系其组织结构的运行，符合恶势力犯罪集团的组织特征。（2）被告人秦某某等 10 人共同故意采取诱骗被害人吸毒自控能力减弱后打假牌等手段实施诈骗，并利用暴力、威胁等手段逼收赌债，又采取要挟手段强索被害人财物，系恶势力惯常实施的犯罪活动，符合恶势力犯罪集团的行为特征。（3）被告人秦某某等 10 人多次实施诈骗和敲诈勒索，主要以“拆迁户”或“有钱人”为特定的诈骗和敲诈勒索对象，并采用暴力方式，或雇用社会闲散人员上门追债，给被害人的家庭造成严重创伤，甚至家破人亡，在拆迁安置户群体领域造成了较为恶劣的影响。其行为所造成的危害也符合恶势力及恶势力犯罪集团的危害特征。

该恶势力犯罪集团实施的犯罪行为，针对的是一般性的百姓群体，采用暴力、威胁、欺骗的手段欺压、残害百姓，获取钱财。且该犯罪集团还利用赌博、毒品等恶势力犯罪集团所惯常使用的手段实施犯罪行为，这一系列行为相较于普通刑事犯罪行为，具有更大的危险性和危害后果，会对群众造成更大的利益损害。

各被告人及辩护人坚持认为该案不构成恶势力犯罪集团，系一般共同犯罪，另外、童某兴和施某认为在实施犯罪活动过程的中途离开，不能认定为共同犯罪。

庭审过程中，针对辩护意见，公诉人答辩：首先，根据《中华人民共和国刑法》第 26 条第 2 款的规定及“两高两部”（法发〔2018〕1 号）《关于办理黑恶势力犯罪案件若干问题的指导意见》第 14 条、第 15 条的规定，本案应定性为恶势力犯罪集团；其次、在本案中，童某兴供述了参与预谋诈骗被害人杨某强的行为，施某供述了参与预谋并部分实施了敲诈勒索被害人杨某强的行为，但在实施犯罪活动过程中中途离开，以上犯罪事实有同案被告人供述及被害人陈述予以印证，根据共同犯罪的法律规定，其仍应当为诈骗或敲诈勒索的犯罪事实承担法律责任。

审判阶段：2018 年 12 月 28 日，遵义市播州区人民法院公开开庭审理了该案，并当庭宣判。判决确认了起诉指控的事实和罪名，且认定秦某某等 10 人系恶势力犯罪集团。判决如下：被告人秦某某犯诈骗罪，判处有期徒刑 9

年，并处罚金人民币 45000 元；犯敲诈勒索罪，判处有期徒刑 1 年，并处罚金人民币 5000 元；合并刑期有期徒刑 10 年，并处罚金人民币 5 万元；决定执行有期徒刑 9 年 6 个月，并处罚金人民币 5 万元；被告人秦某强犯诈骗罪，判处有期徒刑 7 年，并处罚金人民币 28000 元；犯敲诈勒索罪，判处有期徒刑 10 个月，并处罚金人民币 2000 元；合并刑期有期徒刑 7 年 10 个月，并处罚金人民币 3 万元；决定执行有期徒刑 7 年 6 个月，并处罚金人民币 3 万元；被告人喻某伟犯诈骗罪，判处有期徒刑 6 年，并处罚金人民币 25000 元；被告人张某钦犯诈骗罪，判处有期徒刑 5 年，并处罚金人民币 18000 元；犯敲诈勒索罪，判处有期徒刑 10 个月，并处罚金人民币 2000 元；合并刑期有期徒刑 5 年 10 个月，并处罚金人民币 2 万元；决定执行有期徒刑 5 年 6 个月，并处罚金人民币 2 万元；被告人石某奇犯诈骗罪，判处有期徒刑 5 年 6 个月，并处罚金人民币 2 万元；被告人敖某林犯诈骗罪，判处有期徒刑 4 年，并处罚金人民币 15000 元；被告人施某犯诈骗罪，判处有期徒刑 3 年 6 个月，并处罚金人民币 1 万元；犯敲诈勒索罪，判处有期徒刑 6 个月，并处罚金人民币 2000 元；合并刑期有期徒刑 4 年，并处罚金人民币 12000 元；决定执行有期徒刑 3 年 8 个月，并处罚金人民币 12000 元；被告人黄某强犯诈骗罪，判处有期徒刑 3 年 6 个月，并处罚金人民币 1 万元；被告人童某兴犯诈骗罪，判处有期徒刑 3 年，并处罚金人民币 5000 元；被告人宋某犯敲诈勒索罪，判处有期徒刑 8 个月，并处罚金人民币 2000 元。

秦某某、秦某强、喻某伟、石某奇、敖某林、黄某强均以不构成恶势力集团和量刑过重为由提出上诉，遵义市中级人民法院经过审理，认为原判决认定事实清楚，适用法律正确，量刑适当，且审判程序合法。故于 2019 年 3 月 7 日作出终审判决：驳回上诉，维持原判。

指导意义

1. 准确把握“两高两部”关于恶势力团伙与集团的认定标准

根据“两高两部”（法发〔2018〕1 号）《关于办理黑恶势力犯罪案件若干问题的指导意见》第 14 条的规定：具有下列情形的组织，应当认定为恶势力：经常纠集在一起，以暴力、威胁或者其他手段，在一定区域或者行业内多次实施违法犯罪活动，为非作恶，欺压百姓，扰乱经济、社会生活秩序，造成较为恶劣的社会影响，但尚未形成黑社会性质组织的违法犯罪组织。恶势力一般为 3 人以上，纠集者相对固定，违法犯罪活动主要为强迫交易、故意伤害、敲诈勒索、故意毁坏财物、聚众斗殴、寻衅滋事等。该意见第 15 条又规定：恶势力犯罪集团是符合犯罪集团法定条件的恶势力犯罪组织，其特征表现为：有 3 名以上的组织成员，有明显的首要分子，重要成员较为固定，组织成员经常纠集在一起，共同故意实施3次以上恶势力惯常实施的犯罪活动或者其他犯罪活动。

从这些规定，我们可以看出：恶势力划分为首要分子、重要成员和一般成员，并且具备三个特征：一是组织特征，即经常纠集在一起，有3人以上，纠集者相对固定。二是行为特征，即以暴力、威胁或者其他手段，在一定区域或者行业内多次实施违法犯罪活动，为非作恶，欺压百姓。三是危害性特征，即扰乱经济、社会生活秩序，造成较为恶劣的社会影响，但尚未形成黑社会性质组织的违法犯罪组织。恶势力犯罪集团在恶势力基础上还具有：一是组织特征要求有3名以上的组织成员，有明显的首要分子，重要成员较为固定，组织成员经常纠集在一起。二是行为特征要求有共同故意，实施3次以上恶势力惯常实施的犯罪活动，或者其他犯罪活动。

被指控为恶势力犯罪集团的被告人，能否认定为具有组织、领导、参加行为是一个基础性问题，不仅关乎事实认定，更关乎罪与非罪以及如何判处刑罚，必须严格加以区分。结合本案案情，该犯罪集团还利用赌博、毒品等恶势力犯罪集团所惯常使用的手段实施犯罪行为，这一系列行为相较于普通刑事犯罪行为，具有更大的危险性和伤害后果，会对群众造成更大的利益损害。秦某某等10人在该恶势力形成和发展过程中，虽然没有专门的参加仪式等行为作为认定依据，但秦某某等10人长期纠集在一起，混迹于KTV、足疗城等娱乐场所，且有明确的分工协商，并在实施犯罪活动过程中逐步形成了以秦某某为首，石某奇、张某钦等人积极参与，并以秦某某为组织者和纠集者，石某奇、敖某林等提供、投放赌博粉或冰毒，黄某强、施某寻找拆迁户为犯罪目标的分工明确的犯罪组织。虽然其实施的诈骗罪表面上看不是“两高两部”规定的恶势力惯常实施的犯罪活动，但在诈骗犯罪的过程中采取的欺骗他人吸食毒品、对阻碍其追债的人进行打击报复等违法犯罪行为严重危害人身健康、社会秩序，且在拆迁户等特定的领域造成了较为恶劣的影响，因此符合恶势力集团的构成特征。

2. 准确适用共同犯罪中个人犯罪构成的认定问题

我国刑法第25条第1款规定：“共同犯罪是指二人以上共同故意犯罪”，即共同犯罪有别于一般的单独犯罪，因为共同犯罪各个行为人的行为之间相互联系、密切结合、互相补充和利用，形成了一个统一的整体，与犯罪结果之间存在着整体上的因果关系，不能将其中各个行为人的行为割裂开，于整个犯罪行为之外去分析，在司法实践中，整个犯罪行为又可以划分为犯罪预备、犯罪实施等不同阶段。另外，我国刑法第24条第1款规定：“在犯罪过程中，自动放弃犯罪或者自动有效地防止犯罪结果发生的，是犯罪中止。”因此，构成犯罪中止应符合主动性、适时性和有效性的特征，其中有效性是指行为人仅消极地停止犯罪行为还不够，还必须有效地防止犯罪结果的发生才能构成犯罪中止，犯罪结果已经发生的也就不存在犯罪的中止问题。

本案中，童某兴参与了秦某某等人诈骗杨某强的预谋行为，且参与了“下药”打假牌的实施行为，只是在实施行为过程中中途离开；施某参与了敲诈勒索杨某的预谋行为，且实施了引诱杨某吸食毒品和敲诈勒索行为的实施过程，只是在实施过程的中途离开。因此，童某兴和施某均具有主观上的共同故意，从因果关系来讲，在整个共同犯罪过程中，童某兴和施某是共同犯罪的成员之一，事先参与了对整个共同犯罪的谋划，不能否定其与案发后果的因果关系，童某兴和施某应当对其参与谋划的整个共同犯罪及其后果承担法律责任。在犯罪实施的过程中，童某兴和施某虽主动退出，但其并没有采取有效措施阻止其他同案人员的犯罪行为，并防止损害后果的发生，整个共同犯罪最终得以继续实施，因此二人的行为也不构成犯罪中止。当然，在量刑时应考虑童某兴和施某在实施过程中主动离开的情节酌情从轻对其处罚。

相关规定

1.《中华人民共和国刑法》

第二十四条 在犯罪过程中，自动放弃犯罪或者自动有效地防止犯罪结果发生的，是犯罪中止。

对于中止犯，没有造成损害的，应当免除处罚；造成损害的，应当减轻处罚。

第二十五条 共同犯罪是指二人以上共同故意犯罪。

二人以上共同过失犯罪，不以共同犯罪论处；应当负刑事责任的，按照他们所犯的罪分别处罚。

第二十六条 组织、领导犯罪集团进行犯罪活动的或者在共同犯罪中起主要作用的，是主犯。

三人以上为共同实施犯罪而组成的较为固定的犯罪组织，是犯罪集团。

对组织、领导犯罪集团的首要分子，按照集团所犯的全部罪行处罚。

对于第三款规定以外的主犯，应当按照其所参与的或者组织、指挥的全部犯罪处罚。

2. 最高人民法院、最高人民检察院、公安部、司法部《关于办理黑恶势力犯罪案件若干问题的指导意见》

14. 具有下列情形的组织，应当认定为“恶势力”：经常纠集在一起，以暴力、威胁或者其他手段，在一定区域或者行业内多次实施违法犯罪活动，为非作恶，欺压百姓，扰乱经济、社会生活秩序，造成较为恶劣的社会影响，但尚未形成黑社会性质组织的违法犯罪组织。恶势力一般为三人以上，纠集者相对固定，违法犯罪活动主要为强迫交易、故意伤害、非法拘禁、敲诈勒索、故意毁坏财物、聚众斗殴、寻衅滋事等，同时还可能伴随实施开设赌场、组织卖淫、强迫卖淫、贩卖毒品、运输毒品、制造毒品、抢劫、抢夺、聚众扰乱社会秩序、聚众扰乱公共场所秩序、交通秩序以及聚众“打砸抢”等。

在相关法律文书中的犯罪事实认定部分，可使用“恶势力”等表述加以描述。

15. 恶势力犯罪集团是符合犯罪集团法定条件的恶势力犯罪组织，其特征表现为：有三名以上的组织成员，有明显的首要分子，重要成员较为固定，组织成员经常纠集在一起，共同故意实施三次以上恶势力惯常实施的犯罪活动或者其他犯罪活动。

[主办检察官：张　杰*
检　察　官：陈云强　张龙江
检察官助理：代书兰]

* 遵义市播州区人民检察院检察长。

李某某等人敲诈勒索案

——敲诈勒索的行为认定

关键词

恶势力犯罪　敲诈勒索　公共安全

要　旨

四被告人故意制造事端，多次跨区对多名被害人实施敲诈，并形成了固定的恶势力犯罪团伙，给公共安全、交通运输秩序带来危害，多名被害人财产受到损失，已构成敲诈勒索罪。

基本案情

被告人李某某，男，1991 年出生。

被告人陶某龙，男，1993 年出生。

被告人杨某，男，1997 年出生。

被告人陈某昌，男，1996 年出生。

2017 年 11 月至 12 月，以被告人李某某、陶某龙为首的四被告人李某某、陶某龙、杨某、陈某昌，经常纠集在一起，预谋策划敲诈勒索的违法犯罪。多次在贵阳市观山湖区、清镇市两区域，采取“碰瓷”方式敲诈勒索钱财。由李某某邀约相识的被害人到娱乐场所饮酒，待被害人酒驾离开时，团伙中其他成员驾车尾随被害人伺机故意刮擦、碰撞其所驾车辆，制造交通事故后，利用被害人酒驾害怕受到交警处罚情愿私了的心理，对多名被害人实施敲诈勒索得手后共同分赃。在实施犯罪过程中，形成了以被告人李某某、陶某龙为首的恶势力犯罪团伙，李某某、陶某龙共实施 4 次敲诈勒索行为，犯罪金额共计 36800 元（一次未遂金额 13300 元）；杨某、陈某昌分别参与其中两次，犯罪金额分别为 23800 元（一次未遂金额 13300 元）、13000 元。四被告人的行为危害交通运输秩序、公共安全，造成恶劣的社会影响。

指控与证明犯罪

2018 年 3 月 22 日，以被告人李某某、陶某龙、杨某、陈某昌涉嫌敲诈勒索罪且为恶势力犯罪向清镇市人民法院提起公诉。

2018年5月11日，清镇市人民法院公开开庭审理了该案并当庭宣判：认定被告人李某某、陶某龙、杨某、陈某昌构成敲诈勒索罪且为恶势力犯罪，判处被告人李某某、陶某龙有期徒刑2年零8个月，并处罚金人民币5000元，判处被告人杨某有期徒刑1年零6个月，并处罚金人民币3000元，判处被告人陈某昌有期徒刑8个月，并处罚金人民币2000元。

指导意义

一是清镇市首例涉及恶势力犯罪案件。该案是清镇市开展扫黑除恶专项斗争工作中的首例涉恶案件，本院领导高度重视，亲自部署安排相关工作确保办案质效。

二是主动担当，检察长亲自带头办案。该案移送审查起诉后，由本院检察长张雪松亲自办理，充分体现了司法改革后，入额院领导主动作为、履职担当，认真履行员额检察官办案责任制，为其他员额检察官当表率、做示范的作用。

三是“两长”开庭审判，获多家主流媒体报道。李某某等4人涉恶势力犯罪案件，是贵阳市开展扫黑除恶专项斗争以来提起公诉并获生效判决的首例涉恶案件，该案由清镇市人民检察院检察长张雪松出庭支持公诉，清镇市人民法院院长舒子贵担任审判长审理，庭审情况被贵州省、贵阳市检察机关微信公众号转发，并被新华网、正义网、今日头条等多家媒体报道。

四是取得良好社会效果。本案充分体现了司法机关在开展扫黑除恶专项斗争工作中，秉持依法严惩一切黑恶势力犯罪的“零容忍”态度，坚持打早打小，打准打实，从严从快打击涉恶犯罪分子的嚣张气焰，切实推进社会治理，维护社会稳定，努力让老百姓安居、安业、安心，让人民群众在法治清镇、平安清镇中有更多的获得感、幸福感和安全感。

相关规定

1.《中华人民共和国刑法》

第二百七十四条 敲诈勒索公私财物，数额较大或者多次敲诈勒索的，处三年以下有期徒刑、拘役或者管制，并处或者单处罚金；数额巨大或者有其他严重情节的，处三年以上十年以下有期徒刑，并处罚金；数额特别巨大或者有其他特别严重情节的，处十年以上有期徒刑，并处罚金。

2. 最高人民法院、最高人民检察院《关于办理敲诈勒索刑事案件适用法律若干问题的解释》

第一条 敲诈勒索公私财物价值二千元至五千元以上、三万元至十万元以上、三十万元至五十万元以上的，应当分别认定为刑法第二百七十四条规定的“数额较大”、“数额巨大”、“数额特别巨大”。

各省、自治区、直辖市高级人民法院、人民检察院可以根据本地区经济发展状况和社会治安状况，在前款规定的数额幅度内，共同研究确定本地区执行的具体数额标准，报最高人民法院、最高人民检察院批准。

3. 最高人民法院、最高人民检察院、公安部、司法部《关于办理黑恶势力犯罪案件若干问题的指导意见》

（略）

[主办检察官：张雪松*
检　察　官：王芬余
检察官助理：谢　卓]

* 清镇市人民检察院检察长。

杨某华、杨某园、杨某祥敲诈勒索案

——如何追究为实施敲诈勒索而组成较为固定的犯罪团体的刑事责任

关键词

敲诈勒索　基层政权　恶势力犯罪集团

要　旨

办理涉恶案件中，要严格按照《中华人民共和国刑法》第 26 条第 2 款和《关于办理黑恶势力犯罪案件若干问题的指导意见》的规定审查，准确把握案件定性及性质。为实施敲诈勒索而组成较为固定的犯罪团体，把控基层政权及地方企业，应以敲诈勒索罪追究恶势力犯罪集团全体成员的刑事责任。

基本案情

被告人杨某华，男，1952 年生，贵州省人。

被告人杨某园，男，1979 年生，贵州省人。

被告人杨某祥，男，1953 年生，贵州省人。

2017 年以来，被告人杨某华（刑满释放人员）为达到聚敛钱财，控制地方煤矿企业，把持农村基层政权的目的，纠集了被告人杨某园及其父亲杨某祥（刑满释放人员），在镇宁自治县某村欺压当地村民、称霸一方，杨某华并因此得名“杨土匪”。2017 年 11 月，被告人杨某华当选某村科技副主任后，更加肆无忌惮，伙同杨某园、杨某祥干预村委的正常工作开展，对其他村委委员进行打压控制，以达到将村委掌控在其一人手中的目的，并以村委的名义向位于该村的甲煤矿索要管理费，以堵路为由威胁过往的运煤车辆索要过路费，形成了较为固定的恶势力犯罪集团，实施了堵路、敲诈勒索等违法犯罪事实，对当地的经济、社会、生活秩序带来较为恶劣的社会影响。本案案发后，当地村民因害怕遭到杨某华、杨某园二人的报复，多数不敢作证。

指控与证明犯罪

2018 年 9 月 4 日，贵州省镇宁自治县公安局侦查终结以被告人杨某华、杨某园、杨某祥涉嫌敲诈勒索罪，移送镇宁自治县人民检察院审查起诉。

审查起诉阶段，镇宁自治县人民检察院审查了全部案件材料，依法讯问了被告人，针对案件涉及恶势力犯罪，检察机关充分听取了辩护人意见，询问了部分证人，听取了被害人陈述，为进一步核实案情，案件承办人进行实地走访，指导并参与侦查机关取证。在审查中，检察机关发现侦查机关讯问被告人的程序存在瑕疵，为此，要求公安机关予以补正或作出合理解释，公安机关的说明不足以排除合理怀疑后，检察机关将被告人杨某园在侦查机关的供述予以排除。

2018 年 9 月 30 日，镇宁自治县人民检察院以杨某华、杨某园、杨某祥犯敲诈勒索罪向镇宁自治县人民法院提起公诉，10 月 24 日，镇宁自治县人民法院公开开庭审理了本案。

法庭调查阶段，公诉人宣读起诉书指控被告人杨某华、杨某园、杨某祥为实施恶势力犯罪而组成较为固定的犯罪集团，以非法占有为目的，采取威胁、堵路等方式，强行向被害人索要财物达 3 万余元，数额巨大，三被告人系恶势力犯罪集团，其行为构成敲诈勒索罪。对于指控的犯罪事实，公诉人出示了三组证据予以证明：一是堵路的违法证据，包括证人证言、接处警记录及视频等；二是涉恶的证据，包括走访视频、被害人陈述等；三是敲诈勒索罪的证据，包括转账凭证及收据等书证、证人证言、被告人供述等证据。

法庭辩论阶段，公诉人发表公诉意见：一是三被告人把持农村基层政权。被告人杨某华系某村原科技副主任，其在甲煤矿领取工资，但并不实际上班，实质上就是收取保护费，以要求煤矿向村委上交管理费的方式试图控制该煤矿企业。在村委会中，伙同另外两名被告人打压其他村委委员，同时将其敲诈勒索所得的钱款小部分分配给其他委员，收买人心，通过“恩威并用”以达到把持村委政权的目的。杨某华对村民欺横霸道，在村里得恶名“杨土匪”。二是被告人杨某华、杨某园、杨某祥为了达到聚敛钱财的目的，利用甲煤矿建在二人所居住的某村，仅有一条路可供运煤的货车通过的便利条件，对运煤的货车车主以“村委会运煤管理费”的名义收取过路费，多次采取堵路的方式威胁过路车辆，迫使货车车主交付管理费三万余元，应以敲诈勒索罪对三被告人定罪处罚。

辩护人提出：一是杨某祥不构成犯罪；二是本案不属于犯罪集团；三是本案不属于恶势力性质。

公诉人对辩护意见进行答辩：一是杨某祥明知杨某华要向外地运煤的车辆收取过路费，并在二被告人的安排下到煤矿上记录运煤车辆运煤的数量，作为后期核算款项的依据，并在后期未收到钱款的情况下，实施堵路行为，并参与分赃，因此，主观上其明知他人具有非法占有的故意，客观上为他人的敲诈勒索行为的顺利完成起到了辅助作用，并因此获利，其行为应构成敲诈勒索的共犯，依法应当定罪量刑。二是三被告人具有明确的分工，杨某华是犯意的提出者，杨某园是具体的实施人，杨某祥起辅助作用，能够明确地区分出首要分子、主要成员及其他成员的角色不同，成员固定，目的就是为了经常纠集在一起实施敲诈勒索的犯罪行为及堵路的违法行为，因此，其符合犯罪集团的如下要件：（1）参加人数有3人；（2）具有明确的犯罪目的性，成员为了反复实施一种犯罪而纠集在一起；（3）具有相对的稳固性，不是临时或者偶尔纠合在一起；（4）具有组织性特征，因此，本案应认定为犯罪集团。三是根据最高人民法院、最高人民检察院、公安部、司法部今年出台的《关于办理黑恶势力犯罪案件若干问题的指导意见》第14条规定，经常纠集在一起，以威胁的手段，在一定区域内多次实施违法犯罪活动，为非作恶，欺压百姓，扰乱经济、社会生活秩序，造成了较为恶劣的社会影响，应当认定为恶势力，且恶势力一般为3人以上，纠集者相对固定，违法犯罪活动包括敲诈勒索，纵观本案，符合上述所有要件，因此，应认定为恶势力性质。

法庭经审理，认为公诉人出示的证据均系依法取得，能够形成完备的证据体系，事实清楚，证据确实、充分，足以认定。辩护人提出的杨某祥不构成犯罪、本案不构成恶势力犯罪集团的辩护意见，不予采纳。2018年11月30日作出一审判决，以敲诈勒索罪判处被告人杨某华有期徒刑4年6个月，并处罚金2万元；判处被告人杨某园有期徒刑4年，并处罚金1万元；判处被告人杨某祥3年，并处罚金5000元。杨某华等3名被告人对一审判决不服向安顺市中级人民法院提出上诉，经审理，安顺市中级人民法院于2018年12月12日裁定驳回上诉，维持原判。至此，该案判决生效。

指导意义

涉恶案件中是否构成恶势力犯罪集团，不仅仅要从形式上进行审查，更要从实质上进行判断，对于是否构成恶势力犯罪集团，除了判断人数是否符合刑法及黑恶案件办理相关规定外，还应当从行为人的行为对社会及他人造成的损害程度及产生的威胁性即对社会秩序的破坏性进行综合判断。本案中，三被告人的行为表面上仅仅是侵害了被害人的财产权，但综合全案证据分析，发现三被告人的行为还破坏了基层政权，干扰了地方企业的正常经营，应当认定为恶势力犯罪。

扫黑除恶专项斗争，是不断增强人民获得感、幸福感、安全感，维护社会和谐稳定，构建平安社会的专项工作，有效地提升了人民群众的安全感和满意度。对该类案件，检察机关应当从三个方面保证办案质量：一是“四个准确把握”确保案件质量。即准确把握案件认定的事实、准确把握认定案件事实的证据、准确把握认定案件的性质、准确把握案件的量刑标准。二是“三个步骤”确保庭审效果。即积极与法院沟通协调、全面做好出庭预案、充分发挥庭审作用。三是“多种方式”确保司法公开。即邀请人大代表、政协委员及群众旁听、及时发布信息通报案件办理进程、及时回访被害企业。确保涉恶案件办理的政治效果、社会效果、法律效果的统一。

相关规定

1.《中华人民共和国刑法》

第二十六条 组织、领导犯罪集团进行犯罪活动的或者在共同犯罪中起主要作用的，是主犯。

三人以上为共同实施犯罪而组成的较为固定的犯罪组织，是犯罪集团。

对组织、领导犯罪集团的首要分子，按照集团所犯的全部罪行处罚。

对于第三款规定以外的主犯，应当按照其所参与的或者组织、指挥的全部犯罪处罚。

第二百七十四条 敲诈勒索公私财物，数额较大或者多次敲诈勒索的，处三年以下有期徒刑、拘役或者管制，并处或者单处罚金；数额巨大或者有其他严重情节的，处三年以上十年以下有期徒刑，并处罚金；数额特别巨大或者有其他特别严重情节的，处十年以上有期徒刑，并处罚金。

2. 最高人民法院、最高人民检察院、公安部、司法部《关于办理黑恶势力犯罪案件若干问题的指导意见》

14. 具有下列情形的组织，应当认定为“恶势力”：经常纠集在一起，以暴力、威胁或者其他手段，在一定区域或者行业内多次实施违法犯罪活动，为非作恶，欺压百姓，扰乱经济、社会生活秩序，造成较为恶劣的社会影响，但尚未形成黑社会性质组织的违法犯罪组织。恶势力一般为三人以上，纠集者相对固定，违法犯罪活动主要为强迫交易、故意伤害、非法拘禁、敲诈勒索、故意毁坏财物、聚众斗殴、寻衅滋事等，同时还可能伴随实施开设赌场、组织卖淫、强迫卖淫、贩卖毒品、运输毒品、制造毒品、抢劫、抢夺、聚众扰乱社会秩序、聚众扰乱公共场所秩序、交通秩序以及聚众“打砸抢”等。

在相关法律文书中的犯罪事实认定部分，可使用“恶势力”等表述加以描述。

3. 最高人民法院、最高人民检察院《关于办理敲诈勒索刑事案件适用法律若干问题的解释》

第一条 敲诈勒索公私财物价值二千元至五千元以上、三万元至十万元以上、三十万元至五十万元以上的，应当分别认定为刑法第二百七十四条规定的

"数额较大"、"数额巨大"、"数额特别巨大"。

各省、自治区、直辖市高级人民法院、人民检察院可以根据本地区经济发展状况和社会治安状况，在前款规定的数额幅度内，共同研究确定本地区执行的具体数额标准，报最高人民法院、最高人民检察院批准。

第二条 敲诈勒索公私财物，具有下列情形之一的，"数额较大"的标准可以按照本解释第一条规定标准的百分之五十确定：

（一）曾因敲诈勒索受过刑事处罚的；

（二）一年内曾因敲诈勒索受过行政处罚的；

（三）对未成年人、残疾人、老年人或者丧失劳动能力人敲诈勒索的；

（四）以将要实施放火、爆炸等危害公共安全犯罪或者故意杀人、绑架等严重侵犯公民人身权利犯罪相威胁敲诈勒索的；

（五）以黑恶势力名义敲诈勒索的；

（六）利用或者冒充国家机关工作人员、军人、新闻工作者等特殊身份敲诈勒索的；

（七）造成其他严重后果的。

［独任检察官：李　丹*
检察官助理：王鲜艳］

* 安顺市镇宁自治县人民检察院副检察长。

妨害社会管理秩序案

郑某某等聚众扰乱社会秩序案

——聚众扰乱社会秩序罪如何处罚

关键词

聚众扰乱社会秩序　情节严重　首要分子　积极参加者

要　旨

因经济纠纷，为实现不合理要求，聚众闹事，扰乱相关单位的正常秩序，致使企业工作、生产无法正常进行，造成严重损失，情节严重，应以聚众扰乱社会秩序罪追究首要分子和积极参加者的刑事责任。在活动中起组织、策划、指挥作用的，系首要分子，按照其组织、指挥的全部犯罪处罚。主动参加扰乱社会秩序活动并起主要作用的，系积极参加者。

基本案情

郑某某，男，1976 年出生，浙江省人，系贵州某煤业有限公司股东。

2011 年 4 月 29 日，吴某将其持有的贵州某煤业有限公司 95% 的股权转让给郑某某，因未过户，公司法人代表仍系吴某。2012 年 7 月，郑某某将其持有的该公司 95% 的股权转让给黄某某，黄某某仅支付部分资金，仍有几千万元资金未支付。郑某某向黄某某索要欠款未果，于 2015 年向法院对黄某某提起诉讼，法院判令解除郑某某与黄某某签订的《煤矿股权转让协议》，但因该公司法人仍是吴某，未能执行。2016 年郑某某向贵州省高级人民法院对吴某提起诉讼，法院确认郑某某与吴某签订的煤矿股权转让协议书无效。2017 年 5 月 17 日，郑某某找到贵州某煤业有限公司的管理人员协商，要求接管该公司并实际控制，因双方协商未果，郑某某遂起犯意，欲采用暴力手段强行收回该煤业有限公司管理权。

2017 年 6 月初，郑某某邀约邢某某、李某某、余某及包某某、陈某某

（二人另案处理）等人共谋到该煤业有限公司强行收矿；邢某某邀约宋甲、吴某甲参与收矿；宋甲又邀约宋乙及尹某某等人一同前往收矿；李某某联系某保安公司人员一同前往收矿，并为前往人员制作手环；余某邀约李甲、李乙、李丙等人充当郑某某保镖，并购买木棒、铁锤、迷彩服等作案工具；包某某邀约吴某乙、白某某、金某某等人一同前往收矿。

同年6月9日凌晨，郑某某带领余某及陈某某等100余人至某县某镇轩维酒店与邢某某等人汇合，郑某某召集邢某某、李某某、余某及陈某某、包某某等开会，将贵州某煤业有限公司煤矿的草图画在便签纸上让邢某某等人熟悉地形，同时将目前煤矿主要负责人的照片交给大家辨认，要求一旦发现就立即控制，并明确了各帮人员分工。当日凌晨4时许，郑某某指挥邢某某、余某、包某某、陈某某等人，带领各自召集的人员，分别持木棒、铁锤等器械，统一带上事先制作好的手环，乘车到达贵州某煤业有限公司煤矿。邢某某带领宋甲、宋乙、吴某甲等人看守煤矿副楼和泵房，期间宋乙持木棒殴打一名煤矿员工背部；余某带领李丙、李甲、李乙等人负责郑某某安全，打砸煤矿入口的电动门，并陪同郑某某到监控室将监控主机抱走；包某某带领吴某乙、白某某、金某某等人持械打砸煤矿办公楼房门，并将里面员工驱赶出来，押至大楼前的空地上。打砸行为造成煤矿10多名员工不同程度受伤，防盗门、玻璃窗等被损毁。经司法鉴定，一人因钝性外力致腰2、3椎体压缩性骨折属轻伤一级；一人因钝性外力致胸12腰2椎体骨折属轻伤一级；一人因外力作用致左侧尺骨中段骨折属轻伤二级；一人因外伤致左侧第8、9肋骨及左侧肩胛骨骨折属轻伤二级，因外伤致右眼钝挫伤属轻微伤。经价格鉴定，被损坏物品价值94661元。经会计鉴定，因打砸造成煤矿停工停产8天，直接损失估算为585794.72元。

指控与证明犯罪

2018年2月11日，黔西县人民检察院以郑某某等13人涉嫌聚众扰乱社会秩序罪向黔西县人民法院提起公诉，黔西县人民法院公开开庭审理了本案。

检察机关认为，郑某某、邢某某、余某、李某某、宋甲、宋乙、李乙、李丙、李甲、金某某、白某某、吴某乙、吴某甲聚众扰乱社会秩序，情节严重，致使黔西县鑫黔煤矿员工多人不同程度受伤，煤矿物品被损毁，价值共计94661元，造成该煤矿停工8天，经济损失585794.72元，犯罪事实清楚，证据确实、充分，应当以聚众扰乱社会秩序罪追究其刑事责任。郑某某、邢某某起组织、策划、指挥作用，系首要分子。李某某、余某、宋甲、吴某乙、白某某、金某某、李甲、李乙、李丙、宋乙、吴某甲发挥积极作用，系积极参加者。

2018年8月30日，黔西县人民法院作出一审判决，采纳了检察机关意见，认定以上被告人的行为构成聚众扰乱社会秩序罪。

指导意义

聚众扰乱社会秩序罪，仅处罚首要分子和积极参加者。一般的办案思路是先正确区分首要分子和积极参加者这个关键和难点，然后具体锁定哪些人员实施扰乱社会秩序行为。但对于参与人数众多，现场混乱，对于参与者实施的行为难以把握。本案的承办检察官针对案情复杂、人数众多等特点，从五个步骤分析，较好完成全案的审查。

第一，优先审查聚众扰乱社会秩序行为在客观上造成的损害，先易后难，不直接陷入复杂的案情中去。客观行为造成的损害包括人员伤亡情况，本案致 13 人受伤，其中轻微伤 5 人，轻伤二级 4 人，轻伤一级 1 人；包括财产损失情况，本案有 26 人证实被抢走手机和随身财物、现场被砸坏的办公楼监控、窗、门、车辆玻璃、灯等共价值损失 94661 元。通过审查客观性证据，确定聚众扰乱社会秩序造成的客观损失，进而明确危害的直接后果，得出本案属于情节严重的聚众扰乱社会秩序案。

第二，查清损害后果之后，再厘清涉案人员行为背后的目的动机，从民事纠纷产生的原因和矛盾积累的原点入手，准确把握行为人聚众扰乱社会秩序背后的非法动机。本案案发地鑫黔煤矿存在股权和产权纠纷，法人吴某将股权转让郑某某后，郑某巧占主要股份，但黄某某和当地村民均享有一定的股份。由于并未变更煤矿法人登记，郑某某直接将所持全部股权转卖给另一股东黄某某，黄某某成为煤矿的实际控制人。黄某某没有按照协议支付全部股价，经法院两次判决确认郑某巧与吴某所签股权转让协议有效，撤销郑某巧与黄所签转让协议，黄、郑与当地居民实际按各自股权比例为该煤矿的股东。诉讼前黄某某又与邢某某签订该煤矿转让协议，由于发生在前一个转让协议签订之后被法院撤销之前，其法律效力待定，因公司法规定股东对外转让股权需经过股东过半数同意，该协议是否有效需要其他股东同意确定。邢某某不属于煤矿的股权人。该煤矿在黄某某实际经营期间已经通过第三方担保向银行借贷 1 个亿，有登记法人吴某签字，郑某某申请法院执行未包含要求吴某正式过户，而黄某某所签之贷款和担保协议有对抗内部股权转让的效力，法院优先保护银行和担保方的利益，保障煤矿的正常生产秩序。综上，案发的直接原因为该煤矿两大股东间有较大的个人债权债务关系未能厘清，但煤矿正常生产秩序仍受法律保护，煤矿的生产经营权变更需经法定的途径，直接强行占用该煤矿，无任何法律依据。

第三，注意审查行为人纠集、聚集多人的准备活动，确定邀约者、组织者和参与者之间的分工过程。郑某某在要求担保方撤销担保无果后，急于成为该矿管理者和控制者，为达目的以参与经营煤矿、提供工作机会、分股权为诱饵，邀约其下属湖北籍的余某等 8 人、转卖股权给六盘水籍的邢某某由其邀约

6人、联络嫌疑人李某某雇用专业保安公司人员内蒙古籍的常某某等23人，事先制定详细的夺矿方案，明确以另一大股东黄某某和担保方负责人以及该矿生产高管3人为目标，逼迫3人退出煤矿。为避免影响防止走漏消息，事前明确分工布置人员对大楼楼层进行封锁。

第四，重点审查聚众扰乱社会秩序现场实施的具体行为。本案积极参加者实施了强行闯入职工宿舍和办公大楼，强行进行人身搜查没收手机，强行殴打驱散人群至指定地点，强行将煤矿交通工具破坏和毁损办公用品。整个聚众扰乱社会秩序行为事前分工周密、事中组织严密、事后迅速逃离，为达到目的不惜牺牲煤矿的生产经营秩序和工人的生命财产安全，也造成多人受伤和较大的财产损失，严重影响当地治安环境，造成恶劣的社会影响。

第五，审查行为人是否有其他加重情节。本案纠集到现场参与聚众扰乱社会秩序的人员有1人为未成年人，多名外地保安，李某某有杀人前科、涉黑背景等。

通过从客观损害、案发原因、作案动机、行为表现、其他情节分析整个聚众扰乱社会秩序案情和在案证据，准确把握首要分子和积极参加者，做到打击有力、准确，不遗漏。

相关规定

《中华人民共和国刑法》

第二百九十条 聚众扰乱社会秩序，情节严重，致使工作、生产、营业和教学、科研、医疗无法进行，造成严重损失的，对首要分子，处三年以上七年以下有期徒刑；对其他积极参加的，处三年以下有期徒刑、拘役、管制或者剥夺政治权利。

聚众冲击国家机关，致使国家机关工作无法进行，造成严重损失的，对首要分子，处五年以上十年以下有期徒刑；对其他积极参加的，处五年以下有期徒刑、拘役、管制或者剥夺政治权利。

多次扰乱国家机关工作秩序，经行政处罚后仍不改正，造成严重后果的，处三年以下有期徒刑、拘役或者管制。

多次组织、资助他人非法聚集，扰乱社会秩序，情节严重的，依照前款的规定处罚。

［独任检察官：易德荣*
检察官助理：赵　琴］

* 毕节市黔西县人民检察院副检察长。

王某某等人聚众扰乱社会秩序、强迫交易等案

——恶势力团伙犯罪的认定

关键词

公平正义　提前介入　宽严相济　恶势力团伙犯罪

要　旨

在共同犯罪中要准确把握主犯、从犯的地位和作用，对恶势力团伙要准确理解宽严相济刑事政策，结合具体罪名，当宽则宽，当严则严，通过决定是否起诉顺利推进案件。

基本案情

被告人王某某，男，1970年6月出生，原系贵州省安龙县德卧镇某村村主任。

被告人王某利，男，1978年12月出生，贵州省安龙县德卧镇某村一组村民。

被告人王某远，男，1987年10月出生，贵州省安龙县德卧镇某村二组村民。

被告人王某，男，1975年12月出生，贵州省安龙县德卧镇某村一组村民。

被告人王某松，男，1971年8月出生，贵州省安龙县德卧镇某村一组村民。

被告人郎某华，男，1971年10月出生，贵州省安龙县德卧镇某村一组村民。

被告人王某化，男，1955年6月出生，原系贵州省安龙县德卧镇某村村委委员。

被告人王某谋，男，1973年8月出生，贵州省安龙县德卧镇某村二组村民。

被告人郎某远，男，1984年3月出生，贵州省安龙县德卧镇某村一组村民。

被告人罗某洋，男，1973年11月出生，贵州省安龙县德卧镇某村二组村民。

被告人王某汪，男，1984年10月出生，原系贵州省安龙县德卧镇某村村级民生监督员。

被不起诉人王某高，男，1974年10月出生，贵州省安龙县德卧镇某村二组村民。

被不起诉人王甲，男，1992年9月出生，贵州省安龙县德卧镇某村一组村民。

被不起诉人郎某彪，男，1972年10月出生，贵州省安龙县德卧镇某村一组村民。

2016年4月，在海南务工的被告人王某某看到家乡建设中有利可图，便回到安龙县德卧镇某村，先后将王某利、王某、王某远、王某松、王某化、郎某华、王某谋、郎某远、罗某洋、王某汪纠集在一起，在征地拆迁工程和德卧镇党委、政府脱贫攻坚工程上，组织、煽动和带领不明真相的村民长期、多次实施堵工堵路。为笼络人心，以达到成功竞选村主任的目的，被告人王某某采取带领村民堵工堵路、暴力威胁的手段，强揽工程。为显示其能耐，被告人王某远、王某利、王某、王某松、郎某远等人公然挑衅公权，藐视法律法规，对抗国家殡葬制度改革；公开辱骂、威胁、殴打到村开展工作的国家工作人员。长期以来，逐步形成了以被告人王某某为首，以被告人王某利、王某远、王某、王某松、王某化、郎某华为主要成员，以王某谋、郎某远、罗某洋、王某汪为一般成员的恶势力犯罪团伙，该犯罪团伙为非作恶，逞强称霸，侵犯公民人身权利、财产权利，严重扰乱了当地的社会秩序，阻碍新区经济发展和城市建设。该犯罪团伙实施的违法犯罪事实如下：

（一）犯罪事实

1. 聚众扰乱社会秩序罪

2016年4月至2017年间，被告人王某某、王某利、王某远、王某化、王某、王某松以东峰林大道土地征拨款过低、安置区未建设等为由，多次组织安龙县德卧镇某村村民到东峰林大道三期的施工现场进行堵工，致使施工方无法施工，导致东峰林大道三期二标段部分大道及某大桥至今未完工，严重影响了当地社会经济发展和义龙新区的城市建设，造成恶劣社会影响。

安龙县德卧镇政府因修建万峰林大道第三期工程所需，于2016年4月至2017年10月通过丈量、公示、支付补偿款等程序将位于安龙县德卧镇某村打将组的某（打将）砂石场土地征拨作为堆料场使用。2017年10月13日，安龙县德卧政府与谢某旭签订经营权出让合同，将位于安龙县德卧镇团山堡村五组的刘家屋基砂石场出让给谢某旭经营，后因其他客观原因，安龙县德卧镇政府于2017年10月15日又以会议纪要的形式，确定将某（打将）砂石场划给谢某旭，允许谢某旭在此经营3万方砂石，生产的砂石用于安龙县德卧镇组组通、一事一议、美丽乡村建设等脱贫攻坚工程。2017年11月16日至2018年1月18日期间，被告人王某利、王某远、王某化、王某、王某松、郎某华等人以安龙县德卧镇政府未补偿土地征拨款、炮损费未解决、砂场污染和安置未得到划分为由，多次聚集商量对某（打将）砂石场进行堵工事宜，后王某利、王某远、郎某华私自决定用村民集资款购买了一套高音喇叭和功放机安放在被告人王某谋家中，每次堵工前便使用安放的喇叭和功放机播放歌名为“我们不一样”的歌曲召集村民到砂石场进行堵工。在此期间，被告人王某利、王某远、王某、王某松、郎某华与郎某远、罗某洋、王某化、王某谋、王某汪多次组织村民堵工或积极参加某（打将）砂石场堵工，致使该砂石场不能正常开工，安龙县德卧镇脱贫攻坚工作受到严重影响。

2. 故意伤害罪

2018年1月31日23时许，被害人王某波酒后到安龙县德卧镇街上的聚友烧烤吧吃烧烤，后因其不支付烧烤费用而与老板王甲发生口角，后王甲打电话给被告人王某让其找人来帮忙打架，王某接电话后使用安装在王某谋家的喇叭召集了王某高、郎某彪等三十余人来到现场，被告人王某和被不起诉人王甲、王某高、郎某彪在现场对王某波进行殴打，致其受伤。经兴义市人民医院司法鉴定所法医鉴定：王某波颈部损伤为外力作用后形成。第7椎突骨折，评定为轻伤二级。

3. 敲诈勒索罪

2018年1月17日下午，被害人谢某旭因某砂石厂被堵工无法开工一事，委托中间人刘某培电话邀约被告人王某、王某利、王某远来到安龙县德卧镇团山堡村“永乐农庄”，在该农家乐内进行谈判，谈判过程中被告人王某、王某远、王某利以继续组织村民堵工为威胁，迫使谢某旭等3人按砂石场每运输出一方砂石提取0.5元单独给王某利、王某远、王某、王某松4人，按每运输出一方砂石提取1元给村寨村民，另外先前运输出的砂石因无法计量，谢某旭方需杀猪一头，请村民食用的要求。同时被告人王某远让谢某旭等人第二天配合3人继续带领村民堵工，掩盖4人索要每方砂石0.5元提成的事实。次日，被告人王某利、王某远、王某等人假装继续带领村民堵工，由谢某旭向村民提出与村民就污染费进行协商，被告人王某利、王某远、王某、王某松等人出面代表村民与砂石厂相关人员进行谈判，按照先前一日的条件，与村民签订每运出一方砂石给村民提成1元的协议。被告人王某利、王某远、王某商量后安排被告人郎某远、罗某洋2人到砂石场进行监督和计量。2018年1月20日，谢某旭在某村就近购买生猪一头，在砂石厂请被告人王某、王某利、王某远、王某松和其他村民食用，经物价部门鉴定：此次吃饭的食物、烟酒、液化气总价值为3539元。

2018年2月12日，根据砂石方量，被告人王某、王某远、王某松、王某利从谢某旭处索要8100元。2018年2月14日，从谢某旭处得到2万元占为已用。

综上，被告人王某远、王某利、王某松、王某涉嫌的金额为31639元；被告人罗某洋、郎某远涉嫌的金额为8100元。

2017年农历三月三，被告人王某远、王某利、王某、王某松、王某汪、王某化以布依族"三月三"民俗节为借口，与其他村民到村寨前的东峰林大道上设卡拦截过往车辆人员，以违反民俗为由，采取如果不交钱就强行将车或者人员扣下，直至交钱为止的方式，强行收取过往人员3240元。

4. 强迫交易罪

2016年8月份，被告人王某某组织安龙县德卧镇某村村民来到安龙县德卧镇东峰林大道二标段，采堵工威胁的方式向江苏大汉公司索要工程项目未果。同年8月10日19时许，被告人王某某酒后到大汉公司东峰林大道施工现场，找到负责人潘某银对潘进行殴打，致使潘被迫将已经承包给王某雄的雨水管道和排水工程拿出一半给某村民王某登等人。经贵州省建筑设计研究院鉴定：东峰林大道（三期）道路工程雨水管安装1277.3米，检查井砌筑42座；工程预算总造价为人民币63150.77元。

（二）违法事实

1. 2017年以来，德卧镇党委派驻某村驻村干部刘某谷（系德卧镇党委委员）在该村开展精准扶贫等相关工作时，经常遭到被告人王某、王某利、王某远的辱骂，3人威胁其不要在本村开展工作，否则见一次打一次；为此，致使刘某谷心里极度恐惧，不敢在某村委会工作。

2. 2017年12月以来，被告人王某利、王某远酒后多次对某村第一书记杨某超进行辱骂、威胁。

3. 2016年12月左右，德卧镇政府工作人员王某书等人到某村开展工作期间，被被告人王某某、王某远等人围困在村委会不让离开。

4. 2017年11月左右，村民韦某亲属过世后，政府殡葬制度改革工作人员与刘某谷到村宣传殡葬制度改革工作时，被告人王某利、王某、王某远、郎某远采取带头起哄、无理取闹的方式对抗殡葬制度改革政策，并辱骂、威胁刘某谷，要求刘某谷为死者守尸，致使刘某谷心生恐惧。

5. 2017 年 12 月份，为方便召集村民堵工，被告人王某利、郎某华、王某谋无视村、支两委存在，在未经村、支两委同意的情况下，将私自购买的一套高音喇叭设备后安装在村、支两委楼上与村委会办公所用的喇叭并排，扰乱村、支两委的正常工作秩序。

6. 2017 年 12 月 30 日晚，被告人王某利酒后在村委会辱骂第一书记杨某超，并私自将床搬到村委会会议室睡觉，扰乱村委会正常办公秩序。

7. 2017 年 6 月左右，某村村支书王某宽在村委会加班时，被告人王某利酒后以白水河电站土地被淹的赔付一事为由，到村委会找支书王某宽讨要说法，并对王某宽进行辱骂，在此过程中，王某利持村委会办公室内的计算器将王某宽头部打伤。

8. 2016 年 10 月份左右，被告人郎某远、罗某洋、王某汪积极参与东峰林大道及某大桥的堵工，严重影响施工单位正常施工秩序。

9. 2017 年 6 月份左右，被告人王某远因平时看王某宽不顺眼，酒后持刀到村委会找王某宽，并用刀抵住王某宽肚子对王某宽进行威胁。

10. 2016 年至 2017 年期间，被告人王某、王某松多次在王某谋家中进行赌博。

11. 2016 年以来，被告人王某谋多次在家中为赌博人员提供场所、饮食，从中收取服务费。

12. 2017 年 9 月初，被告人王某某违反国家规定，未经主管部门批准，私自违规建房。

13. 被告人王某某利用手段成功当选村主任后，长期与犯罪团伙成员纠集在一起，无视党纪国法，软暴力对抗政府，在村委会唯我独尊，无视基层组织的存在。

指控与证明犯罪

本案由黔西南州公安局顶效经济开发区（安龙经济开发区）分局侦查终结，以本案涉嫌集团犯罪；被告人王某某涉嫌聚众扰乱社会秩序罪，同时作为集团犯罪的首要分子，承担全部罪行；王某利涉嫌聚众扰乱社会秩序罪、敲诈勒索罪、寻衅滋事罪，同时作为集团犯罪的首要分子，承担全部罪行；王某远、王某松涉嫌聚众扰乱社会秩序罪、敲诈勒索罪、寻衅滋事罪；王某涉嫌故意伤害罪、聚众扰乱社会秩序罪、敲诈勒索罪、寻衅滋事罪；王某化涉嫌聚众扰乱社会秩序罪、敲诈勒索罪，王某汪、郎某华、罗某洋、郎某远涉嫌聚众扰乱社会秩序罪、敲诈勒索罪，王某谋涉嫌聚众扰乱社会秩序罪；于 2018 年 7 月 10 日向安龙县检察院移送审查起诉。本院受理后，已告知被告人有权委托辩护人，已告知被害人有权委托诉讼代理人，依法讯问了被告人，听取了辩护人和被害人的意见，审查了全部案件材料。期间，因犯罪事实不清，证据不足，安龙县检察院将案件两次退回公安机关补充侦查。

被告人王某某的行为触犯了《中华人民共和国刑法》第 226 条、第 290 条，犯罪事实清楚，证据确实、充分，应当以强迫交易罪、聚众扰乱社会秩序罪追究刑事责任。被告人王某的行为触犯了《中华人民共和国刑法》第 290 条、第 274 条、第 234 条，犯罪事实清楚，证据确实、充分，应当以聚众扰乱社会秩序罪、敲诈勒索罪、故意伤害罪追究刑事责任。被告人王某远、王某松、王某利、郎某远、罗某洋、王某汪、王某化的行为触犯了《中华人民共和国刑法》第 290 条、第 274 条，犯罪事实清楚，证据确实、充分，应当以聚众扰乱社会秩序罪、敲诈勒索罪追究刑事责任。被告人郎某华、王某谋的行为触犯了《中华人民共和国刑法》第 290 条，犯罪事实清楚，证据确实、充分，应当以聚众扰乱社会秩序罪追究刑事责任。根据最高人民法院、最高人民检察院、公安部、司法部《关于办理黑恶势力犯罪案件若干问题的指导意见》第 14 条、第 16 条，被告人王某某、王某远、王某利、王某松、王某、王某化、王某谋、王某汪、郎某华、郎某远、罗某洋涉嫌恶势力团伙犯罪，应当从严惩处。

被不起诉人王甲、王某高、郎某彪故意伤害他人身体致轻伤的行为，触犯《中华人民共和国刑法》第 264 条的规定，涉嫌故意伤害罪。鉴于王甲、王某高、郎某彪补偿了被害人王某波的全部经济损失，取得被害人的谅解，且王甲、王某高、郎某彪均未涉及本案的其他违法犯罪事实，根据《中华人民共和国刑事诉讼法》第 177 条的规定，决定对王甲、王某高、郎某彪作相对不起诉。

指导意义

一是强化学习力度，提升履职能力。切实提高自身的业务能力，理论业务和实践业务要相互印照。从本案来看，黑恶势力有向农村基层政权聚集的特点，其表现形式已经不同于以往的表现形式，要求承办人员要强化业务学习，提高业务素质和执法能力，确保高质量办理黑恶势力案件。转变司法理念。牢固贯彻落实“以审判为中心的”司法理念，坚持无罪推定、疑罪从无的办案原则，真正做到接受新思想，摈弃旧观念。

二是第一时间介入案件，极早应对案件难题。办案中，安龙县院扫黑除恶办公室在第一时间介入案件的侦查，在介入时提出具体的证据意见和建议，帮助公安机关把准侦查方向，协助补充，完善和固定证据，确保侦查活动顺利开展，力保案件立得起诉得出。

三是准确定性，不枉不纵。公安机关在移送案件时将本案定性为集团犯罪，但是承办员额检察官认为本案只是团伙犯罪，不应认定为集团犯罪，理由其一，该犯罪团伙没有具体的组织形式，内部也没有明显的纪律性，其二，本案只是堵砂石场时部分犯罪嫌疑人聚集商量，对于敲诈勒索、故意伤害等犯罪并没有经常聚集在一起商量，实施犯罪没有预谋和组织性，也没有证据体现首要分子王某利、王某某对故意伤害、敲诈勒索进行了组织和指挥。安龙县法院最终采纳了检察院的指控意见，判决本案系恶势力团伙犯罪。

四是“要让人民群众在每一起司法案件中感受到公平正义。”本案中，经承办员额检察官审查后发现，被不起诉人王某高、郎某彪、王甲仅仅实施了故意伤害行为，没有参与其他违法犯罪行为，3 人亦不是恶势力犯罪团伙的成员，并且案发后积极赔偿被害人的经济损失，取得被害人谅解，社会矛盾得到化解，为彰显司法公平，安龙县检察院首先启动羁押必要性审查，将 3 人的强制措施变更为取保候审，最后对王甲、郎某彪、王某高更是作出相对不起诉的决定，其余被告人依法向法院提起公诉，实现了三个效果的有机统一。

相关规定

1.《中华人民共和国刑法》

第二百二十六条 以暴力、威胁手段，实施下列行为之一，情节严重的，处三年以下有期徒刑或者拘役，并处或者单处罚金；情节特别严重的，处三年以上七年以下有期徒刑，并处罚金：

（一）强买强卖商品的；

（二）强迫他人提供或者接受服务的；

（三）强迫他人参与或者退出投标、拍卖的；

（四）强迫他人转让或者收购公司、企业的股份、债券或者其他资产的；

（五）强迫他人参与或者退出特定的经营活动的。

第二百三十四条 故意伤害他人身体的，处三年以下有期徒刑、拘役或者管制。

犯前款罪，致人重伤的，处三年以上十年以下有期徒刑；致人死亡或者以特别残忍手段致人重伤造成严重残疾的，处十年以上有期徒刑、无期徒刑或者死刑。本法另有规定的，依照规定。

第二百七十四条 敲诈勒索公私财物，数额较大或者多次敲诈勒索的，处三年以下有期徒刑、拘役或者管制，并处或者单处罚金；数额巨大或者有其他严重情节的，处三年以上十年以下有期徒刑，并处罚金；数额特别巨大或者有其他特别严重情节的，处十年以上有期徒刑，并处罚金。

第二百九十条 聚众扰乱社会秩序，情节严重，致使工作、生产、营业和教学、科研、医疗无法进行，造成严重损失的，对首要分子，处三年以上七年以下有期徒刑；对其他积极参加的，处三年以下有期徒刑、拘役、管制或者剥夺政治权利。

聚众冲击国家机关，致使国家机关工作无法进行，造成严重损失的，对首要分子，处五年以上十年以下有期徒刑；对其他积极参加的，处五年以下有期徒刑、拘役、管制或者剥夺政治权利。

多次扰乱国家机关工作秩序，经行政处罚后仍不改正，造成严重后果的，处三年以下有期徒刑、拘役或者管制。

多次组织、资助他人非法聚集，扰乱社会秩序，情节严重的，依照前款的规定处罚。

2. 最高人民法院、最高人民检察院、公安部、司法部《关于办理黑恶势力犯罪案件若干问题的指导意见》

14. 具有下列情形的组织，应当认定为“恶势力”：经常纠集在一起，以暴力、威胁或者其他手段，在一定区域或者行业内多次实施违法犯罪活动，为非作恶，欺压百姓，扰乱经济、社会生活秩序，造成较为恶劣的社会影响，但尚未形成黑社会性质组织的违法犯罪组织。恶势力一般为三人以上，纠集者相对固定，违法犯罪活动主要为强迫交易、故意伤害、非法拘禁、敲诈勒索、故意毁坏财物、聚众斗殴、寻衅滋事等，同时还可能伴随实施开设赌场、组织卖淫、强迫卖淫、贩卖毒品、运输毒品、制造毒品、抢劫、抢夺、聚众扰乱社会秩序、聚众扰乱公共场所秩序、交通秩序以及聚众“打砸抢”等。

16. 公安机关、人民检察院、人民法院在办理恶势力犯罪案件时，应当依照上述规定，区别于普通刑事案件，充分运用《刑法》总则关于共同犯罪和犯罪集团的规定，依法从严惩处。

［主办检察官：付高龄*
检　察　官：蔡　娟
检察官助理：韦达泽］

---

* 黔西南州安龙县人民检察院副检察长。

何某某等16人组织、领导、参加黑社会性质组织案

——黑社会性质组织犯罪的认定

关键词

黑社会性质组织　四个特征　暴力违法犯罪　数罪并罚

要　旨

组织特征：黑社会性质组织一般较为稳定，人数较多，有明确的组织者、领导者，骨干成员基本固定。经济特征：黑社会性质组织的经济特征体现为一定的经济实力，以支持该组织的活动，但法律并未规定具体的数额要求。行为特征：黑社会性质组织通常是以暴力、威胁或者其他手段，有组织地多次进行违法犯罪活动，为非作恶，欺压、残害群众，但实践中的表现形式各不相同。危害性特征：称霸一方，在一定区域或者行业内，形成非法控制或者重大影响，从而严重破坏经济、社会生活秩序，是黑社会性质组织的危害性特征，也是其区别于一般犯罪集团的关键所在。

基本案情

2016年以来，被告人何某某通过布施小恩小惠、请吃、请喝、请玩等方法，先后纠集社会闲散人员汪某、孔某发、任某成、何甲、赵某、陈某、谭某洪、陈甲、胡某、朱某贵、苟某、王某某、余某、赵某洋、胡甲等人，有组织地在龙场镇建新村开设赌场、程关村非法收矿并倒卖铝矿、良知路及龙山路开设足疗店，非法聚敛了大量财富。

被告人何某某等人为维护利益、扩张势力范围、树立非法权威，在被告人何某某的统一组织、领导下，在龙场镇村民家中及后山开设赌场、修文县程关村1028矿山进行非法倒卖铝矿，在龙场镇良知路及龙山路开设“大众”足疗店及“足生缘”足疗店，组织妇女从事卖淫活动，其中多名卖淫女为未成年人，非法聚敛了大量钱财。

被告人何某某等人实施聚众斗殴、故意伤害、故意毁坏财物、寻衅滋事、

开设赌场、组织卖淫等多起违法犯罪活动，逐步形成以被告人何某某为明确的组织、领导者，被告人汪某为组织者，被告人孔某发、任某成、何甲、赵某为骨干成员，被告人陈某、谭某洪、陈甲、胡某、朱某贵为积极参加者，被告人苟某、王某某、余某、赵某洋、胡甲等人为一般成员的黑社会性质组织。该犯罪组织内部结构稳定，层次分明，内部有约定俗成的帮规。

为攫取利益，维护组织卖淫活动的经营秩序，该组织成员先后在白云区贵州商学院附近、修文县龙场镇曲尺桥、猫山脚等地与他人械斗，被告人何某某有组织实施暴力犯罪导致1人重伤、4人轻伤、7人轻微伤。被告人何某某及其黑社会性质组织在非法聚敛大量财富的基础上，以给组织成员提供旅游、食宿、KTV、过生日、夜总会娱乐消费等，并以约定帮规、戒律，统一进行纹身等为手段，笼络人心、强化控制；购买砍刀、焊接杀猪刀、钢管等作案工具以便在与他人械斗中呈强势地位，通过开设赌场、组织卖淫、倒卖铝矿等方式聚敛钱财以支持其违法犯罪活动。

被告人何某某为首的黑社会性质组织以暴力、威胁手段，多次有组织地进行违法犯罪活动，为非作恶，欺压、残害群众，通过实施违法犯罪活动，称霸一方，给当地人民群众造成了心理恐惧，致使多数被害人和证人敢怒不敢言、因惧怕报复不敢伸张自己的合法、正当权益，影响极其恶劣，严重干扰破坏了该区域的正常生产、经营、生活秩序，社会危害性大。

指控与证明犯罪

庭审期间被告人及辩护人除提出是否构成组织、领导、参加黑社会性质组织罪外，还提出如下问题，针对这些问题公诉人的答辩如下：

1. 被告人何某某、汪某、陈某、谭某洪、朱某贵、余某提出在公安机关讯问时存在刑讯逼供、诱供等行为，公诉人作如下答辩：

上述被告人在公安机关作出的笔录中均有其本人的亲笔签名，且按手印确认，被告人也亲笔书写了“以上笔录我看过，和我说的一样（相符）”，足以证实笔录中的内容几名被告人均已看过且核实，故被告人辩称其未看过笔录的说法不能采信。

2. 对于个别被告人称其在公安机关讯问时受到诱供，经核查，系公安民警的讯问技巧，在讯问过程中为了使被告人如实供述自己的犯罪事实，还原事情真相，民警会通过比较婉转、试探虚实、安抚情绪等方式来讯问犯罪嫌疑人，且被告人所作的供述也是其真实意思表示，故不存在侦查机关有诱供行为。

3. 针对被告人陈某提出的其在被公安机关抓获的当天晚上遭受民警殴打，作出的笔录为非法证据。经查，被告人陈某到案后，公安机关随即展开讯问工作，在讯问完毕后立即将被告人陈某送至看守所关押，经查阅看守所体检报告，被告人陈某入所时身体无外伤，各项指标均正常，故被告人陈某提出其受到刑讯逼供的辩解也不能成立，其在到案后的第一份笔录也应当作为本案的定罪证据。（因有其他证据可以替换，为节约司法资源，庭前公诉人已建议不出示此份证据）

4. 针对被告人汪某辩护律师提出侦查机关第一次讯问汪某时间长达15小时，属疲劳审讯，公诉人作以下答辩：

经查，被告人汪某的第一份讯问笔录开始时间为2018年7月16日21时许，结束时间为2018年7月17日12时许，总时长为15小时，但在侦查人员讯问汪某过程中，期间先后3次让汪某休息，并提供了足够的饮食，且在讯问汪某过程中，侦查人员定期征询汪某的意见，问其身体是否可以接受讯问，汪某均表示其休息好了，可以接受讯问。另通过观看讯问汪某时的同步录音录像光碟，显示汪某精神状态良好、神志清楚、回答问题逻辑正确，没有出现精神恍惚等问题，足以证实汪某在侦查人员讯问时，作出的供述是其真实意思表示，既然在讯问过程中，侦查人员也保障了汪某休息与饮食，故不存在疲劳审讯。（因有其他证据可以替换，为节约司法资源，庭前公诉人已建议不出示此份证据）

关于非法证据：非法证据是指办案单位采取刑讯逼供等方法收集的犯罪嫌疑人、被告人的供述，采取暴力、威胁等方法收集的证人证言等，可以申请排除。同时，对不符合法定收集程序的物证、书证，可能严重影响司法公正的，无法补正或者作出合理解释的可以排除。实务中包括暴力殴打、晒、饿、冻、烤等方式或通过重大程序违法而获得的证据。以上犯罪嫌疑人讯问笔录的几种情形不属于非法证据范围。

法庭辩论阶段，公诉人发表公诉意见：

第一，关于本案定性。在该组织中，何某某为明确的组织、领导者；汪某为组织者；孔某发、任某成、何甲、赵某为基本固定的骨干成员；陈某、谭某洪、陈甲、胡某为积极参加者；余某、赵某洋、胡甲、苟某、朱某贵、王某某等人为一般成员的犯罪集团性组织。该犯罪组织内部结构较为稳定，层次较为分明，内部有约定俗成的帮规。

2016年初，何某某因吸食冰毒结识吸毒人员任某成，并于同年经任某成介绍认识社会闲散人员赵某、胡甲等人。为壮大自己的势力，何某某先后两次组织其堂弟何甲及任某成、赵某等人购买、制作钢管、砍刀等打架工具，打架工具由何某某统一保管存放，该犯罪团伙初步形成。何某某先后带领手下人员有组织地开设赌场、收购铝矿，开始聚敛钱财。在此期间，何某某通过布施小恩小惠、请吃喝玩乐等方法，陆续将社会闲散人员孔某发、朱某某贵、苟某、王某某、胡某、陈某、赵某洋、余某等人（其中多人是吸毒人员）拉拢到自己手下，以壮大自己的组织力量。其手下兄弟尊称何某某为“杰哥”。

2017年9月，何某某与修文社会老牌“大哥”徐某松一方在修文县龙场镇三级因铝矿收购权发生冲突。何某某准备钢管、砍刀等工具，并召集何甲、赵某洋、胡某、胡甲、陈某、王某某、任某成、赵某、苟某等团伙成员及其他社会闲散人员100余人，准备与徐某松一方械斗，后因徐某松一方未到场而告终。经此一事，何某某在社会中留下了“将徐某松打丢嘴”的名声，使其在修文县威望陡升，以何某某为首的犯罪集团组织初步形成。

2017年八九月期间，社会闲散人员汪某通过孔某发结识其十分崇拜的何某某后，将其视为社会上的靠山。2017年10月至12月，何某某通过先后支持汪某等人在修文县龙场镇斯威特酒吧砍伤刘某余，带领十余名组织成员到白云区贵州商学院附近帮汪某出头并与当地社会闲散人员田某等人械斗，帮汪某出头与修文社会闲散人员张某斗殴等犯罪行为，在其手下及其他社会闲散人员心中树立了强势的社会地位，汪某手下谭某洪、陈甲、陈某对何某某愈加崇拜，陆续加入该组织。何某某犯罪集团成员更加壮大、名气愈增。汪某加入该组织后，汪某等人组织卖淫的非法所得也主要用于请组织成员吃喝玩乐，以维系成员之间的“兄弟感情”，该组织部分成员长期在汪某等人开设的卖淫窝点大众足疗店、足生缘足疗店内免费吃住，为卖淫窝点和卖淫女提供庇护，以黑护黄，实现黄、黑合流。

2017年至2018年期间，为了提升该组织的影响力和成员之间的凝聚力，何某某唆使苟某、赵某、任某成、何甲、孔某发、陈某、王某某、汪某、田某、杨某等人在身体肋部统一刻画“生死由命，富贵在天”的纹身。在此期间，何某某还使用积累的涉黑资金，为部分成员提供食宿，有组织地实施了聚众斗殴、寻衅滋事、故意伤害等多起暴力违法犯罪活动。通过不断的打、杀手段，树立了何某某等人在黑道上的强势地位，助长了何某某等人的嚣张气焰，犯罪嫌疑人何某某成为组织公认的组织、领导者。2018年6月，何某某通过何甲结识了修文县公安局的警务辅助人员黄某，为寻求保护和逃避公安机关打击，何某某以请吃喝玩乐、许以矿山分红等手段拉拢黄某，致使黄某利用在公安机关工作之机为其通风报信。该组织在不断的违法犯罪活动中，逐步形成了结构较为稳定、层次分明的涉黑犯罪组织。

在长期实施的各种违法犯罪过程中，该组织在成员中逐渐形成了以下不成文的帮规、戒律：

（1）何某某是组织成员公认的“大哥”，其他成员都必须听从其安排和调遣；组织主要成员要统一纹身；积极参与成员之间的生日聚会；组织成员及其家中有大情小事，被通知的成员都要帮忙；统一购买、存放和集中使用砍刀、焊接杀猪刀、钢管等作案工具，使用该工具必须经何某某同意；组织成员不能背叛兄弟，要“有福同享、有难我当”；组织成员因违法犯罪被打击，在释放后何某某带领组织成员为其接风；组织成员不准吸食毒品；组织成员违反规矩要受到惩罚。以上这些帮规戒律得到组织成员的认可和共同遵守，对约束组织成员的日常行为发挥了显著的作用。

（2）要求组织主要成员统一纹身。

2017年至2018年期间，何某某唆使苟某、赵某、任某成、何甲、孔某发、陈某、王某某、汪某、田某、杨某等人先后在身体肋部统一刻画“生死由命，富贵在天”的纹身。后因何某某女友不准其纹身，何某某本人没有纹身。在此期间该组织部分成员多次在网络上发布相关纹身视频，极大地增强了该组织的影响力和成员之间的凝聚力。

（3）有组织地实施组织卖淫犯罪活动聚敛钱财。

①2017年8月至2018年1月期间，汪某伙同朱某贵及其情人杨某俊在修文县龙场镇良知路开设大众足疗店组织多名未成年少女进行卖淫活动。在开设大众足疗店期间，犯罪嫌疑人汪某、朱某贵、杨某俊通过组织卖淫女从事卖淫活动共盈利80000余元，汪某个人获利20000余元。在此期间，何某某为维护汪某所组织的卖淫活动的经营秩序，先后带领十余名组织成员帮汪某及卖淫女出头在白云区贵州商学院附近与当地社会闲散人员田某等人械斗、在修文县龙场镇曲尺桥、猫山脚等地与修文社会闲散人员张某等人械斗。同年11月左右，何某某还先后两次安排汪某为修文县营关村村民张某飞等人提供卖淫女。

②2018年4月28日至7月16日期间，汪某、孔某发与朱某贵在修文县龙场镇龙山路一居民楼三楼开设足生缘足疗店，再次组织多名未成年少女进行卖淫活动。在开设足生缘足疗店期间，犯罪嫌疑人汪某、孔某发、朱某贵通过组织卖淫女从事卖淫活动共盈利80000余元，其中汪某、孔某发共同获利20000余元。在卖淫窝点开业当天，汪某邀请何某某到卖淫窝点内就餐。2018年6月26日凌晨，因修文县洒坪镇小坝村村民陈乙在招嫖过程中与朱某某芳及卖淫女发生口角，汪某就带着孔某发、赵某、朱某贵、苟某、任某成、何甲、胡某等人冲到修文县龙场镇美容院对陈乙进行殴打，事后何某某亲自安排汪某等涉案人员逃跑以躲避公安机关打击。

第二，关于同录问题。辩护人或被告人可能提出根据刑诉法及其他法律法规要求重大案件应当对讯问过程进行录音录像，而本案中仅有24份讯问光碟，且有光碟无法播放的问题，作如下答辩：

同录只是为了证实讯问过程中有无刑讯逼供等违法行为，是一种辅助性材料，有时针对同一被告讯问相似的问题，同时看守所是有实时录像的，因此不需要重复进行录像。证明犯罪事实的证据有物证、书证、证人证言、被告人供述等，如果这些证据能够形成证据锁链，虽然个别讯问时没有同录，但是不能磨灭客观存在的犯罪事实。本案中犯罪嫌疑人的笔录是经其本人阅读后确认签字的，是真实的意思表达，并无证据显示存在刑讯逼供等行为。

第三，关于本案量刑建议。何某某等16名被告人涉嫌组织、领导、参加黑社会性质组织罪、组织卖淫罪、聚众斗殴罪、故意毁坏财物罪、开设赌场罪、寻衅滋事罪、故意伤害罪等，应数罪并罚。根据每个人的犯罪事实、情节、认罪悔罪态度及庭审情况，建议对16名被告人在3年至25年的幅度内判处有期徒刑。

该案由贵州省修文县人民检察院以被告人何某某等人涉嫌组织、领导、参加黑社会性质组织罪、聚众斗殴罪、寻衅滋事罪、组织卖淫罪、故意伤害罪、故意毁坏财物罪提起公诉。修文县人民法院公开开庭审理了本案，修文县人民检察院派员出席法庭审判活动，依法指控和证明犯罪并履行诉讼监督职责，法院充分采纳检察机关指控意见，并于2018年12月26日作出一审判决，以犯组织、领导、参加黑社会性质组织罪等罪数罪并罚，判处被告人何某某有期徒刑20年，对其余15名黑社会性质组织成员以参加黑社会性质组织等罪数罪并罚，分别判处有期徒刑19年至2年6个月不等刑罚以及相应附加刑。2019年3月26日，贵阳市中级人民法院二审裁定维持原判。

指导意义

黑社会性质组织犯罪属于复合型犯罪，其证据要求具有一定的特殊性。有关黑社会性质组织犯罪客观方面的证据具有双重证明功能，既可以被用来证明黑社会性质组织的某些特征，又可以被用来证明单独的犯罪。因此，应当将那些具有双重证明功能的证据纳入黑社会性质组织犯罪的证明链条中，围绕黑社会性质组织犯罪构筑单独的证据体系。

实践中许多黑社会性质组织并不是四个特征都很明显，在具体认定时，应根据立法本意，认真审查、分析黑社会性质组织四个特征相互间的内在联系，准确评价涉案犯罪组织所造成的社会危害。既要防止将已具备黑社会性质组织四个特征的案件“降格”处理，也不能因为强调严厉打击将不具备四个特征的犯罪团伙“拔高”认定为黑社会性质组织。在黑社会性质组织犯罪的审判中贯彻宽严相济刑事政策，要始终坚持严格依法办案，坚持法定标准。

相关规定

1.《中华人民共和国刑法》

第二百九十四条 组织、领导黑社会性质的组织的，处七年以上有期徒刑，并处没收财产；积极参加的，处三年以上七年以下有期徒刑，可以并处罚金或者没收财产；其他参加的，处三年以下有期徒刑、拘役、管制或者剥夺政治权利，可以并处罚金。

境外的黑社会组织的人员到中华人民共和国境内发展组织成员的，处三年以上十年以下有期徒刑。

国家机关工作人员包庇黑社会性质的组织，或者纵容黑社会性质的组织进行违法犯罪活动的，处五年以下有期徒刑；情节严重的，处五年以上有期徒刑。

犯前三款罪又有其他犯罪行为的，依照数罪并罚的规定处罚。

黑社会性质的组织应当同时具备以下特征：

（一）形成较稳定的犯罪组织，人数较多，有明确的组织者、领导者，骨干成员基本固定；

（二）有组织地通过违法犯罪活动或者其他手段获取经济利益，具有一定的经济实力，以支持该组织的活动；

（三）以暴力、威胁或者其他手段，有组织地多次进行违法犯罪活动，为非作恶，欺压、残害群众；

（四）通过实施违法犯罪活动，或者利用国家工作人员的包庇或者纵容，称霸一方，在一定区域或者行业内，形成非法控制或者重大影响，严重破坏经济、社会生活秩序。

2. 全国人民代表大会常务委员会《关于〈中华人民共和国刑法〉第二百九十四条第一款的解释》

（略）

3.《最高人民法院、最高人民检察院、公安部办理黑社会性质组织犯罪案件座谈会纪要》

（略）

4. 最高人民法院《关于贯彻宽严相济刑事政策的若干意见》

（略）

［主办检察官：贾兆玉*
检　察　官：王洪奎　邱志坚
检察官助理：刘锡汉　韩志兴］

* 贵阳市修文县人民检察院检察长。

张某某等11人组织、领导、参加黑社会性质组织，寻衅滋事、敲诈勒索等案

——黑社会性质组织的认定

关键词

黑社会性质组织　骨干成员　基本固定　组织“转型”

要　旨

黑社会性质组织是较为稳定的犯罪组织，但该种组织不可能像合法组织一样，在满足所有成立条件后再成立运作，而是在相关违法犯罪活动中逐步发展与壮大。有些黑社会性质组织为逃避打击而自我“洗白”，有意将组织成员进行更替，从社会成员逐渐转为家庭成员，有意减少甚至在一定时期内暂时停止实施违法犯罪活动，给人造成该犯罪组织已经“转型”的错觉。只要黑社会性质组织以组织名义、为组织利益连续多次实施违法犯罪活动的，就可以认定犯罪组织持续存在。

基本案情

被告人张某某，男，1968年5月出生，原系贵州省安顺市开发区某镇某村村主任、某镇人大代表。

被告人张体某，男，1973年5月出生，原系贵州省安顺市开发区某镇某村副主任、某镇人大代表。

被告人张青某，男，1988年12月出生，务农。

被告人张某，男，1996年3月出生，务农。

被告人胡绪某，男，1979年3月出生，务农。

被告人张某林，男，1982年9月出生，务农。

被告人张某红，男，1988年11月出生，务农。

被告人潘某，男，1970年8月出生，务农。

被告人赵继某，男，1993年8月出生，务农。

被告人张成某，男，1991年1月出生，务农。

被告人张贵某，男，1966年1月出生，务农。

被告人张某某于20世纪80年代曾因盗窃入狱，1991年出狱。从2008年起，张某某通过开设杂货铺、娱乐室与村民建立人脉关系，结识和长期豢养混迹社会的被告人潘某、胡绪某、牟某（另案处理）等人为其所用，帮助张某飞（另案处理）照顾老母亲与其家族拉近关系，为竞选村主任拉票打好基础。2010年，张某某通过拉票顺利当选村主任。以张某某为首的犯罪组织，以血缘和亲缘为纽带，确立了在该村的强势地位，在2009年至2018年长期的违法犯罪中，对内利用贿选、安排亲信进入村委等手段对村支两委进行控制，侵吞集体资产数百万元，侵占公有土地修建房屋，垄断“惠农小区”工程项目，从中获利人民币110余万元，掌控该村村民大额（5万元以上）贷款签字权力、修建房屋权力，收受村民财物，强迫村民修建房屋所用的材料必须要由其组织成员的车辆运输，为其组织从中谋取了的高额经济利益；对外在张某某的庇护下先后实施向“惠农小区”包工头常正光敲诈勒索15万元，帮助被告人刘某红（另案处理）等人摆平事端获取利益、无故对他人实施殴打、寻衅滋事等违法犯罪活动，公然挑衅公权力，从而在该村和周边村寨形成了一股谈“张”色变，人人畏惧的家族式黑社会性质犯罪组织。该黑社会性质组织实施了多起犯罪事实和违法事实。

2011年12月21日，张某某之子张青某与轿子山镇支家庄村的4名村民发生纠纷，张某某组织潘某、胡绪某等8人前往支家庄村打砸和无故殴打村民，事后经过派出所出面解决由4名当事人家属各借资1800元赔付给张某某，张某某等人以此获利7000余元，从此以后，该组织在该村以及周边村寨远近闻名，周围村寨的村民因害怕招惹到此伙人在路过该村时都会选择绕道而行。

2011年至2013年间，张某某为扩大自己的势力，利用时任该村村委副主任的张体某以及自己村主任的力量在村委独揽政权，带头不执行纪律，通过排挤、打压，将村支书刘某祥以及村委委员张某羽、滕某英等不支持自己的人赶出村委，把自己的亲信杨某兵、张某乡等人安排进村委为自己办事，私自将村委数百万元的集体资金发放给村委成员，公款组织村委成员旅游等形式笼络村委成员，达到控制村委政权，方便自己谋利的目的。同时张某某在该村外利用自己组织的力量到处替人摆平事端，帮助白金大厦赵某实施强迫交易等行为获利8000余元用于分发给组织成员以此维系与胡绪某等人的关系，由此树立张某某讲义气，对兄弟好的形象，让其手下的兄弟任其摆布。

安顺市开发区张某红犯罪团伙被以黑社会性质组织罪打击后，张某某连任村主任后的第一件事就是为自己的犯罪组织“洗白”，利用女婿赵某波（另案处理）以及赵某波的朋友罗某德（另案处理）、杨某伦（另案处理）等人替代潘某等人的地位，为自己的犯罪组织实施转型，成为以张某某为首，儿子张青某、侄儿子张某林、干儿子张某、女婿赵某波、胡绪某为骨干成员，侄儿子张某红、张体某以及被告人赵继某（赵某波堂兄弟）、罗某德、杨某伦等人为一般成员的家族式黑社会性质的犯罪集团。张某某作为长辈，以“要互帮互助，不准惹是生非，不准与社会不良人员来往，不准吸毒、不准赌博”为规约，通过行为上（安排组织成员入党）、经济上（出资资助组织成员开设卖淫场所）的支持和对违法犯罪提供庇护的方式，不断巩固自己的地位，使其“威信”越来越高，以至于成员无不对其心存畏惧，听其调遣；而犯罪组织成员在实施违法犯罪后难以应对处理时亦无不找张某某出面“摆平”；为达到隐蔽、持续谋取经济利益的目的，2014 年张某某以村委的名义私自决定在该村建设“惠农小区”项目，指使自己的组织成员在征收土地的过程中对该项目有异议或不支持的村民采取无故殴打、强行对土地清表等手段强推项目实施，期间对在背地里议论自己的孟某林等村民进行殴打，增强自己村主任的威望；为推动项目尽快实施，其伙同组织成员胁迫老支书张某勇再次出任村支书，为其协调征地问题，“惠农小区”项目在张某某的强势推动下顺利进行，并安排张某林、张某红、张青某、赵某波、赵继某等组织成员控制了该项目的砂石、水泥运输，铝合金安装等工程，通过实施阻路、堵车等手段对外来运输车辆驾驶员进行恐吓、威逼，形成对“惠农小区”运输工程的垄断。

指控与证明犯罪

2018 年 8 月 23 日，安顺市西秀区监察委员会以被告人张某某涉嫌非国家工作人员受贿罪、职务侵占罪向本院移送审查起诉。2018 年 9 月 21 日，安顺市公安局经济技术开发区分局以被告人张某某、张青某、张某等 11 人涉嫌组织、领导、参加黑社会性质组织罪，寻衅滋事罪，敲诈勒索罪，强迫交易罪，组织卖淫罪向本院移送审查起诉。

审查起诉阶段，针对案件重大复杂、涉案人员较多的实际，为确保案件审查工作扎实有效，安顺市西秀区人民检察院成立由分管副检察长罗仕熙任主任检察官、职务犯罪检察办案团队负责人葛彦燕为办案组成员的办案组织，对案件开展审查。办案组审查了全案卷宗，听取了辩护人意见，并讯问了犯罪嫌疑人。本案涉及被告人众多，案卷材料多达 49 册，因案件承办人在监察委员会、公安机关调查和侦查阶段多次介入，对案情的了解较为全面，在审查起诉环节，承办人以原介入掌握的情况为基础，更进一步对每个被告人涉及的具体违法犯罪事实进行逐一核实，就该组织的成立，组织领导者和组织成员实施违法犯罪活动的具体情况，以及每个组织成员在组织中的地位和作用等问题逐一进行审查，通过对案情的梳理及证据分析，形成详实的审查报告。

2018年11月5日，安顺市西秀区人民检察院以张某某、张青某等11人犯组织、领导、参加黑社会性质组织罪、寻衅滋事、敲诈勒索、强迫交易、非国家工作人员受贿、职务侵占、组织卖淫罪向安顺市西秀区人民法院提起公诉。同年12月1日，安顺市西秀区人民法院公开开庭审理本案。西秀区人民检察院副检察长罗仕熙、职务犯罪检察团队负责人组成公诉组出庭支持公诉。安顺市检察院组织全市检察机关公诉部门干警到庭观摩。

法庭调查阶段，公诉人宣读起诉书指控被告人张某某、张青某、张某等11人以暴力、威胁等手段，有组织地进行违法犯罪活动，称霸一方，为非作歹，欺压、残害群众，把持基层政权，垄断、控制工程项目，严重破坏经济、社会生活秩序的黑社会性质组织，并多次在公共场合随意殴打他人，任意损毁公私财物，严重影响他人的工作、生活，情节恶劣，以暴力、威胁手段强买强卖商品，以非法占有为目的，对他人使用威胁的方法，强行索要公私财物等行为，分别构成组织、领导、参加黑社会性质组织罪、寻衅滋事罪、敲诈勒索罪、非国家工作人员受贿罪、职务侵占罪、组织卖淫罪。对于指控的犯罪事实，公诉人出示了相关证据予以证明：一是围绕该犯罪组织的四个特征，即组织特征、经济特征、行为特征、危害特征进行综合举证，包括相关书证、辨认笔录及照片、证人证言、被告人的供述与辩解等；二是针对组织领导者、积极参加者，以及一般参加者实施的具体犯罪事实分桩举证，包括物证、书证、辨认笔录及照片、被害人的陈述、证人证言及被告人的公司与辩解等；三是组织领导者及组织成员实施的违法事实进行分桩举证，包括书证、辨认笔录及照片、证人证言、被害人陈述及被告人的供述与辩解等。

法庭辩论阶段，公诉人依法向法庭发表了公诉意见，紧紧围绕犯罪构成的四个要件进行了全面阐述，就组织、领导、参加黑社会性质组织犯罪的四个特征进行了充分论证，被告人张某某组织、领导黑社会性质组织，带领该组织成员张青某、张某等10名成员分别实施了寻衅滋事、敲诈勒索、强迫交易、组织卖淫等违法犯罪的事实，以及张某某通过贿选进入该村村委，担任村主任后进一步把持基层政权的事实进行控诉。同时充分发挥公诉意见的宣传职能，就该案的社会危害，以及带给我们的思考进行剖析，借以开展现场法治教育。

量刑建议：检察机关认真落实宽严相济刑事司法政策，全面、合法、客观收集本案中被告人从重、从轻、减轻或者免除处罚的各种证据，牢固树立定罪与量刑同等重要的司法理念，客观认定量刑情节，全面分析本案中被告人的地位和作用，同时，在共同犯罪中，坚持以量刑均衡为原则提出量刑建议，结合全案证据，就被告人张某某的组织、领导地位，以及其余10名被告人的具体地位和作用分别进行具体分析，依据《中华人民共和国刑法》2018年最高人民法院、最高人民检察院、公安部《关于办理黑恶势力犯罪案件若干问题的指导意见》《最高法量刑指导意见》，以及相关的司法解释，对本案 11 名被告人涉及的罪名，具体的量刑情节，分别提出科学具体的量刑建议，切实做到宽严相济、罚当其罪。

辩护人意见：一是张某某、张青某等 11 人的行为不属于组织、领导、参加黑社会性质组织犯罪，该组织的四个特征不明显；二是部分被告人只参加了一起违法或犯罪事实，不能认定为参加黑社会性质组织罪；三是组织成员不固定，部分成员现已与张某某无往来；四是强迫交易行为中张某某并非是在场所有组织成员的召集者，该起强迫交易行为不能认定为组织犯罪；五是敲诈勒索事实以张某某、张体某被打伤为前提，索要赔偿合情合理，不存在敲诈勒索。

公诉人针对辩护意见进行答辩：第一，对照 2018 年最高人民法院、最高人民检察院、公安部《关于办理黑恶势力犯罪案件若干问题的指导意见》的规定，张某某等 11 人黑社会组织一系列违法犯罪活动中的“支家庄打砸”，是该组织的“标志性事件”，张某某在事件中充分体现组织领导者的作用，该组织形成后，张某某以“长辈”身份订立“要互帮互助，不准惹是生非，不准与社会不良人员来往，不准赌博”的帮规戒律对组织成员严格要求，貌似劝人向善，实则将组织成员控制于股掌之中，这充分体现了张某某为首犯罪组织有较稳定组织、人数众多，有明确组织者、领导者和骨干成员基本固定的特点，充分体现了其组织特征。第二，该组织 11 名成员均有组织或参与实施敲诈勒索、强迫交易、组织卖淫等多起违法犯罪活动，均应认定为黑社会组织成员。第三，以张某某为首的犯罪组织为逃避打击而自我“洗白”，其有意将组织成员进行更替，从社会成员逐渐转为家庭成员，有意减少甚至在一定时期内暂时停止实施违法犯罪活动，给人造成该犯罪组织已经“转型”的错觉，但仍以组织名义、为组织利益连续多次实施违法犯罪活动，犯罪组织是持续存在，先后参与其中的人员都应当认定为该组织的成员。第四，强迫交易事实中的确存在部分组织成员系非张某某本人通知到场的情况，但到场参与的组织成员均听从张某某的指挥和安排，现场谈判均系以张某某为主导，事后赵某在解决此事上是直接拿出 8000 余元的现金给张某某进行安排，张某某也理所当然地作为领导者对此款进行了再分配，将全部资金发放给大家，这些事实足以证实张某某的组织带领作用和犯罪活动的有组织性。第五，对于认定被告人张某某、张体某实施敲诈勒索的犯罪事实，结合案发当天情况分析，张某某、张体某在整个事件中并未受到明显伤害，医院发票显示治疗费用总计 1500 元，而最终通过威胁要挟向对方索取的赔金额却高达 15 万元，明显是强行索要财物的行为。

法庭经审理，法院认为检察机关出示的证据能够相互印证，予以确认。对张某某等 11 名被告人及其辩护人提出的不构成组织、领导、参加黑社会性质组织罪及本案认定的相关犯罪的辩解、辩护意见，不予采纳。综合考虑犯罪事实和量刑情节，2018 年 12 月 2 日，安顺市西秀区人民法院作出一审判决，对 11 名被告人均以起诉书认定的犯罪事实作出有罪判决，决定执行刑期从 20 年至 2 年不等，并处没收财产及罚金，全部采纳检察机关提出的量刑意见。随后，该案 11 名被告人上诉至安顺市中级人民法院。经审理，二审法院维持原判，该判决已生效。

指导意义

判断是否已经形成较为稳定的犯罪组织、骨干成员是否基本固定以及是否通过有组织的实施违法犯罪活动获取经济利益，并实现对一定区域的非法控制，都需要以在较长时间内连续、多次实施有组织的违法犯罪活动作为主要依据。在有明确的组织成立时间后，该组织成员在组织领导者的带领下，以组织的名义、为组织利益连续多次实施违法犯罪活动的，就可以认定犯罪组织的持续存在。一些黑社会性质组织领导者为逃避法律的打击而自我“洗白”，有意识地减少甚至在一定时期内停止实施违法犯罪活动，有意识地将组织成员以家庭成员替代社会成员，给犯罪组织披上合法的外衣，给人造成该犯罪组织已经“转型”的错觉，从而更好地树立权威，更顺利地把持基层政权，但当该犯罪组织需要打击对手、插手他人经济纠纷、攫取经济利益时，就会恢复以往的真实面目，继续实施违法犯罪活动。

骨干成员基本固定，不等于骨干成员一成不变，黑社会性质组织也会存在新老交替，但并不影响组织结构的稳定性和组织运作的有效性，组织领导者仍然可以通过组织成员来指挥整个犯罪组织进行违法犯罪活动。

全国检察机关全面试行量刑建议工作以来，安顺市检察机关高度重视量刑建议工作的开展，牢固树立定罪与量刑同等重要的司法理念，在本案开展量刑建议的工作中，全面、合法、客观收集了被告人从重、从轻、减轻，或者免除处罚的各种证据，根据每个被告人的具体地位和作用，涉及的不同罪名和情节，以量刑均衡为原则，科学提出具体量刑建议，切实做到宽严相济、罚当其罪，客观公正的量刑，并全部得到一审、二审法院的采纳，效果凸显。

相关规定

1.《中华人民共和国刑法》

第一百六十三条 公司、企业或者其他单位的工作人员利用职务上的便利，索取他人财物或者非法收受他人财物，为他人谋取利益，数额较大的，处五年以下有期徒刑或者拘役；数额巨大的，处五年以上有期徒刑，可以并处没收财产。

公司、企业或者其他单位的工作人员在经济往来中，利用职务上的便利，违反国家规定，收受各种名义的回扣、手续费，归个人所有的，依照前款的规定处罚。

国有公司、企业或者其他国有单位中从事公务的人员和国有公司、企业或者其他国有单位委派到非国有公司、企业以及其他单位从事公务的人员有前两款行为的，依照本法第三百八十五条、第三百八十六条的规定定罪处罚。

第二百二十六条 以暴力、威胁手段，实施下列行为之一，情节严重的，处三年以下有期徒刑或者拘役，并处或者单处罚金；情节特别严重的，处三年以上七年以下有期徒刑，并处罚金：

（一）强买强卖商品的；

（二）强迫他人提供或者接受服务的；

（三）强迫他人参与或者退出投标、拍卖的；

（四）强迫他人转让或者收购公司、企业的股份、债券或者其他资产的；

（五）强迫他人参与或者退出特定的经营活动的。

第二百七十一条 公司、企业或者其他单位的人员，利用职务上的便利，将本单位财物非法占为己有，数额较大的，处五年以下有期徒刑或者拘役；数额巨大的，处五年以上有期徒刑，可以并处没收财产。

国有公司、企业或者其他国有单位中从事公务的人员和国有公司、企业或者其他国有单位委派到非国有公司、企业以及其他单位从事公务的人员有前款行为的，依照本法第三百八十二条、第三百八十三条的规定定罪处罚。

第二百七十四条 敲诈勒索公私财物，数额较大或者多次敲诈勒索的，处三年以下有期徒刑、拘役或者管制，并处或者单处罚金；数额巨大或者有其他严重情节的，处三年以上十年以下有期徒刑，并处罚金；数额特别巨大或者有其他特别严重情节的，处十年以上有期徒刑，并处罚金。

第二百九十三条 有下列寻衅滋事行为之一，破坏社会秩序的，处五年以下有期徒刑、拘役或者管制：

（一）随意殴打他人，情节恶劣的；

（二）追逐、拦截、辱骂、恐吓他人，情节恶劣的；

（三）强拿硬要或者任意损毁、占用公私财物，情节严重的；

（四）在公共场所起哄闹事，造成公共场所秩序严重混乱的。

纠集他人多次实施前款行为，严重破坏社会秩序的，处五年以上十年以下有期徒刑，可以并处罚金。

第二百九十四条 组织、领导黑社会性质的组织的，处七年以上有期徒刑，并处没收财产；积极参加的，处三年以上七年以下有期徒刑，可以并处罚金或者没收财产；其他参加的，处三年以下有期徒刑、拘役、管制或者剥夺政治权利，可以并处罚金。

境外的黑社会组织的人员到中华人民共和国境内发展组织成员的，处三年以上十年以下有期徒刑。

国家机关工作人员包庇黑社会性质的组织，或者纵容黑社会性质的组织进行违法犯罪活动的，处五年以下有期徒刑；情节严重的，处五年以上有期徒刑。

犯前三款罪又有其他犯罪行为的，依照数罪并罚的规定处罚。

黑社会性质的组织应当同时具备以下特征：

（一）形成较稳定的犯罪组织，人数较多，有明确的组织者、领导者，骨干成员基本固定；

（二）有组织地通过违法犯罪活动或者其他手段获取经济利益，具有一定的经济实力，以支持该组织的活动；

（三）以暴力、威胁或者其他手段，有组织地多次进行违法犯罪活动，为非作恶，欺压、残害群众；

（四）通过实施违法犯罪活动，或者利用国家工作人员的包庇或者纵容，称霸一方，在一定区域或者行业内，形成非法控制或者重大影响，严重破坏经济、社会生活秩序。

第三百五十八条 组织、强迫他人卖淫的，处五年以上十年以下有期徒刑，并处罚金；情节严重的，处十年以上有期徒刑或者无期徒刑，并处罚金或者没收财产。

组织、强迫未成年人卖淫的，依照前款的规定从重处罚。

犯前两款罪，并有杀害、伤害、强奸、绑架等犯罪行为的，依照数罪并罚的规定处罚。

为组织卖淫的人招募、运送人员或者有其他协助组织他人卖淫行为的，处五年以下有期徒刑，并处罚金；情节严重的，处五年以上十年以下有期徒刑，并处罚金。

2. 最高人民法院、最高人民检察院、公安部、司法部《关于办理黑恶势力犯罪案件若干问题的指导意见》

5. 知道或者应当知道是以实施违法犯罪为基本活动内容的组织，仍加入并接受其领导和管理的行为，应当认定为“参加黑社会性质组织”。没有加入黑社会性质组织的意愿，受雇到黑社会性质组织开办的公司、企业、社团工作，未参与黑社会性质组织违法犯罪活动的，不应认定为“参加黑社会性质组织”。

参加黑社会性质组织并具有以下情形之一的，一般应当认定为“积极参加黑社会性质组织”：多次积极参与黑社会性质组织的违法犯罪活动，或者积极参与较严重的黑社会性质组织的犯罪活动且作用突出，以及其他在组织中起重要作用的情形，如具体主管黑社会性质组织的财务、人员管理等事项。

［主办检察官：罗仕熙*
检　察　官：葛彦燕
检察辅助人员：蒲洪旭］

* 安顺市西秀区人民检察院副检察长。

王某某、林某某等12人组织、领导、参加黑社会性质组织、敲诈勒索等案

——黑社会性质组织的认定

关键词

黑社会性质组织　四个特征　垄断

要　旨

如何在“事出有因”、暴力犯罪不明显、多因一果、仅与组织领导者存在合伙承包关系的涉黑案件中，准确认定黑社会性质组织犯罪和“参加”行为。

基本案情

2013年，贵州省锦屏县三江镇（县城所在地）赤溪坪社区开始进行开发建设，被告人王某某、林某某等人相继购买工程车，在赤溪坪社区范围内承揽土石方运输。为维护和获得经济利益，先后纠集、拉拢林某富、王某赟、龙某华、唐某等人，以多位赤溪坪农民等为纽带，以“赤溪坪车队”为载体，以本地项目本地人做为由，通过阻工、威胁、“协商”、“承包”等手段强行运输和承揽土石方工程，截至2018年案发时，车队成员达42人，车辆达50余辆。该组织参与运输、承包的土石方工程总交易额达3000余万元，提取车辆运输管理费近100万元，形成了被告人王某某、林某某为组织者、领导者，被告人林某富、王某赟、粟某平为积极参加者，被告人龙某华、唐某、王甲、王某川、姜某山、龙某贵、施某勤等人为一般参加者的黑社会性质组织。

该黑社会性质组织通过暴力、威胁或其他手段，有组织的在赤溪坪片区共实施违法犯罪活动11起，使该片区的开发商、建筑商产生恐惧，只能被迫接受该犯罪组织提供的独家运输条件和提出的承包价格。截至2016年底，王某某等人参股并由林某某担任法定代表人的“四治弃土场”投入使用后，该片区土石方工程被该犯罪组织全部控制，严重破坏了该片区的经济、社会生活秩序。

指控与证明犯罪

锦屏县检察院以被告人王某某、林某某等12人犯组织、领导、参加黑社会性质组织罪、敲诈勒索罪、强迫交易罪、妨害公务罪，向锦屏县法院提起公诉。锦屏县法院于2018年12月5日至8日依法对本案公开开庭审理。

被告人及其辩护人对证据和事实基本无异议，主要辩护意见：(1) 成立车队是为有序运输而不是为了违法犯罪，不违法，不是犯罪组织，不符合“组织特征”；(2) 运输费均按个人运输量分配到个人，承包利润已均分到合伙个人，所获得的均为合法利益，均按劳分配到个人用于家庭生活，没有用于违法犯罪和支持犯罪组织活动，不符合“经济特征”；(3) 暴力、威胁色彩不明显，不是以暴力或威胁手段获取工程，不符合“行为特征”；(4) 虽形成一定垄断，但不是靠被告人实施违法犯罪行为造成的，是政府征地照顾下的失地农民优先、“本地项目本地人做”惯例和政府“协调”等综合因素造成的，不符合“危害特征”；(5) 赤溪坪社区原主任龙某华、原支部书记唐某，只是与王某某、林某某合伙承包土石方工程，唐某、龙某华不是车队成员，不受王某某、林某某领导和管理，4人是合伙关系，龙某华、唐某不属于“参加者”。

公诉人答辩：(1) 该犯罪集团完全符合“形成较稳定的犯罪组织，人数较多，有明确的组织者、领导者，骨干成员基本固定”这一法律规定的组织特征。第一，被告人王某某、林某某组织领导的以“赤溪坪车队”人员为主要成员的组织是一个犯罪集团。该犯罪集团是王某某等人在2014年8月通过阻工强行获得运输土石方后，为增强犯罪的组织性而成立车队，车队发展壮大的过程亦是违法犯罪不断积累升级的过程，共有组织地实施违法犯罪11起，利用其他手段承包6起。该犯罪集团所有成员必须服从队长安排、车辆运输要上交管理费、不准社区外的人员加入车队、统一派车等组织纪律和活动规约，还建立了“赤溪坪车队”微信群，强化管理和指挥。第二，该犯罪集团成员稳定、人数众多。该犯罪集团从2014年的4到5人，截至2018年案发时发展到40余人，车辆由四五辆壮大到50余辆，在长达4年的过程中，仅有2人离开。第三，该犯罪集团有明确的组织者、领导者，骨干成员和一般成员十分固定。被告人王某某、林某某发起、创建车队，王某某为队长，林某某为公认的“副队长”。在长达近4年时间里，该犯罪集团的发展、运行、活动进行决策、指挥、协调、管理均由王某某、林某某负责，是组织者、领导者。林某富等3被告人自始至终积极参加该犯罪集团组织的违法犯罪活动、积极协助管理车队并参与分配管理费，是骨干成员。龙某华、唐某等7名被告人明知是以实施违法犯罪为基本活动内容的组织，仍加入并接受其领导和管理，是一般参加者。

(2) 该犯罪集团完全符合“有组织地通过违法犯罪活动或者其他手段获

取经济利益，具有一定的经济实力，以支持该组织的活动”这一法律规定的经济特征。第一，该犯罪集团获取的巨额经济利益是通过有组织的违法犯罪活动或者其他手段获得的。该犯罪集团采取阻工、威胁和利用非法控制的强势地位，排挤外来运输车辆、威胁工地老板和所谓的协商、承包等方式，大肆攫取经济利益。第二，该犯罪集团有很强的经济实力。该犯罪集团提取的89万余元管理费：部分用于奖励给骨干成员林某富等3人，部分由王某某和林某某用于个人支配，部分用于车队统一聚餐、娱乐、车辆加水、车队外事活动等，以增强车队凝聚力和影响力。该犯罪集团强大的经济实力，足以支持该组织活动。

（3）该犯罪集团完全符合“以暴力、威胁手段或者其他手段，有组织地多次进行违法犯罪活动，为非作恶，欺压、残害群众”这一法律规定的行为特征。第一，该犯罪集团实施违法犯罪活动共有11起，属于多次。第二，该犯罪集团所实施的11起违法活动均是由组织者、领导者直接组织、策划、指挥、参与或按照组织惯例实施的。第三，该犯罪集团实施的违法犯罪活动均采用了暴力、威胁手段或者其他手段。第四，该犯罪集团有组织地实施的多次违法犯罪活动，侵犯了不特定多数人的人身权利和财产权利，破坏了当地经济秩序和社会秩序，属于有组织地多次进行违法犯罪活动，为非作恶，欺压、残害群众。

（4）该犯罪集团完全符合“通过实施违法犯罪活动，或者利用国家工作人员的包庇或者纵容，称霸一方，在一定区域或行业内，形成非法控制或重大影响，严重破坏经济、社会生活秩序”这一法律规定的危害特征。第一，该犯罪集团通过实施一系列的违法犯罪活动，形成强势势力和非法影响力，称霸一方。尽管有“开发建设过程中产生的就业岗位同等条件下优先安排”的政府纪要，也有政府相关领导组织下“同等条件下工程所在地车队优先运输”的协调意见，但这只能体现的是政府对失地农民的关爱和照顾，这里的关爱和照顾均是合理合法这一大前提下的。另外，“本地事本地人做”虽在一定区域内客观存在，但存在并不等于就是合理的，更不等于就是合法的。为此，以上种种，不能成为该组织犯罪的理由，不能作为无罪辩解，更不能作为形成垄断的原因。第二，该犯罪集团以组织势力、影响和犯罪能力为依托，以暴力、威胁的现实可能性为基础，使赤溪坪片区项目建设商产生恐惧、恐慌，严重影响了建设商正常的生产、工作秩序，致使赤溪坪整个片区的建设商只能被迫接受该犯罪集团提供的独家运输条件和提出的承包价格，在“四治弃土场”投入使用后，赤溪坪整个片区的土石方工程被该犯罪集团全部控制，严重破坏了该区域的经济、社会生活秩序。

（5）龙某华、唐某明知是以实施违法犯罪为基本活动内容的组织，仍加入并接受其领导和管理的行为，应当认定为参加黑社会性质组织。一是被告人龙某华、唐某二人明知是犯罪组织而加入。2人与车队成员生活在一个区域，车队成立前2人得帮助联系建筑商照顾王某某等人，车队决定成立向2人“汇报”，车队组织实施的违法犯罪行为，2人多次参与处置、协调，这些事实有充分证据证实，2人亦当庭供认，充分证明2人对车队是以实施违法犯罪为基本活动内容的组织是明知的。二是被告人龙某华、唐某2人是应王某某、林某某邀约加入的。将二被告人拉拢进入组织的根本目的是为了在赤溪坪片区获得更多的土石方运输工程，以攫取更大经济利益。一方面王某某、林某某代表犯罪组织“黑”，出面威胁工程发包、施工方；另一方面龙某华、唐某代表“白”，出面联系、协调，黑白配合，使该犯罪组织能够根据自己意愿更为顺利获得工程，最终对该片区土石方工程进行全面控制。三是被告人龙某华、唐某2人接受王某某、林某某的领导和管理。在表面上4人形成合伙关系，但实质是根据王某某、林某某的安排，利用职务身份，唱“白”脸。如果工程不能顺利“承包”，则由王某某、林某某唱“黑”脸。在具体进行所谓的合伙承包过程中，唐某、龙某华事前知晓，事中商量，事后分利，从龙某华多次结到巨额工程款后均交由王某某，再由王某某、林某某对利润进行分配来看，均充分证明龙某华、唐某接受王某某和林某某的领导和管理。

法庭审理认为，检察机关指控事实清楚，证据确实、充分，定性准确，予以确认。被告人及其辩护人提出的不构成组织、领导、参加黑社会性质组织罪的辩解、辩护意见，不予采纳。2018年12月12日，锦屏县法院作出一审宣判，对王某某等12人分别判处10年6个月至8个月不等有期徒刑并处罚金，组织者王某某、林某某并处剥夺政治权利。

一审宣判后，被告人王某某、林某某、林某富、王某赟、龙某华、唐某提出上诉。二审裁定驳回上诉，维持原判。

指导意义

随着社会的进步，黑社会性质组织的形式也发生了变化，本案呈现出成立组织目的多样化、实施行为“软暴力”化、参与组织隐蔽化等特点，合法与非法、个人与组织、合伙与参加、职权与势力、多因一果等相互交织在一起，但不管形式如何变化，只要透过现象看本质，只要通过收集、审查、运用证据证明的事实，符合法律、司法解释精神，符合2018年“两高两部”《关于办理黑恶势力犯罪案件若干问题的指导意见》明确的黑社会性质组织4个特征的具体表现形式，就应当以组织、领导、参加黑社会性质组织罪论处。至于有其他因素对该案最终形成有一定影响的，只能作为量刑的因素考虑，只有这样，才能准确认定、精准打击、不枉不纵。

相关规定

1.《中华人民共和国刑法》

第二百九十四条 组织、领导黑社会性质的组织的，处七年以上有期徒刑，并处没收财产；积极参加的，处三年以上七年以下有期徒刑，可以并处罚金或者没收财产；其他参加的，处三年以下有期徒刑、拘役、管制或者剥夺政治权利，可以并处罚金。

境外的黑社会组织的人员到中华人民共和国境内发展组织成员的，处三年以上十年以下有期徒刑。

国家机关工作人员包庇黑社会性质的组织，或者纵容黑社会性质的组织进行违法犯罪活动的，处五年以下有期徒刑；情节严重的，处五年以上有期徒刑。

犯前三款罪又有其他犯罪行为的，依照数罪并罚的规定处罚。

黑社会性质的组织应当同时具备以下特征：

（一）形成较稳定的犯罪组织，人数较多，有明确的组织者、领导者，骨干成员基本固定；

（二）有组织地通过违法犯罪活动或者其他手段获取经济利益，具有一定的经济实力，以支持该组织的活动；

（三）以暴力、威胁或者其他手段，有组织地多次进行违法犯罪活动，为非作恶，欺压、残害群众；

（四）通过实施违法犯罪活动，或者利用国家工作人员的包庇或者纵容，称霸一方，在一定区域或者行业内，形成非法控制或者重大影响，严重破坏经济、社会生活秩序。

2. 最高人民法院、最高人民检察院、公安部、司法部《关于办理黑恶势力犯罪案件若干问题的指导意见》

（略）

［主办检察官：刘　毅*
检　察　官：王　鹏　姜　琼　罗圆圆
检察官助理：王以青］

* 黔东南州锦屏县人民检察院副检察长。

王某某等开设赌场案

——开设赌场罪的认定

关键词

开设赌场　法律监督　检察建议

要　旨

检察机关办理该案时，并没有就案办案，在仔细审查案件证据和事实的同时，及时发现社会治理漏洞，认真履行法律监督职能，以检察建议为载体，积极参与社会综合治理。

基本案情

被告人王某某，男，1965年出生，因涉嫌开设赌场罪于2017年7月28日被六盘水市人民检察院批准逮捕。

被告人张某富，男，1971年出生，因涉嫌开设赌场罪于2017年7月28日被六盘水市人民检察院批准逮捕。

被告人罗某祥，男，1960年出生，2006年2月27日因犯赌博罪被六盘水市中级法院判处有期徒刑8个月，因涉嫌开设赌场罪于2017年7月28日被六盘水市人民检察院批准逮捕。

被告人黄某富，男，1986年出生，因涉嫌开设赌场罪于2017年7月28日被六盘水市人民检察院批准逮捕。

被告人王某勇，男，1989年出生，因涉嫌开设赌场罪于2017年7月28日被六盘水市人民检察院批准逮捕。

被告人袁某，男，1990年出生，2008年7月4日因犯抢劫罪被六盘水市中级法院判处有期徒刑2年，因涉嫌开设赌场罪于2017年7月28日被六盘水市人民检察院批准逮捕。

被告人吴某恒，男，1990年出生，因涉嫌开设赌场罪于2017年7月28日被六盘水市人民检察院批准逮捕。

被告人吴某波，女，1988年出生，因涉嫌开设赌场罪于2017年7月28日被六盘水市人民检察院批准逮捕。

被告人李某通，男，1978年出生，因涉嫌开设赌场罪于2017年7月28日被六盘水市人民检察院批准逮捕。

被告人袁某洋，男，1989年出生，2017年7月28日六盘水市人民检察院作出犯罪事实不清，证据不足不批准逮捕的决定。

被告人刘某飞，男，1988年出生，2017年7月28日六盘水市人民检察院作出犯罪事实不清，证据不足不批准逮捕的决定。

被告人李某粉，女，1970年出生，2017年7月28日六盘水市人民检察院作出犯罪事实不清，证据不足不批准逮捕的决定。

被告人赵某凤，女，1968年出生，2017年7月28日六盘水市人民检察院作出犯罪事实不清，证据不足不批准逮捕的决定。

被告人张某，男，1988年出生，2017年7月28日六盘水市人民检察院作出犯罪事实不清，证据不足不批准逮捕的决定。

2016年5月至2017年6月期间，王某某在水城县发耳镇与杨梅乡交界处的马家寨水沟边（小地名）、马场隧道边（小地名）、杨梅林（小地名）等地长期开设野外赌场，张某富、罗某祥系赌场股东，赌场以摇骰子赌单双的方式进行赌博，该赌场由赌场老板王某某、张某富、罗某祥等人“坐庄”，对赌客进行抽头渔利，抽到钱后由王某某保管并分发给股东及赌场工作人员，王某某等人开设的赌场平均每日参赌人员达到20人以上，平均每日赌博资金达到2万元以上，平均每日抽头渔利金额达2000元以上。

赌场的管理由王某某负责，其招聘了王某勇、吴某波、吴某恒、李某通等人到赌场服务，王家勇负责帮王志平背包及管理赌场工作人员工资，包内为每日赌场运转和盈利的资金，赌场每日抽头渔利的现金都由王某勇收取后拿给王某某，再由王某某与其他股东对账，其每日领取报酬200元，吴某波每日驾驶其面包车运输赌场工具和摆放赌具，有时也参与放哨，每日领取报酬200元；吴某恒持对讲机为赌场放哨，每日领取报酬200元；李某通每日驾驶其面包车接送参赌人员到赌场，每日领取报酬200元。

在王某某等人开设赌场期间，黄某富、袁某等人经王某某同意后多次在王某某开设的赌场上放高利贷给赌客，收取高额利息，从中获利，为赌场的持续经营提供了条件。

指控与证明犯罪

由于本案涉案人数多，在案犯罪嫌疑人分别关押于六枝、盘州、水城、钟山等地看守所，六盘水市人民检察院成立专案组，由副检察长及侦监处员额检察官组成。专案组在审查逮捕过程中严格按照《中华人民共和国刑事诉讼法》第79条关于逮捕的条件规定，严格执行最高人民检察院、公安部《关于逮捕社会危险性条件若干问题的规定（试行）》等文件规定，认真审查梳理在案证据，着重审查各犯罪嫌疑人是否涉嫌犯罪、是否具有社会危险性、是否有逮捕必要。在确保案件认定事实无误、定性准确之余，在办案过程中树立规范司法的意识，注重法律文书、办案程序的规范性，严格依照审查逮捕案件办理程序规范制作《审查逮捕意见书》《批准逮捕决定书》《不批准逮捕决定书》《不批准逮捕理由说明书》《不批准逮捕案件补充侦查提纲》《检察建议意见书》等相关法律文书。严格按要求完善审批程序，准确填录全国检察机关统一业务应用系统有关内容。

另在办案中发现，水城县公安局发耳派出所警务助理蒋某某、范某某等人多次到辖区内王某某等人开设的野外赌场参与赌博，蒋某某、范某某等人身为公安机关警务助理，不但不履职、不作为，还涉身其中，蒋某某、范某某等人的行为严重损害公安机关在人民群众中的形象，本院就此向六盘水市公安局发出《检察建议书》，建议公安机关依照相关规定对蒋某某、范某某等人严肃处理并通报曝光，形成震慑，不断释放严明纪律的强烈信号，树立公安机关的良好形象。六盘水市公安局收到《检察建议书》后高度重视，副市长兼公安局局长立即作出安排，责成水城县公安局核查处理。水城县公安局党委进一步核实后根据《贵州省公安机关协勤人员管理暂行规定》、六盘水市公安局《关于严禁公安民警涉足黄赌毒的处理规定》，对蒋某某、范某某等人按相关程序予以解聘，并由办案部门依法处理，责令负有领导责任的发耳派出所所长向县公安局党委作出书面检查，并在全局联席会议上公开检讨。责令派出所立即组织全体民警及协勤人员认真学习相关警规警纪，清理整顿执法不规范行为，梳理队伍管理的薄弱环节，主动查找各类苗头性、倾向性问题，坚持抓早抓小、防患于未然。责令派出所对辖区涉赌情况进行大摸排，加强巡查防控，严防野外赌博“死灰复燃”，一旦发现涉赌问题，坚决依法打击。

2018 年 4 月 25 日，水城县人民法院依法判决王某某、吴某恒、张某富、王某勇、罗某祥、袁某、黄某富、李某通、吴某波等 9 人有期徒刑 1 年零 6 个月至 11 个月不等的刑罚，并处罚金。上述判决已生效。

指导意义

王某某等 14 人开设赌场一案经六盘水市人民检察院严格审查证据，准确批准逮捕其中 9 名犯罪嫌疑人，对证据不充分的 5 名犯罪嫌疑人作出不批准逮捕决定，有力地打击了犯罪，是六盘水市人民检察院规范司法办案，正确批准逮捕及正确不批准逮捕的双重体现。批准逮捕的 9 名犯罪嫌疑人均获有罪判决，且均未上诉，该案取得了良好的政治效果、法律效果和社会效果。

办案检察官在办案中发现公安机关相关人员工作中不规范行为及违法情

形，依法履行法律监督职能，发出《检察建议书》，并取得良好的显性效果，把检察建议做成了刚性，也做到了刚性，也是检察机关参与社会综合管理的实际举措，为推动社会治理法治化提供了检察智慧和检察力量。

相关规定

《中华人民共和国刑法》

第三百零三条 以营利为目的，聚众赌博或者以赌博为业的，处三年以下有期徒刑、拘役或者管制，并处罚金。

开设赌场的，处三年以下有期徒刑、拘役或者管制，并处罚金；情节严重的，处三年以上十年以下有期徒刑，并处罚金。

［主办检察官：谢　凝*
检　察　官：晏　旭　王继革　邓钠宇］

* 六盘水市人民检察院副检察长。

吴某某、薛某某、黄某某开设赌场案

——赌资的数额如何计算

关键词

开设赌场　微信群　抽头渔利

要　旨

利用互联网、移动通信终端等传输赌博视频、数据，组织赌博活动，建立赌博网站并接受投注的或者提供给他人组织赌博的，属于开设赌场行为。抽头渔利数额累计达到3万元以上的，或者赌资数额累计达到30万元以上的，属于开设赌场情节严重的行为。

基本案情

犯罪嫌疑人吴某某，女，1989年2月出生，贵州省福泉市人。

犯罪嫌疑人薛某某，女，1993年3月出生，贵州省福泉市人。

犯罪嫌疑人黄某某，女，1994年1月出生，贵州省福泉市人。

2017年12月中旬，犯罪嫌疑人吴某某、薛某某通过建立微信群，组织群内的朋友通过下载“趣玩互娱”APP游戏软件，进入建立的俱乐部采取“斗牛”方式赌博，群内成员每次参与赌博结束后，输钱的赌客将通过微信支付或支付宝支付方式将钱支付给吴某某或薛某某，吴某某或薛某某从中提取部分水钱作为盈利后，再通过微信或者支付宝将钱支付给赢钱的赌客。吴某某与薛某某采取此方式开设赌场一直经营至2018年3月下旬，共抽头渔利十万余元，每人获利五万余元。2018年3月下旬开始，黄某某约吴某某、薛某某共同开设赌场，黄某某另外建立了一个微信群和俱乐部，采取“斗牛”方式赌博并抽头渔利，该赌场一直经营到2018年4月12日，期间3人共获利2万余元，黄某某获利1万余元，吴某某与薛某某每人获利5000余元。

指控与证明犯罪

本案犯罪嫌疑人吴某某、薛某某、黄某某涉嫌开设赌场一案，于2018年4月12日在福泉市公安局打击赌博犯罪统一行动中查获，经福泉市公安局审查于2018年4月11日立案侦查，吴某某、薛某某、黄某某于2018年4月13日被福泉市公安局抓获。

2018年5月11日，福泉市公安局以犯罪嫌疑人吴某某、薛某某、黄某某涉嫌开设赌场罪向福泉市人民检察院提请审查逮捕。经审查，福泉市人民检察院于2018年5月18日以吴某某、薛某某涉嫌开设赌场罪作出批准逮捕决定，以犯罪嫌疑人黄某某涉嫌开设赌场罪，但因其系怀孕的妇女，作出不批准逮捕决定。

主动引导公安机关侦查取证，从而与公安机关形成合力，共同打击网络赌博犯罪。福泉市人民检察院办案人员经过审阅卷宗材料，核实了相关证据后，发现只有言词证据证实本案的涉案金额，本案证据单薄，难以达到批准逮捕的条件，于是检察院办案人员与公安机关办案民警沟通后，作出补充证据提纲，并引导公安机关取证，检察机关主要从法律适用方面和证据固定两个方面引导取证，从而成功地批捕了犯罪嫌疑人吴某某、薛某某。

指导意义

法律适用方面。《中华人民共和国刑法》第303条第2款规定了开设赌场罪，最高人民法院、最高人民检察院、公安部《关于办理网络赌博犯罪案件适用法律若干问题的意见》对开设赌场罪也进行了细化。对于本案的涉案金额如何计算、如何认定，最高人民法院、最高人民检察院、公安部《关于办理网络赌博犯罪案件适用法律若干问题的意见》第3条规定：赌资的数额可以直接按照在网络上投注或者赢取的点数乘以每一点实际代表的金额认定。根据这一规定，在网络赌博案件中，确定赌资数额的标准是按照投注额或赢取额计算，在确定投注额或赢取额之后再按照每一点实际的金额来换算成人民币，最终确定赌资数额。检察院案件承办人认为根据现有的司法解释规定，赌资数额可以按照投注额或赢取额计算，但投注额或赢取额的计算方式的差异会对赌资数额的认定产生较大的影响，所以在计算涉案金额时要谨慎，避免重复计算。对于本案涉案金额，建议公安机关根据委托有资质的鉴定机构，按照相关的司法解释，对犯罪嫌疑人抽头渔利的具体金额或者赌博金额进行计算。

证据固定方面。对于办理网络赌博犯罪案件，电子证据十分关键，然而电子证据的客观性强而关联性弱，且及时性强，若不及时调取，难以事后补查。该案件中，3名犯罪嫌疑人是通过建立微信群，组织群内成员进去APP参与赌博，并通过微信或支付宝支付方式进行抽水，故本案电子证据是关键。故本案承办检察官引导公安机关及时对电子证据进行取证、固定，并强调要按照《公安机关办理刑事案件电子数据取证规则》取证，注重取证的规范、完整。因此，本案及时提取了犯罪嫌疑人支付宝及微信交易记录，为案件进一步侦查及后期的起诉工作奠定了基础。

相关规定

1.《中华人民共和国刑法》

第二百零三条 纳税人欠缴应纳税款，采取转移或者隐匿财产的手段，致使税务机关无法追缴欠缴的税款，数额在一万元以上不满十万元的，处三年以下有期徒刑或者拘役，并处或者单处欠缴税款一倍以上五倍以下罚金；数额在十万元以上的，处三年以上七年以下有期徒刑，并处欠缴税款一倍以上五倍以下罚金。

2. 最高人民法院、最高人民检察院、公安部《关于办理网络赌博犯罪案件适用法律若干问题的意见》

一、关于网上开设赌场犯罪的定罪量刑标准

利用互联网、移动通讯终端等传输赌博视频、数据，组织赌博活动，具有下列情形之一的，属于刑法第三百零三条第二款规定的“开设赌场”行为：

（一）建立赌博网站并接受投注的；

（二）建立赌博网站并提供给他人组织赌博的；

（三）为赌博网站担任代理并接受投注的；

（四）参与赌博网站利润分成的。

实施前款规定的行为，具有下列情形之一的，应当认定为刑法第三百零三条第二款规定的“情节严重”：

（一）抽头渔利数额累计达到3万元以上的；

（二）赌资数额累计达到30万元以上的；

（三）参赌人数累计达到120人以上的；

（四）建立赌博网站后通过提供给他人组织赌博，违法所得数额在3万元以上的；

（五）参与赌博网站利润分成，违法所得数额在3万元以上的；

（六）为赌博网站招募下级代理，由下级代理接受投注的；

（七）招揽未成年人参与网络赌博的；

（八）其他情节严重的情形。

三、关于网络赌博犯罪的参赌人数、赌资数额和网站代理的认定

赌博网站的会员账号数可以认定为参赌人数，如果查实一个账号多人使用或者多个账号一人使用的，应当按照实际使用的人数计算参赌人数。

赌资数额可以按照在网络上投注或者赢取的点数乘以每一点实际代表的金额认定。

对于将资金直接或间接兑换为虚拟货币、游戏道具等虚拟物品，并用其作

为筹码投注的，赌资数额按照购买该虚拟物品所需资金数额或者实际支付资金数额认定。

对于开设赌场犯罪中用于接收、流转赌资的银行账户内的资金，犯罪嫌疑人、被告人不能说明合法来源的，可以认定为赌资。向该银行账户转入、转出资金的银行账户数量可以认定为参赌人数。如果查实一个账户多人使用或多个账户一人使用的，应当按照实际使用的人数计算参赌人数。

有证据证明犯罪嫌疑人在赌博网站上的账号设置有下级账号的，应当认定其为赌博网站的代理。

［独任检察官：岑小明*
检察官助理：黎　兰］

* 黔南州福泉市人民检察院检察长。

费某某拒不执行判决、裁定案

——被告人对法院判决有能力执行而不执行，隐藏、转移财产的行为认定

关键词

判决、裁定　隐藏、转让财产　无法执行

要　旨

被告人对人民法院的判决、裁定有能力执行而拒不执行，隐藏、转移名下财产，致使判决无法执行的事实清楚、证据确实充分，其行为构成拒不执行判决、裁定罪。

基本案情

被告人费某某，男，1975年出生，初中文化，原系贵州某矿业有限公司股东和法定代表人、贵州某贸易有限公司股东和法定代表人。

2016年6月3日，六盘水市中级人民法院（以下简称市中院）作出（2016）黔02民初23号民事判决：被告严某华偿还原告蒋某书本金2280万元，利息1368万元，本息合计3648万元，被告贵州某矿业有限公司、费某某对该债务承担连带清偿责任。该判决于2016年7月7日发生法律效力后，严某华、费某某、贵州某矿业有限公司未履行该判决确定的法律义务，原告蒋某书申请强制执行。2016年7月20日市中院（2016）黔02民初84号民事调解书确定被告贵州某矿业有限公司、费某某、严某华、周某在2016年7月30日前偿还原告李某杰共计753.215万元。该民事调解书于2016年8月11日发生法律效力后，贵州某矿业有限公司、费某某、严某华、周某未履行该调解书确定的法律义务，原告李某杰申请强制执行。

市中院将上述两个执行案件分别立案为（2016）黔02执101号案件、（2016）黔02执116号案件，于2016年9月19日向被告人费某某送达了执行通知书、报告财产令、风险提示、执行裁定书。此后，被告人费某某未向市中院申报财产情况，并于2017年5月2日将自己持有的贵州某贸易有限公司80%的股权转移到吴某军名下，致使判决、裁定无法执行。

指控与证明犯罪

六盘水市公安局钟山分局于2018年4月2日将本案移送六盘水市钟山区检察院审查起诉。

审查起诉阶段，费某某辩称，自己未向六盘水市中级人民法院申报过财产，向钟山区人民法院申报财产时隐瞒了自己是贵州某贸易有限公司的法定代表人，是因为当时认为此公司是空壳公司，没有资产，所以未向法院申报；将贸易公司的股权转让给吴某军，无实际交易，吴某军只是帮其代持股权，变更股权和公司法定代表人的目的是为了以吴某军的名义贷款偿还债务。

费某某辩护人辩称：费某某系情节显著轻微，不构成犯罪。（1）费某某在本案中不具备履行能力，没有针对判决裁定实施拒不执行的行为；（2）费某某和吴某军均愿意将吴某军代持的股权恢复至费某某名下，且执行法院也可以直接查封显名股东名下的股权，执行法院也对费某某实施了拘留的行政处罚，该股权代持行为已没有任何社会危害性，不应当再重复评价为刑事犯罪。（3）费某某在相关执行案件中只是担保人之一并不是主债务人，不能把判决裁定无法执行的所有后果均让费某某承担，且现有证据无法证实在有其他被执行人的情况下判决、裁定已确实无法执行。

检察机关审查认为，费某某在收到六盘水市中级人民法院关于严某华与蒋某书借款纠纷案的民事判决书、执行通知书、报告财产令、风险提示后未向六盘水市中级人民法院申报名下财产，并于2017年5月2日与吴某军签订转让协议将其持有的贸易公司80%的股权转让到吴某军名下的事实清楚，对于费某某作为被执行人涉案的相关民事执行案件的判决书及相关执行情况、费某某是否涉嫌虚假诉讼、费某某将其在贵州某贸易有限公司股权转让给吴某军后是否确实向金融机构申请过贷款情况、费某某在钟山区法院申报财产的情况，尚待进一步查证。针对尚待查证的问题，钟山区人民检察院于2018年4月19日将本案第一次退回六盘水市公安局钟山分局补充侦查，要求公安机关补充相关证据。

经补充侦查，六盘水市公安局钟山分局进一步收集了吴某军询问笔录、李某杰强制执行申请书、六盘水市中级人民法院执行通知书、报告财产令、财产查询反馈信息表及汇总表等证据材料。结合补充侦查证据，犯罪嫌疑人费某某对人民法院的判决、裁定有能力执行而拒不执行，隐藏、转移名下财产，致使判决无法执行的事实清楚、证据确实充分，其行为构成拒不执行判决、裁定罪。

本案由钟山区人民检察院于2018年6月12日以费某某犯拒不执行判决、裁定罪向钟山区人民法院提起公诉。钟山区人民法院于2018年7月13日公开开庭审理了本案，于2018年11月12日公开宣判。

法庭调查阶段，公诉人宣读起诉书指控被告人费某某有能力执行而拒不执行，隐藏、转移名下财产，致使人民法院的判决、裁定无法执行，其行为已触犯《中华人民共和国刑法》第313条第1款之规定，犯罪事实清楚，证据确实、充分，应当以拒不执行判决、裁定罪追究其刑事责任。费某某归案后，如实供述自己的罪行，根据《中华人民共和国刑法》第67条第3款之规定，可以从轻处罚。对以上指控的犯罪事实，公诉人出示了三组证据予以证明。

法庭辩论阶段，公诉人发表公诉意见：

1. 本案被告人犯罪事实清楚，证据确实、充分

经过庭审，公诉人当庭讯问了被告人，向法庭出示了书证、证人证言、被害人陈述、被告人费某某的供述与辩解等证据，证据之间相互印证，形成完整的证据链条，综合证实被告人费某某明知自己有如实申报财产、不隐藏、转移财产的法律义务而秘密将自己名下股权转移登记在他人名下，致使判决、裁定无法执行，其行为已触犯《中华人民共和国刑法》第313条第1款，犯罪事实清楚，证据确实、充分，应当以拒不执行判决、裁定罪追究其刑事责任。

2. 对本案被告人的量刑情节及适用法律

被告人费某某归案后如实供述自己罪行，根据《中华人民共和国刑法》第67条第3款的规定，可以从轻处罚。费某某在到案后承诺愿意将变更登记在他人名下的股权变更登记在自己名下，有一定的悔罪态度，可以酌情予以从轻处罚。建议人民法院对费某某在1年至2年幅度内判处有期徒刑，并处罚金。

3. 本案的启示

被告人费某某明知自己有如实申报财产、保持自己财产现状的法律义务，将自己名下股权变更登记至他人名下，致使判决、裁定无法执行，给申请执行人造成了巨大的经济损失，更是妨害了正常的司法秩序，损害了司法权威，同时因自己不诚信，丧失做人的底线，付出应有的代价。费某某的教训是惨痛的，希望当前普遍出现的“老赖”们能够警醒，任何人胆敢藐视人民法院判决的权威，公然践踏法律秩序，必将受到法律的严惩。作为一个公民，严格遵守法律是我们应尽的义务，讲诚信是我们做人做事的基本的道德规范，也是全社会广泛倡导的社会主义核心价值观之一。

法庭经审理，认定被告人费某某有能力执行而拒不执行，隐藏、转移名下财产，致使人民法院的判决、裁定无法执行，情节特别严重，判决被告人费某某犯拒不执行判决、裁定罪，判处有期徒刑3年，并处罚金人民币20万元。

指导意义

依法严厉打击“老赖”拒不履行法院生效判决、裁定行为，切实维护法律和司法权威，保护申请执行企业家合法权益。一是严把证据关，全面、审慎审查案件事实和证据。经审查发现，费某某除涉嫌侦查机关移送审查起诉的拒不执行（2016）黔02民初23号民事判决外，还涉嫌其他拒不执行法院判决、裁定的行为。本院针对上述情况退回侦查机关补充侦查，核实费某某有拒不执行（2016）黔02执116号执行裁定的行为，并依法增诉该桩犯罪事实。二是加强和审判机关的沟通。在提起公诉前，积极和法院沟通，有一定共识，为本案成功公诉奠定了坚实的基础。

相关规定

1.《中华人民共和国刑法》

第三百一十三条 对人民法院的判决、裁定有能力执行而拒不执行，情节严重的，处三年以下有期徒刑、拘役或者罚金；情节特别严重的，处三年以上七年以下有期徒刑，并处罚金。

单位犯前款罪的，对单位判处罚金，并对其直接负责的主管人员和其他直接责任人员，依照前款的规定处罚。

2. 全国人民代表大会常务委员会《关于〈中华人民共和国刑法〉第三百一十三条的解释》

（略）

［独任检察官：张英祥*
检察官助理：任艳辉］

* 六盘水市钟山区人民检察院检察长。

王某某、杨某某等6人非法采矿案

——未取得采矿许可证而擅自开采列入国家矿产资源目录的矿石的行为认定

关键词

非法开采　紫袍玉带石　板岩

要　旨

自然人或者单位违反矿产资源法的规定，未取得采矿许可证而擅自在国家规划矿区、对国民经济具有重要价值的矿区采矿，开采国家规定实行保护性开采的特定矿种，或者在禁采区、禁采期内采矿，情节严重的行为，应当以非法采矿罪追究刑事责任。

基本案情

被告人王某某，男，1965年出生，江口县德旺乡某村人。

被告人杨某某，男，1963年出生，江口县德旺乡某村人。

被告人田某，男，1996年出生，江口县德旺乡某村人。

被告人张某富，男，1977年出生，江口县德旺乡某村人。

被告人田甲，男，1981年出生，江口县德旺乡某村人。

被告人杨某珍，女，1963年出生，江口县德旺乡某村人。

2017年10月18日，以被告人王某某、张某富为一伙、以被告人杨某珍、杨某某、田某、田甲为一伙，各自共谋到江口县梵净山自然保护区上堰沟开采紫袍玉带石。当日晚上，被告人王某某、张某富走到上堰沟7号洞附近，碰到被告人杨某某、杨某珍、田某、田甲，于是被告人王某某提议共同开采紫袍玉带石，开采的紫袍玉带石按6人平分，六被告人达成合意后并确定分工。王某某、张某富、杨某某、田某从7号洞进入8号洞内实施开采，杨某珍到8号洞外附近原紫玉公司房子边放哨，田甲到江口县德旺乡坝梅村大火焰组寨子附近放哨。在开采过程中，杨某某、张某富使用钻枪、钻杆等工具负责打眼和劈岩，王某某和田某负责牵水管、搬玉带石和做其他杂事。

2017年10月20日凌晨，被告人王某某、杨某某、田某、张某富在上堰沟8号洞内被江口县公安局民警现场抓获。当场查获紫袍玉带石55件，称量为1031.9kg。

2017年11月6日、8日，被告人田甲、杨某珍被梵净山森林公安分局依法传唤到案，如实供述犯罪事实。

经国土资源部贵阳矿产资源监督检测中心、贵州省地质矿产中心实验室鉴定，开采的矿石名为紫袍玉带石，系绢云母板岩，属于非金属矿产资源中的板岩系列，列入国家矿产资源目录。经皓天评估集团有限责任公司鉴定，开采的紫袍玉带石价值人民币63922元。

指控与证明犯罪

2018年8月1日，铜仁市公安局梵净山森林公安分局以王某某、杨某某等6人涉嫌非法采矿罪移送江口县人民检察院审查起诉。

审查起诉阶段，江口县人民检察院审查了全部案件材料，讯问了犯罪嫌疑人，审查发现，涉案证据存在以下问题：一是价值鉴定程序不合法，在未对开采的紫袍玉带石进行矿种类型鉴定前对涉嫌紫袍玉带石进行价值鉴定；二是涉嫌开采的紫袍玉带石31件，仅提取1件进行鉴定，不符合随机抽样法，更不能客观全面反映涉案全部矿石的属性；三是本案开采紫袍玉带石的区域问题，是否属于国家规划矿区、对国民经济具有重要价值的矿区，国家规定实行保护性开采的特定矿种或是禁采区、禁采期；四是未调取涉嫌六被告人有无采矿许可证，除上述问题外，就是以被告人王某某、张某富为一伙、以被告人杨某珍、杨某某、田某、田甲为一伙，两伙人各自共谋到6人共谋的相关情况。为此，江口县人民检察院两次退查要求铜仁市公安局梵净山森林公安分局对上述情况进行侦查和调取。

2019年1月2日，江口县人民检察院以王某某、杨某某等6人涉嫌非法采矿罪向江口县人民法院提起公诉。2月12日，江口县人民法院公开开庭审理本案。

法庭调查阶段，公诉人宣读起诉书指控被告人王某某、杨某某等人在未办理采矿许可证的情况下，擅自在国家规定的禁采区开采矿石，开采的矿产品价值人民币63922元，情节严重，6人行为构成非法采矿罪。在共同犯罪中，6人虽分工不同，但作用相当，不区分主从犯，对犯罪事实共同承担刑事责任。

同时，公诉人向法庭出示了全案证据证明犯罪事实：

一是六被告人户籍信息、贵州省矿产资源条例、矿产资源开采登记办法、铜仁市国土资源局证明。证明：六被告人的身份情况，铜仁市国土资源局在梵净山自然保护区内未设置紫袍玉带石的开采权。

二是中华人民共和国矿产资源法、山林所有权证及国务院转批林业部关于审定国家级森林自然保护区请示的通知。证明：德旺乡某村某组上堰沟属于贵州梵净山国家级自然保护区，属国有山林。梵净山自然保护区属于国家级森林和野生动物类型自然保护区，系禁采区。

三是王某某、杨某某等6人的供述与辩解。证明：以被告人王某某、张某富为一伙、以被告人杨某珍、杨某某、田某、田甲为一伙，两伙人各自共谋到6人共谋的相关情况和开采情况。

四是岩矿鉴定报告和价格评估报告。证明：王某某、杨某某等6人开采的矿石为绢云母板岩，属于非金属矿产资源中的板岩系列，列入国家矿产资源目录，称为紫袍玉带石。经鉴定价值63922元。

针对起诉书指控的犯罪事实及罪名，六被告人均无异议，认罪悔罪。

法庭经审理认定检察机关出示的证据符合三性原则，能够相互印证，形成完整的证据锁链，予以确认作为本案定罪量刑证据。合议庭结合犯罪事实、认罪悔罪态度及检察机关量刑建议，当庭依法对王某某、杨某某等6人判处有期徒刑6个月，缓刑1年，并处罚金人民币3000元。六被告人当庭表示服判，不上诉。

指导意义

一是行为认定。2017年12月13日，铜仁市公安局梵净山森林公安分局以王某某、杨某某、张某富、田某、田甲涉嫌盗窃罪移送江口县人民检察院审查逮捕，涉案玉带石价值人民币52244元。经审查，紫袍玉带石是否一般属性财物还是矿物类，没有相关证据，5人的行为是否认定盗窃。因此，对5人作出批准逮捕决定。2018年8月1日，铜仁市公安局梵净山森林公安分局以王某某、杨某某、张某富、田某、田甲、杨某珍涉嫌非法采矿罪移送江口县人民检察院审查起诉。经审查，对紫袍玉带石进行鉴定为属于玉石矿种，成分有绢云母。经补充侦查鉴定为绢云母板岩，属于板岩系列，列入国家矿产名录。因此，6人的行为符合盗窃罪和非法采矿罪的想象竞合犯，刑法对非法采挖矿产资源的行为作了特殊规定，将此种盗采行为专门规定为非法采矿罪，根据特别法优于一般法的法条适用原则，6人的行为应认定为非法采矿罪。

二是矿种认定。第一份岩石鉴定报告的鉴定意见仅对紫袍玉带石成分进行鉴定，关于是否属于矿种并未写明。经补充侦查重新鉴定后，证明开采的矿石名为紫袍玉带石，系绢云母板岩，属于板岩系列。那么绢云母板岩是否能认定为《中华人民共和国矿产资源法实施细则》中属于非金属矿产资源中的板岩系列？通过电话与鉴定人员沟通和查阅《岩石分类和命名方案变质岩岩石的分类和命名方案》（GB/T17412.3－1998），板岩属于矿种目录中的大类，绢云母板岩属于板岩中的具体岩石类型。因此，本案中开采的紫袍玉带石属于国家规定矿种，列入国家矿产资源目录。

三是立案标准理解适用。根据《中华人民共和国刑法》第343条第1款规定，必须达到情节严重才构成本罪，根据“两高”《关于办理非法采矿、破坏性采矿刑事案件适用法律若干问题的解释》第3条第1款第2项规定：“在国家规划矿区、对国民经济具有重要价值的矿区采矿，开采国家规定实行保护性开采的特定矿种，或者在禁采区、禁采期内采矿，开采的矿产品价值或者造成矿产资源破坏的价值在五万元至十五万元以上的”，上述解释中规定立案标准区间“五万元至十五万元以上”，经查阅相关资料，贵州未规定非法采矿罪立案标准，那么该以5万元、6万元还是15万元作为立案标准，发生理解适用分歧，有的认为应按照有利于犯罪嫌疑人的原则，就高不就低。通过检答网咨询省检察院专家和法院沟通，承办人认为根据罪刑法定原则，在没有特别规定或专项规定情况下，应当适用现有法律或者解释规定，“两高”明确规定“五万元”作为非法采矿罪统一的入刑标准，本案矿石价值人民币63922元，已经超过上述司法解释规定“五万元”的标准，因此，应认定王某某、杨某某等6人开采矿石达到情节严重的后果。

四是采矿区域认定。根据《中华人民共和国刑法》第343条第1款及最高人民法院、最高人民检察院《关于办理非法采矿、破坏性采矿刑事案件适用法律若干问题的解释》第3条第1款第2项的规定，在国家规划矿区、对国民经济具有重要价值的矿区、他人矿区、禁采区、禁采期或国家规定实行保护性开采的特定矿种开采矿石。本案中，存在侦查方向错误，铜仁市公安局梵净山森林公安分局以开采矿石区域为国家规划矿区、对国民经济具有重要价值的矿区、国家规定实行保护性开采的特定矿种为方向进行侦查，但未收集到相关证据，经承办人查阅了《中华人民共和国矿产资源法》，第20条规定“非经国务院授权的有关主管部门同意，不得在下列地区开采矿产资源：（一）港口、机场、国防工程设施圈定地区以内；（二）重要工业区、大型水利工程设施、城镇市政工程设施附近一定距离内；……（五）国家划定的自然保护区、重要风景区，国家重点保护的不能移动的历史文物和名胜古迹所在地……”结合该条规定证实开采矿石区域符合司法解释中的“禁采区”即可，经指导侦查调取了国务院转批林业部《关于审定国家级森林自然保护区请示的通知》，证实梵净山自然保护区属于国家级森林和野生动物类型自然保护区。本案中王某某、杨某某等6人采矿地点梵净山上堰沟，应认定为禁采区。

紫袍玉带石独产于中国贵州省铜仁市江口县梵净山国家级自然保护区，资源稀少。2018年7月2日，铜仁梵净山景区被列入世界自然遗产名录，梵净山景区所有野生动植物资源、水资源和矿产资源等都是宝贵的自然遗产。非法开采紫袍玉带石不仅对梵净山自然保护区的矿产资源造成了严重破坏，也对世界非物质文化遗产造成了严重破坏。涉嫌6人已被获刑警示，一些不法分子不要再为了谋取非法利益而破坏我们美好的生活环境。本案系铜仁市首例非法开采紫袍玉带石案。

相关规定

1.《中华人民共和国刑法》

第三百四十三条 违反矿产资源法的规定，未取得采矿许可证擅自采矿，擅自进入国家规划矿区、对国民经济具有重要价值的矿区和他人矿区范围采矿，或者擅自开采国家规定实行保护性开采的特定矿种，情节严重的，处三年以下有期徒刑、拘役或者管制，并处或者单处罚金；情节特别严重的，处三年以上七年以下有期徒刑，并处罚金。

违反矿产资源法的规定，采取破坏性的开采方法开采矿产资源，造成矿产资源严重破坏的，处五年以下有期徒刑或者拘役，并处罚金。

2. 最高人民法院、最高人民检察院《关于办理非法采矿、破坏性采矿刑事案件适用法律若干问题的解释》

第二条 具有下列情形之一的，应当认定为刑法第三百四十三条第一款规定的“未取得采矿许可证”：

（一）无许可证的；

（二）许可证被注销、吊销、撤销的；

（三）超越许可证规定的矿区范围或者开采范围的；

（四）超出许可证规定的矿种的（共生、伴生矿种除外）；

（五）其他未取得许可证的情形。

第三条 实施非法采矿行为，具有下列情形之一的，应当认定为刑法第三百四十三条第一款规定的“情节严重”：

（一）开采的矿产品价值或者造成矿产资源破坏的价值在十万元至三十万元以上的；

（二）在国家规划矿区、对国民经济具有重要价值的矿区采矿，开采国家规定实行保护性开采的特定矿种，或者在禁采区、禁采期内采矿，开采的矿产品价值或者造成矿产资源破坏的价值在五万元至十五万元以上的；

（三）二年内曾因非法采矿受过两次以上行政处罚，又实施非法采矿行为的；

（四）造成生态环境严重损害的；

（五）其他情节严重的情形。

实施非法采矿行为，具有下列情形之一的，应当认定为刑法第三百四十三条第一款规定的“情节特别严重”：

（一）数额达到前款第一项、第二项规定标准五倍以上的；

（二）造成生态环境特别严重损害的；

（三）其他情节特别严重的情形。

3. 最高人民检察院、公安部《关于公安机关管辖的刑事案件立案追诉标准的规定（一）的补充规定》

十一、将《立案追诉标准（一）》第68条修改为：［非法采矿案（刑法第343条第一款）］违反矿产资源法的规定，未取得采矿许可证擅自采矿，或者擅自进入国家规划矿区、对国民经济具有重要价值的矿区和他人矿区范围采矿，或者擅自开采国家规定实行保护性开采的特定矿种，涉嫌下列情形之一的，应予立案追诉：

（一）开采的矿产品价值或者造成矿产资源破坏的价值在10万元至30万元以上的；

（二）在国家规划矿区、对国民经济具有重要价值的矿区采矿，开采国家规定实行保护性开采的特定矿种，或者在禁采区、禁采期内采矿，开采的矿产品价值或者造成矿产资源破坏的价值在5万元至15万元以上的；

（三）二年内曾因非法采矿受过两次以上行政处罚，又实施非法采矿行为的；

（四）造成生态环境严重损害的；

（五）其他情节严重的情形。

在河道管理范围内采砂，依据相关规定应当办理河道采砂许可证而未取得河道采砂许可证，或者应当办理河道采砂许可证和采矿许可证，既未取得河道采砂许可证又未取得采矿许可证，具有本条第一款规定的情形之一，或者严重影响河势稳定危害防洪安全的，应予立案追诉。

采挖海砂，未取得海砂开采海域使用权证且未取得采矿许可证，具有本条第一款规定的情形之一，或者造成海岸线严重破坏的，应予立案追诉。

具有下列情形之一的，属于本条规定的“未取得采矿许可证”：

（一）无许可证的；

（二）许可证被注销、吊销、撤销的；

（三）超越许可证规定的矿区范围或者开采范围的；

（四）超出许可证规定的矿种的（共生、伴生矿种除外）；

（五）其他未取得许可证的情形。

多次非法采矿构成犯罪，依法应当追诉的，或者2年内多次非法采矿未经处理的，价值数额累计计算。

非法开采的矿产品价值，根据销赃数额认定；无销赃数额，销赃数额难以查证，或者根据销赃数额认定明显不合理的，根据矿产品价格和数量认定。

矿产品价值难以确定的，依据价格认证机构，省级以上人民政府国土资源、水行政、海洋等主管部门，或者国务院水行政主管部门在国家确定的重要江河、湖泊设立的流域管理机构出具的报告，结合其他证据作出认定。

4.《中华人民共和国矿产资源法》

第二十条 非经国务院授权的有关主管部门同意，不得在下列地区开采矿产资源：

（一）港口、机场、国防工程设施圈定地区以内；

（二）重要工业区、大型水利工程设施、城镇市政工程设施附近一定距离以内；

（三）铁路、重要公路两侧一定距离以内；

（四）重要河流、堤坝两侧一定距离以内；

（五）国家划定的自然保护区、重要风景区，国家重点保护的不能移动的历史文物和名胜古迹所在地；

（六）国家规定不得开采矿产资源的其他地区。

5.《岩石分类和命名方案变质岩岩石的分类和命名方案》

（略）

6.《中华人民共和国矿产资源法实施细则》

（略）

［主办检察官：姚华权*
检　察　官：杨　茜］

* 铜仁市江口县人民检察院检察长。

艾某某、李某某贩卖、运输毒品案，蔡某某运输毒品案

——共同犯罪中主从犯的认定

关键词

共同犯罪　主犯　从犯

要　旨

对于主从犯的区分，不能仅从首起犯意简单地作为划分主从的原则，也不能以买卖关系简单地作为区分上下线的标准，应结合案件事实、各被告人的地位、作用区分共同犯意形成于何人之间，以各被告人的行为来决定在共同犯罪中的作用。

基本案情

被告人艾某某，女，1981年出生，云南省耿马县人。

被告人李某某，男，1975年出生，河南省新蔡县人。

被告人蔡某某，男，1971年出生，河南省新蔡县人。

2016年7月，被告人艾某某多次与被告人李某某商谈交易毒品事宜，并先行通过其妹南某的账户收取李某某支付的20190元毒资。在艾某某从他人处购得毒品后，李某某邀约被告人蔡某某共同前往云南省昆明市与艾某某交接毒品。3人见面后，因李某某未能支付剩余毒资，遂商议共同携带毒品前往安徽省拿钱，以便支付艾某某剩余毒资。同年8月3日，3人在乘坐黑车至贵州省盘县平关镇320国道线毒品检查站时被公安机关查获。从3人携带的红色袋子内查获毒品海洛因693.43g，另从艾某某贴身内衣处查获毒品海洛因1.3g。

指控与证明犯罪

2016年11月7日，盘州市公安局以艾某某涉嫌运输毒品罪移送盘州市检察院审查起诉，同年11月14日盘州市检察院将该案报送六盘水市检察院审查起诉。

审查起诉阶段：

艾某某辩称：(1) 自己是根据李某某的需要安排毒品来源、确定购毒数量、

提供交易地点；(2) 自己所购毒品是一名叫“老大”的男子提供，并由其决定毒品价格；(3) 自己是根据“老大”的安排与李某某等人前往安徽将毒品交给李某某的上线，但具体情况不知。(辩称自己处于被支配地位，属于从犯。)

李某某辩称：(1) 自己是根据一名叫“珍珠”的男子安排购买毒品，并由其提供的毒资；(2) 三人一同前往安徽拿钱是根据“珍珠”的安排；(3) 蔡某某与自己一同前往昆明前就知道是交易毒品，并强调交接、藏匿毒品主要是艾某某和蔡某某谈的。(同样辩称自己处于被支配地位，属于从犯。)

蔡某某辩称：(1) 自己此前并不认识艾某某，是到了昆明之后才知道李某某是来交易毒品；(2) 在昆明整个交易毒品的过程是李某某和艾某某商量的，自己只是根据安排才一同前往安徽；(3) 并不认识“珍珠”。(同样辩称自己处于被支配地位，属于从犯。)

检察机关审查认为，3 名被告人进入审查起诉环节后，均在辩称自己的行为处于中间，受支配地位，均想以此表明自己的行为属于从犯地位，意图获得从轻或减轻处罚。但现有证据中关于“大哥”“珍珠”是否真实存在？艾某某、李某某关于毒品交易商谈的细节，其中包括贩毒来源、购毒用途、毒品种类、数量、金额、交易地点、方式的选择等细节问题，双方各执一词，无法准确认定毒品交易的双方在毒品犯罪中所起的真实地位、性质，直接影响了对毒品犯罪主体罪名的认定、地位的认定，针对上述问题，六盘水市人民检察院于 2016 年 12 月 8 日、2017 年 2 月 8 日两次将案件退回盘州市公安局补充侦查，要求公安机关补充查证“大哥”“珍珠”的身份情况、艾某某、李某某、蔡某某 3 人的手机数据内容、银行交易流水、打款取款视频、酒店入住记录及视频等证据，并细化 3 名被告人关于毒品交易的细节供述。

经补充侦查，盘州市公安机关调取了 3 名被告人的通话详单，经提交被告人辨认指认后发现，艾某某与其供述中所称“大哥”的男子确有通话，李某某与“大哥”无通话内容，但“大哥”的手机号码由于系使用虚假主体注册，无法查证真实主体，且在艾某某与李某某等交易的前后数日，双方通话内容并不多，李某某、蔡某某均再次供述在双方交易过程中，未发现艾某某有请示、等待指挥等行为，上述证据内容所反映的事实是艾某某所说完全根据“大哥”的指示、安排交易毒品，陪同前往安徽拿钱等并不符合客观事实，并不属实。而艾某某、李某某在毒品交易前后与“珍珠”的男子确有通话，二人对此也均予以供述，3 名被告人同时均表明艾某某与“珍珠”商量后将毒品运至安徽贩卖给“珍珠”后，可以从“珍珠”处分得一定好处（具体金额未谈），也就是说根据查明的事实，艾某某在与李某某交易毒品的事实过程中，艾某某从李某某毒品交易的上线，在毒资未能全额收取的情况下，演变为共同与李某某完成替他人购毒、运毒的共犯，且艾某某、李某某在整个毒品交易的过程中作用、地位相当。另一方面，关于蔡某某在整个毒品交易过程中的作用，由于艾某某、蔡某某的供述基本印证，表明蔡某某并不是与艾某某、“大哥”、“珍珠”商谈毒品交易的主体，也没有证据反映出蔡某某对购毒、运毒的目的是用于贩卖或帮助他人贩卖，仅能证实蔡某某帮助李某某将毒品运至安徽后，可以从其处获得5000元好处。

结合补充收集的证据，六盘水市人民检察院办案人员再次提讯3名被告人，听取了辩护律师的意见，核实了公安机关重新调取的证据情况，综合全案证据后，改变了公安机关对3名被告人均以涉嫌运输毒品罪的定性、明确了各被告人在毒品犯罪中的作用、地位。

2017年4月18日，六盘水市人民检察院以被告人艾某某犯贩卖、运输毒品罪，被告人李某某犯贩卖、运输毒品罪，被告人蔡某某犯运输毒品罪向六盘水市中级人民法院提起公诉。6月20日，六盘水市中级人民法院公开开庭审理了本案，并由市中级人民法院院长潘铁军担任审判长主持合议庭，市检察院检察长姜正权担任第一公诉人出庭指控，市县两级公安机关、检察机关、审判机关、人大和政协委员约50余人旁听了庭审。

法庭调查阶段，公诉人宣读起诉书指控被告人艾某某、李某某、蔡某某违反国家关于毒品管制规定，以非法谋利为目的，分别实施了贩卖、运输毒品的行为。对以上指控的犯罪事实，公诉人采用倒叙的方式，以被告人供述为首，层层印证的方式完整地用证据链条还原了案件事实，具体方式如下：

首先，公诉人向法庭出示了3名被告人的供述。在3名被告人的多次多份供述中，公诉人向法庭对被告人的供述情况进行了说明，并对认为应当予以采信部分向法庭宣读供述内容，完整地向合议庭、旁边人员阐述了案件发生的事实经过。

其次，公诉人围绕案发发生的时间阶段向法庭出示了3名被告人的出行记录（车票、酒店入住记录、通话详单、银行流水）等客观证据，用以证实检察机关指控事实客观、真实。

再次，公诉人向法庭出示了3名被告人被查缉的经过及毒品查获情况的证据，具体包括破案报告、毒品搜查、辨认、称量等笔录、现场勘验情况、毒品鉴定意见等证据，用于证实检察机关指控被告人实施毒品犯罪的毒品来源、种类、数量、纯度的真实性。

最后，公诉人向法庭出示了本案的量刑证据。具体包括3名被告人的主体身份、前科情况、抓获经过等证据，用于证实被告人艾某某、李某某、蔡某某具有刑事责任能力，其中蔡某某系累犯，应从重处罚。

法庭辩论阶段，公诉人发表公诉意见：

关于本案定性。被告人艾某某、李某某居间介绍他人交易毒品，并从中获利，为完成毒品交易行为，分别从他人处购买毒品、提供毒资、运输毒品的行为，根据刑法第347条之规定，构成贩卖、运输毒品罪，且系共同犯罪。被告人蔡某某明知他人意图将毒品从云南运往安徽，仍提供包装工具、陪同运输的行为，根据刑法第347条之规定，构成运输毒品罪，且与李某某是共同犯罪。

关于各被告人的地位认定。被告人艾某某在共同犯罪过程中，实施了收取毒资、购进毒品、从云南耿马县运输至昆明、交易毒品、陪同前往安徽的行为，对毒品犯罪交易起主要作用，应认定为毒品犯罪的主犯；被告人李某某在共同犯罪过程中，实施了支付毒资、在云南昆明交接毒品、安排车辆、路线运输毒品的行为，对毒品犯罪交易起主要作用，应认定为毒品犯罪的主犯；被告人蔡某某在共同犯罪中，实施了购买毒品包装袋、陪同运输毒品的行为，对毒品犯罪起次要作用，应认定为毒品犯罪的从犯。

关于本案量刑建议。根据刑法第347条第2款的规定，被告人艾某某应当在无期徒刑以上判处刑罚，并处剥夺政治权利和没收个人财产；被告人李某某应当在无期徒刑以上判处刑罚，并处剥夺政治权利和没收个人财产；被告人蔡某某应当在15年以上判处刑罚，鉴于其具有累犯的情节，应当从重处罚，在共同犯罪过程中系从犯，应当减轻处罚，建议在有期徒刑10年以上判处刑罚，并处罚金。

被告人及其辩护人对公诉意见没有异议，辩护人提出，毒品未流入社会，考虑被告人认罪态度好，建议从轻处罚。

法庭经审理，认定公诉人提交的证据能够相互印证，予以确认。综合考虑全案犯罪事实、情节，对3名被告人处以相应刑罚。2017年6月20日，六盘水市中级人民法院作出一审判决，以被告人艾某某犯贩卖、运输毒品罪判处无期徒刑，剥夺政治权利终身，并处没收个人财产人民币50000元；以被告人李某某犯贩卖、运输毒品罪判处无期徒刑，剥夺政治权利终身，并处没收个人财产人民币50000元；以被告人蔡某某犯运输毒品罪判处有期徒刑10年，并处罚金人民币10000元。判决结果与检察机关量刑意见完全一致，一审宣判后，被告人未上诉，判决已生效。

指导意义

毒品犯罪在司法实践中，犯罪嫌疑人呈现出越来越强的反侦查意识，除公安机关长期经营、特勤介入的案件外，对于临时查缉的毒品犯罪，特别是在多人多次的毒品犯罪中，如何准确认定各被告人之间的作用，精准指控各被告人的行为是司法实践中的一项难题，特别是案件进入审查起诉环节后，客观证据灭失、被告人供述已经成型，难以取到行之有效的证据判定各行为的性质，特别是在各被告人相互推诿首起犯意者、具体决策者、行为实施者时，判断各被告人的主从作用就显得愈发困难，进入公诉环节通过补侦还原案件事实，更多的就会体现出“由供到证”，“以证印供”的过程，对于主从犯的区分，不能仅从首起犯意简单的作为划分主从的原则，也不能以买卖关系简单地作为区分上下线的标准，应结合案件事实、各被告人的地位、作用区分共同犯意形成于何人之间，以各被告人的行为来决定在共同犯罪中的作用。

相关规定

《中华人民共和国刑法》

第三百四十七条 走私、贩卖、运输、制造毒品，无论数量多少，都应当追究刑事责任，予以刑事处罚。

走私、贩卖、运输、制造毒品，有下列情形之一的，处十五年有期徒刑、无期徒刑或者死刑，并处没收财产：

（一）走私、贩卖、运输、制造鸦片一千克以上、海洛因或者甲基苯丙胺五十克以上或者其他毒品数量大的；

（二）走私、贩卖、运输、制造毒品集团的首要分子；

（三）武装掩护走私、贩卖、运输、制造毒品的；

（四）以暴力抗拒检查、拘留、逮捕，情节严重的；

（五）参与有组织的国际贩毒活动的。

走私、贩卖、运输、制造鸦片二百克以上不满一千克、海洛因或者甲基苯丙胺十克以上不满五十克或者其他毒品数量较大的，处七年以上有期徒刑，并处罚金。

走私、贩卖、运输、制造鸦片不满二百克、海洛因或者甲基苯丙胺不满十克或者其他少量毒品的，处三年以下有期徒刑、拘役或者管制，并处罚金；情节严重的，处三年以上七年以下有期徒刑，并处罚金。

单位犯第二款、第三款、第四款罪的，对单位判处罚金，并对其直接负责的主管人员和其他直接责任人员，依照各该款的规定处罚。

利用、教唆未成年人走私、贩卖、运输、制造毒品，或者向未成年人出售毒品的，从重处罚。

对多次走私、贩卖、运输、制造毒品，未经处理的，毒品数量累计计算。

[主办检察官：姜正权*
检　察　官：王晶晶
检察官助理：张少祥]

* 六盘水市人民检察院检察长。

杨某某运输毒品案

——“明知”的认定

关键词

运输毒品　提前介入　零口供

要　旨

杨某某为了获取毒品而喊杨某发办理手机卡，使用该号码用于联系收取装有毒品的包裹并从云南运至湖南，杨某某“明知”是有毒品的包裹而使用邮寄的方式运输，犯罪事实清楚，证据确实、充分，杨某某的行为构成运输毒品罪。

基本案情

2017 年 2 月份，被告人杨某某请杨某发（退回公安机关补充侦查后未重报，另案处理，下同）用身份证帮忙办理了一张移动电话卡。2017 年 3 月 1 日，被告人杨某某使用的电话接到湖南省衡阳市领取包裹的电话通知，并收到领取包裹地址为“蒸湘区蒸湘南路火车站气象局斜对面华伟物流三十二站”的短信。当天，被告人杨某某以去湖南衡阳玩为由，邀约杨某发从台江出发到达湖南衡阳，并入住神龙百度酒店。次日早上，被告人杨某某喊杨某发帮忙去领取包裹，并将领取包裹的地址和电话号码写在纸条上交给杨某发。杨某发按照被告人杨某某写的地址到达衡阳市蒸湘区蒸湘南路“华伟物流三十二站”（地名），在领取包裹时，被布控的台江县公安局民警当场抓获。当日，被告人杨某某在衡阳市神龙百度酒店被抓获。经台江县公安局依法现场勘验检查及称量，杨某发帮助被告人杨某某领取的包裹纸箱夹层中查获 8 块用透明胶布封装的海洛因疑似物，净重为 691.62 克。经黔东南州公安司法鉴定中心鉴定，所送检的 8 块检材均检出海洛因成分，且含量分别为：44.64%、43.29%、43.26%、41.47%、39.18%、42.39%、42.96%、42.66%。

指控与证明犯罪

本案由台江县公安局侦查终结，以被告人杨某某、杨某发（退回公安机关补充侦查后未重报，另案处理）涉嫌运输毒品罪，于 2017 年 6 月 7 日向台江县检察院移送审查起诉。

本案由台江县检察院检察长、分管副检察长亲自办理，提前介入引导侦查工作，与侦查人员多次沟通，引导侦查机关依法固定杨某某的活动轨迹、通话记录、微信聊天记录、假借他人身份证办理电话卡等方面的证据。在审查批捕阶段，为了本案的顺利进行，办案人员拟定了详细的补充侦查提纲，引导侦查机关全面收集涉案证据，有效地防止了证据的灭失。

2017 年 11 月 14 日，台江县检察院以杨某某犯运输毒品罪向台江县法院提起公诉。12 月 22 日，台江县法院公开开庭审理本案。

法庭调查阶段，公诉人依法讯问了被告人，当庭出示了本案的全部证据，并经庭审质证。本案证据有物证包裹及毒品海洛因照片、手机以及杨某某书写领取包裹地址纸条照片；指定管辖决定书、受案登记表、立案决定书、户籍证明、抓获经过、通话清单、微信聊天记录、货物清单、昆明市检察院不起诉决定书等书证；证人杨某发、罗某建、曹某伟等人的证言；杨某某的供述与辩解；鉴定意见；现场勘验检查工作记录及照片、称量记录及照片、辨认笔录等，这些证据均是侦查机关依法取得，均符合证据的客观性、真实性、关联性，这些证据能够相互印证，并形成了证据锁链，证明杨某某明知是毒品，并将装有毒品的包裹从云南瑞丽运输到湖南衡阳，犯罪事实清楚，证据确实、充分，应当以运输毒品罪追究其刑事责任。

法庭辩论阶段，公诉人发表公诉意见：毒品对国家、对社会的危害是极大的，它毁灭自己、祸及家人，危害社会。即使是微量毒品，也具有显著的药理作用，连续使用会严重损害使用者的身体，毒品犯罪一直是我国重点打击对象。因为毒品有依赖性，所以给犯罪分子制造了很大的商机，为了获利这些犯罪分子无视法律，猖狂作案，给社会造成了严重的危害。根据《中华人民共和国刑法》第 347 条的规定，贩卖、运输海洛因 50 克以上应当处 15 年有期徒刑、无期徒刑或者死刑。而本案涉及的毒品数量达 10 倍以上，其严重的社会危害性是不言而喻的。被告人杨某某的犯罪事实清楚，证据确实、充分，依法应当认定被告人有罪。

被告人及其辩护人提出：领取该包裹是受张某袁指使的。张某袁叫杨某某去取包裹，里面是什么东西，杨某某本人并不知情。杨某某明知包裹里面是毒品的证据不充分。

公诉人针对辩护意见进行答辩：运输毒品，是指采用携带、邮寄、利用他人或者使用交通工具等方法将毒品从此地转移到彼地的行为，该罪的主观方面为故意，即明知是毒品而运输的。在本案中，虽然被告人杨某某不承认自己明知叫杨某发领取的包裹内装有毒品，但是根据现有的证据材料证实：杨某发取包裹是在杨某某的授意下去的，杨某某在取包裹之前，特意喊杨某发用身份证开了一个新的电话号码，且装有毒品的包裹上留的取货人也是该号码，杨某某得到该号码后，一直持有但并没有作为日常生活使用，从开户到杨某某被抓获，仅有一条通话记录，即衡阳三十二站物流部拨打过该号码通知杨某某去取包裹。杨某某虽辩称其去湖南衡阳是去找工作，但是根据其与张某袁的微信记录，以及杨某某的活动轨迹来看，杨某某没有找工作的迹象，其目的就是为了领取含有毒品的包裹，毒品的包装及运输方式等及其隐蔽。综合全案来看，杨某某为了获取毒品而喊杨某发办理手机卡，使用该号码用于联系收取装有毒品的包裹并从云南运至湖南，杨某某“明知”是有毒品的包裹而使用邮寄的方式运输，犯罪事实清楚，证据确实、充分，杨某某的行为构成运输毒品罪。

法庭经审理，认为公诉人出示的证据能够相互印证，予以确认。对杨某某及其辩护人提出无罪的意见不予采信。综合考虑犯罪事实和量刑情节，台江县人民法院于2018年2月12日以被告人杨某某犯运输毒品罪，判处有期徒刑15年，并处没收财产5万元。杨某某不服一审判决，于2018年2月22日上诉至黔东南州中级人民法院。黔东南州中级人民法院于2018年5月14日裁定驳回上诉，维持原判。

指导意义

杨某某犯运输毒品案是一起典型的“零口供”案件，杨某某有较强的反侦查能力。为了逃避法律责任，杨某某以其身份证无法办手机卡为由，喊杨某发帮忙办理手机卡之后，以此手机卡作为领取装有毒品包裹的收货联系方式，并选择湖南衡阳为收货地址。包裹到达湖南后，又以出去玩且包费用为由邀约杨某发前往湖南衡阳，当杨某发欲离开旅店返回台江县时，杨某某以身体不适为由喊杨某发前去领取包裹。这种有预谋、隐蔽的犯罪手段杨某某认为会给公安机关的侦查带来巨大的障碍。为了能够及时查清事实、固定证据，台江县人民检察院派副检察长带队提前介入该案时，在案件侦查的初期，就根据掌握的案件的信息，引导公安机关依法收集、固定犯罪证据和完善证据锁链，并监督侦查活动依法进行。在案件进入审判阶段后，承办人积极做好举证、质证、公诉意见、对法庭辩论焦点作了预测并作好答辩准备等庭前工作，在庭审过程中将本案的事实和定性、量刑等证据材料一一出示，在庭审中公诉人有理、有力、有节的讯问、质证和辩论，出庭效果显著。最终，一、二审法院采信了台江县人民检察院“零口供”的证据锁链，支持了该院对杨某某犯运输毒品罪的指控。

该案系司法体制改革以来，台江县检察院由检察长为组长，副检察长为副组长的团队办理的首起被告人不认罪的“零口供”案件，在办理该案中，检察长回归一线带领年轻干警办案，办案质量、效率都得到极大提升，该案在审查起诉阶段，由检察长亲自查阅卷宗、讯问犯罪嫌疑人，在召开检察官联席会议后，为了进一步完善整个证据链，力图突破“零口供”的关卡，提出进一步补充侦查的证据要求和方向。创新了“传、帮、带”方式，使年轻干警在协助办理案件中得到锻炼和提升。

相关规定

《中华人民共和国刑法》

第三百四十七条 走私、贩卖、运输、制造毒品，无论数量多少，都应当追究刑事责任，予以刑事处罚。

走私、贩卖、运输、制造毒品，有下列情形之一的，处十五年有期徒刑、无期徒刑或者死刑，并处没收财产：

（一）走私、贩卖、运输、制造鸦片一千克以上、海洛因或者甲基苯丙胺五十克以上或者其他毒品数量大的；

（二）走私、贩卖、运输、制造毒品集团的首要分子；

（三）武装掩护走私、贩卖、运输、制造毒品的；

（四）以暴力抗拒检查、拘留、逮捕，情节严重的；

（五）参与有组织的国际贩毒活动的。

走私、贩卖、运输、制造鸦片二百克以上不满一千克、海洛因或者甲基苯丙胺十克以上不满五十克或者其他毒品数量较大的，处七年以上有期徒刑，并处罚金。

走私、贩卖、运输、制造鸦片不满二百克、海洛因或者甲基苯丙胺不满十克或者其他少量毒品的，处三年以下有期徒刑、拘役或者管制，并处罚金；情节严重的，处三年以上七年以下有期徒刑，并处罚金。

单位犯第二款、第三款、第四款罪的，对单位判处罚金，并对其直接负责的主管人员和其他直接责任人员，依照各该款的规定处罚。

利用、教唆未成年人走私、贩卖、运输、制造毒品，或者向未成年人出售毒品的，从重处罚。

对多次走私、贩卖、运输、制造毒品，未经处理的，毒品数量累计计算。

［主办检察官：周礼静*
检　察　官：伍永棋　姚敦莉
检察官助理：蒙继芬］

* 黔东南州台江县人民检察院检察长。

危害公共安全案

赵某某失火案

——失火罪主观方面的认定

关键词

失火　不起诉　补植复绿

要　旨

案件行为人对导致火灾的行为是明知故犯的，如明知在特定区域内禁止吸烟却禁而不止等，但对火灾危害结果既不希望，也不放任其发生。这种案件应定为失火罪。行为人对于火灾的发生，主观上具有犯罪的过失，是其负刑事责任的主观根据。如果查明火灾是由于不可抗拒或不能预见的原因所引起，如雷击、地震等引起的火灾，则属于意外事故，不涉及犯罪问题。

基本案情

被告人赵某某，女，1966年生，贵州省人。2014年建档立卡的精准扶贫户。

2017年5月12日中午13时许，赵某某在本村一组（小地名桐子坪）自留地里挖坑用来栽树，肚子饿后她就将事先从家里带来的稀饭用锄头在土边挖了一个小坑将饭钵盆放在坑上用火加热，在热饭过程中，她继续在地里干活，不一会儿，火就从她热饭那地方燃烧起来，她立即上去救火，但由于杂草干燥，风也比较大，一个人无法扑灭，施救无效后，逃离现场，导致山林发生大火，山林大面积被烧毁，2017年5月14日，经习水县兴林林业司法鉴定所对桐子坪森林火灾进行鉴定：火灾级Ⅰ级、过火面积48.6亩（3.24公顷），经国家林业局森林公安司法鉴定中心东营分中心鉴定：起火点确定为赵某某自留地内烧火热饭的炉灶周围。到案后，她对自己不慎引发桐子坪森林火灾的违法事实供认不讳。事后赵某某制定植被修复方案，赵某某取得了被烧林地所有人的谅解。

指控与证明犯罪

2017 年 6 月 15 日，习水县公安局以赵某某失火罪移送习水县人民检察院审查起诉。

审查起诉阶段，贵州省习水县人民检察院审查了全案卷宗，讯问了犯罪嫌疑人，听取了犯罪嫌疑人和被害人的意见。进一步核实了事实情况。针对犯罪嫌疑人的供述、被害人的陈述、证人证言、鉴定意见等证据，习水县检察院认为本案事实清楚，证据足以认定犯罪嫌疑人因为在山上热饭，用火不慎，失火造成森林火灾，过火林地面积为 48.6 亩（3.24 公顷），按照《中华人民共和国刑法》第 115 条第 2 项之规定，赵某某构成失火罪。但鉴于该案件犯罪嫌疑人赵某某情节轻微，主观恶性不大，赵某某制定植被修复方案，取得烧毁林地所有人的谅解，化解了社会矛盾，认罪态度好，有悔罪表现。又因赵某某系 2014 年建档立卡的精准扶贫户，家庭经济条件困难，平时表现一贯良好，且自愿完成生态修复义务，根据《中华人民共和国刑事诉讼法》第 173 条第 2 款之规定，可以对其作出相对不起诉决定。

2017 年 7 月 6 日，贵州省习水县人民检察决定对赵某某失火罪一案作出相对不起诉决定。该院党组书记、检察长陈昌余亲自到土城镇红花村村委会对被不起诉人赵某某宣布不起诉决定。此案既体现检察机关司法公正，又化解了社会矛盾，保障了被不起诉人的家庭稳定，在当地产生了良好的社会效果。

指导意义

刑事案件处理的火灾事故，普遍存在一个争论焦点，即针对不同的火灾事故如何予以定性，定性后产生的对于相关人员的刑事责任如何追究，以及不同的定性是否会导致一部分人的刑责过高，而有一部分人却因此避开了法律的惩处。失火案是指由于行为人的过失引起火灾，造成严重后果，危害公共安全的行为，这是一种以过失酿成火灾的危险，危害公共安全的犯罪。失火罪在客观方面表现为行为人实施引起火灾，造成严重后果的危害公共安全行为。首先，行为人必须有引起火灾的行为。失火一般发生在日常生活中，如吸烟引起火灾，取暖做饭用火不慎引起火灾，造成重大损失，就构成失火罪。如果在工作中严重不负责任或擅离职守；或者在生产中违章作业或强令他人违章作业而引起火灾，则分别构成玩忽职守罪或者重大责任事故罪。如果火灾不是由于行为人的失火行为引起的，而是由于自然原因引起的，不构成失火罪。其次，行为人的行为必须造成严重后果，即致人重伤、死亡或者使公私财产遭受重大损失。仅有失火行为，未引起危害后果；或者危害后果不严重，不构成失火罪，就不以犯罪论处，而属一般失火行为。最后，上述严重后果必须是失火行为所引起，即同失火行为有着直接的因果关系。这一特征是行为人负刑事责任的客观根据。

关于失火罪的情节轻重问题，根据国家林业局、公安部《关于森林和陆生野生动物刑事案件管辖和立案标准》中规定：失火造成森林火灾，过火有林地面积 2 公顷以上，或者致人重伤、死亡的应当立案，过火有林地面积为 10 公顷以上，或者致人死亡、重伤 5 人以上的为重大案件；过火有林地面积为 50 公顷以上，或者死亡 2 人以上的，为特别重大案件。司法实践中，在失火行为造成了严重后果，构成失火犯罪的情况下，一般在法定的基本量刑档次内给行为人裁量刑罚。也就是说，失火行为造成了致人重伤、死亡或使公私财产遭受重大损失的严重后果，一般在 3 年以上 7 年以下有期徒刑这一量刑档次内裁量刑罚。但是，在失火行为造成了严重后果的前提下，综合考察分析犯罪行为人主客观方面的情况，如果情节较轻的，在 3 年以下有期徒刑或者拘役这一量刑幅度内量刑。根据《中华人民共和国刑法》第 115 条之规定，赵某某的行为犯失火罪，处 3 年以下有期徒刑或拘役。考虑到被不起诉人赵某某，案发后积极参与火灾扑救，主动交代案件事实，事后又积极对破坏的林地进行补植复绿，将其对生态环境的损害降到了最低，遂对其进行了相对不起诉处理。最大限度地保障其家庭和谐稳定，为助力脱贫攻坚贡献检察力量，让人民群众从每一个司法案件中感受到公平正义。

"生态补植复绿"是检察机关在经济发展、城镇化推进的大背景下，保障绿水青山、维护生态平衡、维护社会稳定的重要举措之一。打击犯罪是从震慑角度保护生态，"补助复绿"是对生态系统的直接恢复，并作为犯罪嫌疑人认罪悔罪挽回损失的考察要求之一，可以酌定从轻处罚，既最大限度地保障绿水青山，也给予行为人改过自新机会。

相关规定

《中华人民共和国刑法》

第一百一十五条 放火、决水、爆炸以及投放毒害性、放射性、传染病病原体等物质或者以其他危险方法致人重伤、死亡或者使公私财产遭受重大损失的，处十年以上有期徒刑、无期徒刑或者死刑。

过失犯前款罪的，处三年以上七年以下有期徒刑；情节较轻的，处三年以下有期徒刑或者拘役。

[独任检察官：陈昌余*
检察官助理：冯建容]

* 遵义市习水县人民检察院检察长。

陈某某危险驾驶案

——明知他人醉酒仍提供车辆供其驾驶后发生交通事故的责任认定

关键词

危险驾驶　共同犯罪　主犯

要　旨

醉酒后在道路上驾驶机动车，以危险驾驶罪追究其刑事责任。郭某某明知陈某某酒后还提供车辆给陈某某驾驶，陈某某驾驶车辆载郭某某在行驶途中与他人驾驶的机动车相互碰撞，发生交通事故，属于共同犯罪，共同对危险驾驶行为承担责任。

基本案情

2018年10月7日，被告人陈某某、郭某某在兴仁市长兴路百家宴对面喝酒后，郭某某将自己的普通二轮摩托车交由陈某某驾驶。陈某某驾驶摩托车载郭某某沿环城东路往环城北路方向行驶，当车行驶到兴仁市城区环城东路（小地名：东仓公厕对面）处，陈某某停车与郭某某说话。此时，倪某驾驶普通二轮摩托车经过该处，因操作不当，自行摔倒后碰撞到人行道道牙后向前滑行，又碰撞郭某某驾驶的普通二轮摩托车肇事。事故发生后，陈某某电话报警，被民警当场查获，经黔西南州人民医院法医司法鉴定所鉴定，陈某某血样中乙醇含量为106.74mg/100ml。

指控与证明犯罪

2018年11月29日，兴仁市公安局侦查终结，以被告人陈某某涉嫌危险驾驶罪移送兴仁市人民检察院审查起诉。

审查起诉阶段，陈某某、郭某某辩解称郭某某喝酒过多，陈某某骑郭某某的摩托车送郭某某回家，陈某某是清醒的。

检察机关审查认为，现有证据足以认定犯罪嫌疑人陈某某涉嫌危险驾驶罪，并发现犯罪嫌疑人郭某某涉嫌危险驾驶罪，于2018年12月25日决定一并追加起诉。

2018年12月27日，兴仁市人民检察院以被告人陈某某、郭某某涉嫌危险驾驶罪向兴仁市人民法院提起公诉，2019年2月27日，兴仁市人民法院公开开庭审理了本案。

法庭调查阶段，公诉人宣读起诉书指控被告人陈某某、郭某某在道路上醉酒驾驶机动车，其行为构成危险驾驶罪。对以上指控的犯罪事实，公诉人出示了六组证据予以证明：一是物证二轮摩托车：证实了陈某某驾驶的肇事车辆的相关信息。二是书证包括了受案登记表、户籍证明、扣押清单、到案经过、血样抽取笔录、血样送检经过、道路交通事故认定责任书：证实了案发后陈某某报警，兴仁市公安局民警处警中发现陈某某有酒后驾驶机动车的嫌疑，对于进行呼气式酒精含量检测及抽取血样备检陈某某案发时系完全刑事责任能力人，事故时，陈某某不承担事故的责任等。三是证人朱某某、倪某的证言：证实了案发前、陈某某、郭某某在一起喝酒，倪某酒后驾驶摩托车与陈某某驾驶摩托车相碰撞肇事。四是被告人郭某某、陈某某的供述与辩解：朱某某证实案发前与陈某某、郭某某等人在兴仁市长兴路百家宴对面烧烤摊喝啤酒的事实。证实郭某某明知道陈某某喝酒后，仍然将自己的摩托车交由陈某某驾驶，放任陈某某危险驾驶的事实。陈某某驾驶摩托车载郭某某行驶至东仓公厕对面时，被由倪某驾驶的普通二轮摩托车碰撞肇事的事实。五是鉴定意见：证实陈某某血液中乙醇含量超过80mg/100ml，系醉酒驾驶的事实。六是现场勘验笔录：证实案发现场位于兴仁城区环城北路（小地名：东仓公厕对面）。

法庭辩论阶段、公诉人发表公诉意见：

第一，关于本案定性。为了证实兴仁检公诉刑诉〔2018〕362号起诉书指控被告人陈某某、郭某某涉嫌危险驾驶罪的犯罪事实，公诉人在法庭调查阶段向法庭出示了物证，书证，证人证言，被告人陈某某、郭某某的供述与辩解，鉴定意见，现场勘验笔录等证据。上述证据由兴仁市公安局依法收集，具有客观性、关联性、合法性，能够证实2018年10月7日被告人陈某某、郭某某喝酒后，郭某某将自己的普通二轮摩托车交由陈某某驾驶。陈某某驾驶普通二轮车载郭某某沿环城东路往环城北路方向行驶，当车行驶到兴仁市城区环城东路（小地名：东仓公厕对面）停车后，被倪某驾驶的摩托车碰撞肇事。经鉴定，陈某某血样中乙醇含量为106.74mg/100ml。根据《中华人民共和国刑法》第133条之一第2项的规定，属于在道路上醉酒驾驶机动车，构成危险驾驶罪。

第二，关于郭某某的行为定性。本案中，被告人郭某某虽然未直接实施危险驾驶行为，但郭某某明知道被告人陈某某已经饮酒情况下，仍然提供机动车供陈某某驾驶，任由无机动车驾驶资格的陈某某实施危险驾驶行为危害公共安全，主观上为间接故意；在共同犯罪中，二被告人的作用和地位相当，均应以主犯论处，共同对危险驾驶行为承担责任。本案事实清楚，证据确实、充分，足以认定郭某某的行为构成危险驾驶罪。

第三，关于量刑建议。根据《中华人民共和国刑法》第 133 条之一第 2 项的规定，被告人陈某某、郭某某的行为构成危险驾驶罪，依法应判处拘役，并处罚金。因被告人陈某某具有坦白情节，建议对其在拘役一个月至两个月幅度内进行量刑，并处罚金人民币 1000 元至 2000 元；被告人郭某某具有自首情节，建议在拘役一个月至两个月幅度内进行量刑，并处罚金人民币 1000 元至 2000 元。

经法庭审理，认定公诉人提交的证据能够相互印证，予以确认。综合考虑全案犯罪事实、情节，对陈某某、郭某某处以相应的刑罚，2019 年 2 月 27 日兴仁市人民法院判决，以危险驾驶罪判处陈某某、郭某某拘役 1 个月，缓刑 1 个月，并处罚金人民币 1000 元。一审宣判后，被告人未上诉。

指导意义

危险驾驶罪系危险犯，其危害性表现为行为虽然未造成实际的损害结果，但危险驾驶的行为足以使不特定或者多数人的生命、健康和重大财产安全陷入危险。"醉驾入刑"，意味着醉酒驾驶机动车在道路上行驶就是犯罪，不论是否实际造成他人生命财产危害都要承担法律责任。因此，醉酒后绝对不能驾驶机动车，不能带有任何侥幸心理，要秉承"喝酒不开车，开车不喝酒，也要注意不将车交给饮酒的人驾驶"的驾驶理念。被告人陈某某、郭某某醉酒后在道路上驾驶的行为既危害了社会公共安全和国家的交通管理秩序，又使自己面临法律的惩处。郭某某明知道被告人陈某某已经饮酒的情况下，仍然提供机动车供陈某某驾驶，任由无机动车驾驶资格的陈某某实施危险驾驶行为危害公共安全，主观上为间接故意；在共同犯罪中，二被告人的作用和地位相当，均应以主犯论处，共同对危险驾驶行为承担责任。

相关规定

《中华人民共和国刑法》

第一百三十三条之一 在道路上驾驶机动车，有下列情形之一的，处拘役，并处罚金：

（一）追逐竞驶，情节恶劣的；

（二）醉酒驾驶机动车的；

（三）从事校车业务或者旅客运输，严重超过额定乘员载客，或者严重超过规定时速行驶的；

（四）违反危险化学品安全管理规定运输危险化学品，危及公共安全的。

机动车所有人、管理人对前款第三项、第四项行为负有直接责任的，依照前款的规定处罚。

有前两款行为，同时构成其他犯罪的，依照处罚较重的规定定罪处罚。

［独任检察官：罗 华*

检察官助理：李 润］

* 黔西南州兴仁县人民检察院副检察长。

其　他

姬某某与胡某某、安顺市某华丰装饰有限公司、贵州省某煤矿提供劳务者受害责任纠纷抗诉案

——如何区分劳务关系与承揽关系及相关民事责任的准确认定

关键词

雇佣关系　承揽关系　选任过失　适用法律错误

要　旨

申请人姬某某与其他当事人胡某某之间的关系符合承揽合同的特征，而胡某某系装饰公司的合法代理人，故姬某某与装饰公司形成了承揽劳务关系。

装饰公司的合法代理人胡某某在拆除旧砖墙时并没有找具有安全施工资质的单位进行施工，而是将拆除工作交给不具有拆墙资质的姬某某，可以认定装饰公司在选任上存在过失。

基本案情

申请人（原案原告、再审申请人）：姬某某，男，1962年11月出生。

其他当事人（原案被告）：胡某某，男，1979年11月出生。

其他当事人（原案被告）：安顺市某华丰装饰有限公司，法定代表人：杨某，经理。

其他当事人（原案被告）：贵州省某煤矿法定代表人：董江某，矿长。

2013年安顺市某华丰装饰有限公司（以下简称装饰公司）委托胡某某参加贵州某煤矿（以下简称某煤矿）健身房维修工程等有关事宜，胡某某得到

授权后以装饰公司名义对外承接工程。2013 年 4 月 16 日，胡某某以装饰公司为乙方，某煤矿为甲方签订了《矿部健身房改造维修工程施工承包合同》。2013 年 4 月 17 日胡某某电话通知姬某某到施工现场拆除旧砖墙。当天，姬某某携带工具与其子一起拆除砖墙，并约定拆除旧砖墙后，由胡某某支付姬某某报酬人民币 500 元。在拆除过程中，砖墙倒塌将姬某某砸伤，胡某某随即将其送往安顺市人民医院住院治疗。4 月 27 日，姬某某自行转入织金县人民医院住院治疗，5 月 24 日出院，住院治疗期间产生医疗费人民币 17996.01 元，复印费 15 元，全部由姬某某自行支付。2014 年 12 月 30 日贵阳医学院法医司法鉴定中心（2014）临鉴字第 5421 号鉴定意见书认定姬某某因硬物砸伤左下肢属七级伤残。2015 年 9 月 6 日安顺市人民医院证实姬某某在该医院住院治疗的各项费用合计 44330.93 元，姬某某持有交款收据的金额为 22330.93 元，门诊检查费 192 元。

检察机关履职情况

2015 年 6 月 29 日，姬某某因与胡某某、某煤矿、装饰公司提供劳务者受害责任纠纷起诉至安顺市西秀区人民法院，请求判决胡某某、某煤矿、装饰公司赔偿医疗费、误工费、护理费、交通费等费用共计 323351.69 元。

安顺市西秀区人民法院于 2015 年 9 月 16 日适用简易程序公开开庭审理该案，9 月 16 日作出（2015）西民初字第 1578 号判决，认定姬某某并未固定跟胡某某做工，姬某某拆除砖墙系胡某某临时通知，支付报酬的方式为一次性支付，而非定期向姬某某支付工作报酬，两者并未形成雇佣关系，为此，胡某某不应对姬某某受伤产生的损失承担责任。同时，姬某某未提供证据证实其与某煤矿及装饰公司之间存在雇佣关系，故某煤矿及装饰公司不应对姬某某受伤产生的损失承担责任，判决驳回姬某某的诉讼请求。

2016 年 1 月 20 日，姬某某不服（2015）西民初字第 1578 号判决，向安顺市西秀区人民法院申请再审。安顺市西秀区人民法院于 2016 年 2 月 26 日作出（2016）黔 0402 民申 1 号裁定书，认定原判决认定事实清楚，证据确实、充分，裁定驳回申请人姬某某的再审申请。

申请人姬某某不服到西秀区人民检察院申请监督，西秀区人民检察院审查后认为：西秀区人民法院（2015）西民初字第 1578 号民事判决书仅以姬某某与胡某某二人之间不存在劳务关系为由驳回姬某某的诉讼请求，法律阐明不充分、适用法律错误，于 2016 年 11 月 16 日提请安顺市人民检察院抗诉。

安顺市人民检察院充分听取案件当事人意见，查阅人民法院诉讼卷宗，并查明：2013 年，被告装饰公司经理杨某授权委托胡某某为某煤矿健身房维修工程等有关事宜中为其单位合法代理人。胡某某代表装饰公司承接某煤矿健身房改造维修工程。双方以装饰公司为乙方、某煤矿为甲方签订的《矿部健身房改造维修工程施工承包合同》，约定："本合同工程为矿部健身房（原大礼堂一楼两间大客车车库）改造维修施工，承包方式为包工包料。包括以下内容：1. 拆除两樘铝合金卷帘门，拆除一道12.04米长、2.1米高砖墙。……乙方在施工过程中必须严格遵守、执行国家有关建筑工程施工安全法规及操作规程，确保施工安全，乙方在施工过程中若发生伤亡事故，均由乙方负责，甲方概不负任何责任。"该合同签订后，胡某某于2013年4月17日电话通知原告姬某某到施工现场拆除上述合同中约定的砖墙。同日，胡某某驾车将姬某某及其之子送到施工现场，并约定拆除砖墙后支付姬某某500元。在拆墙过程中，砖墙倒塌将姬某某砸伤。胡某某当天便将姬某某送往安顺市人民医院住院治疗，4月27日，姬某某自行转入织金县人民医院住院治疗至5月24日出院，2015年9月6日，安顺市人民医院财务科出具证明证实姬某某"至今尚未办理出院结算手续"，各项费用合计44330.93元。而姬某某持有的住院预交款收据的金额为22000元，门诊检查费单据的金额为92元。姬某某在织金县人民医院住院治疗期间产生医疗费17992.51元，复印费15元，全部由姬某某自行支付。经姬某某委托，贵阳医学院法医司法鉴定中心于2014年12月30日作出贵医司法鉴定中心〔2014〕临鉴字第5421号《法医临床鉴定意见书》，鉴定意见为：姬某某因重物砸伤左下肢属七级伤残。姬某某向该鉴定中心支付鉴定费700元。同时查明：姬某某非固定为胡某某做工。

安顺市人民检察院审查认为，原判适用法律确有错误，于2016年12月19日，按照审判监督程序，向该安顺市中级人民法院提出抗诉。理由如下：

1. 装饰公司出具的《授权委托书》载明，胡某某是装饰公司参加某煤矿健身房维修工程等有关事宜中的合法代理人。胡某某是受装饰公司委托承接某煤矿健身房的维修工程，拆除旧墙是维修工作的一部分。姬某某是接到胡某某通知后去拆除砖墙，并商定报酬是人民币500元。本案中没有确切证据证明姬某某承揽的是胡某某的个人事务，《中华人民共和国合同法》第251条第1款规定："承揽合同是承揽人按照定作人的要求完成工作，交付工作成果，定作人给付报酬的合同"，第402条规定："受托人以自己的名义，在委托人的授权范围内与第三人订立的合同，第三人在订立合同时知道受托人与委托人之间的代理关系的，该合同直接约束委托人和第三人，但有确切证据证明该合同只约束受托人和第三人的除外"的规定，姬某某与装饰公司形成了承揽劳务关系。根据《中华人民共和国合同法》第272条第3款、第287条，以及《中华人民共和国建筑法》第26条规定，承包建筑工程的单位应当持有依法取得的资质证书，并在其资质等级许可的业务范围内承揽工程，承包人不得将工程分包给不具备相应资质条件的单位。《建设工程安全生产管理条例》第 11 条第 1 款和第 20 条也明确规定，建筑拆除工作应给予有资质的单位完成。由于装饰公司作为定作人选任没有资质的自然人姬某某进行拆除工作，根据最高人民法院《关于审理人身损害赔偿案件适用法律若干问题的解释》第 10 条："承揽人在完成工作过程中对第三人造成损害或者造成自身损害的，定作人不承担赔偿责任，但定作人对定作、指示或者选任有过失的，应当承担相应的赔偿责任"的规定，定作人装饰公司对于选任姬某某作为拆除工程的承揽人存在过失，应对姬某某所受之伤承担与其过失相适应的赔偿责任。

2. 原审判决认为"……被告与原告之间的关系不符合雇佣关系的特征，两者并未形成雇佣关系，而原告亦无充分证据证实其与被告之间具有劳务关系，故被告胡某某不应对原告所受之伤产生的损失承担责任。……且原告亦未提供证据证实其与被告某煤矿及装饰公司之间存在雇佣关系，故被告某煤矿及装饰公司亦不应对原告所受之伤产生的损失承担责任"，原判只审理姬某某与胡某某个人之间是否存雇佣关系或其他劳务关系，以及姬某某与某煤矿和装饰公司是否存在雇佣关系，而对于胡某某与装饰公司之间的委托关系未予以认定，遗漏重要法律关系，属于适用法律错误。

3. 某煤矿发包给不具有建筑施工资质的装饰有限公司，是否应承担对姬某某的赔偿问题。某煤矿是否违法发包给不具有资质的装饰公司，属于另一法律关系，某煤矿与姬某某未直接形成承揽关系。本案诉讼标的不是工程价款，根据最高人民法院《关于审理建设工程施工合同纠纷案件适用法律问题的解释》第 26 条第 2 款："实际施工人以发包人为被告主张权利的，可以追加转包人或者违法分包人为本案当事人，发包人只在欠付工程价款范围内对实际施工人承担责任"的规定，某煤矿不应对工程价款以外的事项承担赔偿责任。故姬某某以某煤矿违法发包为由要求其承担连带赔偿责任于法无据，对该项主张不予支持。

安顺市中级人民法院于 2017 年 1 月 24 日裁定提审本案，5 月 17 日进行了公开开庭审理，采纳了检察机关的抗诉意见，认为胡某某及其代理的装饰公司均应对申请人姬某某所受之伤承担相应的责任，并以原判决认定事实不清，证据不足，适用法律错误，裁定撤销西秀区人民法院作出的（2015）西民初第 1578 号民事判决，发回安顺市西秀区人民法院重新审理。

指导意义

一是厘清并认定案件中错综复杂的民事法律关系。第一，锁定案件的关键问题，即申请人姬某某与胡某某之间属于什么关系。如果姬某某与胡某某不存在个人雇佣关系，姬某某也不是装饰公司员工或雇佣人员，不认可姬某某与装饰公司存在劳务关系，则拆除砖墙的行为只能视为姬某某的擅自行为或是热心帮忙等，这显然与本案查明的事实不符。而事实上姬某某与胡某某有拆除砖墙后支付报酬的口头约定，根据《中华人民共和国合同法》第251条："承揽合同是承揽人按照定作人的要求完成工作，交付工作成果，定做人给付报酬的合同"的规定，本案的申请人姬某某与其他当事人胡某某之间的关系符合承揽合同的特征。

第二，准确适用被代理人对代理人的代理行为承担民事责任的相关规定。装饰公司出具的《授权委托书》，明确了胡某某是装饰公司参加某煤矿健身房维修工程等有关事宜中的合法代理人，有权处理委托事宜。符合《中华人民共和国民法通则》第63条的规定，公民法人可以通过代理人实施民事法律行为。代理人在代理权限内，以被代理人名义实施民事法律行为，被代理人对代理人的代理行为，承担民事责任的规定。

第三，承揽关系中定做人选任责任的准确认定。最高人民法院《关于审理人身损害赔偿案件适用法律若干问题的解释》第10条规定，承揽人在完成工作过程中对第三人造成损害或者造成自身损害的，定作人不承担赔偿责任，但定作人对定作、指示或者选任有过失的，应当承担相应的赔偿责任。本案中胡某某及其代理的装饰公司选任没有资质的姬某某拆除砖墙，存在选任过失责任。

二是办理劳务关系案件时，不能仅以签订书面合同作为存在用工关系的认定依据。在实践中多数劳务关系案件当事人之间因临时性用工，未签订书面合同，但可结合当事人之间的实际用工事实及支付报酬的口头约定等，对当事人之间的劳务关系加以认定。

相关规定

1.《中华人民共和国合同法》

第二百五十一条 承揽合同是承揽人按照定作人的要求完成工作，交付工作成果，定作人给付报酬的合同。

承揽包括加工、定作、修理、复制、测试、检验等工作。

第二百七十二条 发包人可以与总承包人订立建设工程合同，也可以分别与勘察人、设计人、施工人订立勘察、设计、施工承包合同。发包人不得将应当由一个承包人完成的建设工程肢解成若干部分发包给几个承包人。

总承包人或者勘察、设计、施工承包人经发包人同意，可以将自己承包的部分工作交由第三人完成。第三人就其完成的工作成果与总承包人或者勘察、设计、施工承包人向发包人承担连带责任。承包人不得将其承包的全部建设工程转包给第三人或者将其承包的全部建设工程肢解以后以分包的名义分别转包给第三人。

禁止承包人将工程分包给不具备相应资质条件的单位。禁止分包单位将其承包的工程再分包。建设工程主体结构的施工必须由承包人自行完成。

第二百八十七条 本章没有规定的，适用承揽合同的有关规定。

第四百零二条 受托人以自己的名义，在委托人的授权范围内与第三人订立的合同，第三人在订立合同时知道受托人与委托人之间的代理关系的，该合同直接约束委托人和第三人，但有确切证据证明该合同只约束受托人和第三人的除外。

2.《中华人民共和国民法通则》

第六十三条 公民、法人可以通过代理人实施民事法律行为。

代理人在代理权限内，以被代理人的名义实施民事法律行为。被代理人对代理人的代理行为，承担民事责任。

依照法律规定或者按照双方当事人约定，应当由本人实施的民事法律行为，不得代理。

3. 最高人民法院《关于审理人身损害赔偿案件适用法律若干问题的解释》

第十条 承揽人在完成工作过程中对第三人造成损害或者造成自身损害的，定作人不承担赔偿责任。但定作人对定作、指示或者选任有过失的，应当承担相应的赔偿责任。

4.《中华人民共和国建筑法》

第二十六条 承包建筑工程的单位应当持有依法取得的资质证书，并在其资质等级许可的业务范围内承揽工程。

禁止建筑施工企业超越本企业资质等级许可的业务范围或者以任何形式用其他建筑施工企业的名义承揽工程。禁止建筑施工企业以任何形式允许其他单位或者个人使用本企业的资质证书、营业执照，以本企业的名义承揽工程。

5.《建设工程安全生产管理条例》

第二十条 施工单位从事建设工程的新建、扩建、改建和拆除等活动，应当具备国家规定的注册资本、专业技术人员、技术装备和安全生产等条件，依法取得相应等级的资质证书，并在其资质等级许可的范围内承揽工程。

第二十一条 施工单位主要负责人依法对本单位的安全生产工作全面负责。施工单位应当建立健全安全生产责任制度和安全生产教育培训制度，制定安全生产规章制度和操作规程，保证本单位安全生产条件所需资金的投入，对所承担的建设工程进行定期和专项安全检查，并做好安全检查记录。

施工单位的项目负责人应当由取得相应执业资格的人员担任，对建设工程项目的安全施工负责，落实安全生产责任制度、安全生产规章制度和操作规程，确保安全生产费用的有效使用，并根据工程的特点组织制定安全施工措施，消除安全事故隐患，及时、如实报告生产安全事故。

6. 最高人民法院《关于审理建设工程施工合同纠纷案件适用法律若干问题的解释》

第二十六条 实际施工人以转包人、违法分包人为被告起诉的，人民法院应当依法受理。

实际施工人以发包人为被告主张权利的，人民法院可以追加转包人或者违法分包人为本案当事人。发包人只在欠付工程价款范围内对实际施工人承担责任。

［主办检察官：曾晓虹*
检　察　官：王　伟
检察官助理：朱晓敏］

* 安顺市人民检察院副检察长。

封某某、孔某某等12人减刑假释监督案

——服刑期间确有悔改表现的认定

关键词

减刑假释　违规情形　悔改表现

要　旨

刑罚变更执行监督是确保司法公正、提升司法公信力的重要环节。检察机关依照法定职权和程序，对执行机关提请减刑、假释到法院作出裁定的整个过程进行全程同步监督，目的是确保刑罚客观公正地执行。对罪犯减刑假释暂予监外执行的核心条件之一是罪犯是否“确有悔改表现”，罪犯封某某等12人严重违反监规，在消防重点区域吸烟被处予“一次性扣50分”的处罚，其违规后没有经过适当的一定期间的改造，不能认定为确有悔改表现，检察机关依法作出不宜呈报减刑或假释的检察意见得到了法院的支持，体现了监督的刚性。

基本案情

2018年4月，贵州省太平监狱认为封某某等136名罪犯确有悔改表现，拟提请减刑、假释，向安顺市人民检察院征求意见，并随案移送相关证据材料。承办检察官审查案件材料后发现，封某某等12名罪犯自2017年6月以来，均存在“在消防重点区域吸烟被一次性扣50分”的情形。此后，承办检察官通过到监狱取证、座谈，与法院沟通，召开检察官联席会等形式严格审查案件，认为该12名罪犯不符合最高人民法院《关于办理减刑、假释案件具体应用法律的规定》第3条、第22条的规定，依法向执行机关、审判机关提出不能认定为“确有悔改表现”，本次不宜呈报减刑或假释的检察意见。2018年6月11日，贵州省安顺市中级人民法院作出刑事裁定认为，罪犯封某某等12名罪犯在服刑期间不认真遵守监规和接受教育改造，不符合减刑、假释条件，裁定不予减刑、假释。为认真落实好双赢多赢共赢的监督理念，安顺市人民检察院主动邀请安顺辖区5所监狱以及审判机关召开联席会，就减刑假释暂予监外执行司法实践中的有关问题进行讨论并达成共识，各方反响良好。

检察机关履职情况

2018年4月，贵州省太平监狱认为罪犯封某某等136名罪犯确有悔改表现，拟提请减刑、假释，向贵州省安顺市人民检察院征求意见，并随案移送相关证据材料。承办检察官审查案件材料后发现，封某某等12名罪犯自2017年6月以来，均存在“在消防重点区域吸烟被一次性扣50分”的违规情形，2018年4月18日，承办检察官到贵州省太平监狱调取封某某等12名罪犯违规被扣分的详细证据材料，与监狱具体从事刑罚执行工作及一线管教民警座谈，了解违规被扣分具体情况，听取刑罚执行民警及一线管教民警的意见。

2018年4月25日，鉴于案情重大，贵州省安顺市人民检察院分管副检察长主持召开检察官联席会进行讨论。参会检察官一致认为：罪犯封某某等12人在消防重点区域吸烟，一次性被扣50分的情形，不能认定为“确有悔改表现”，本次不宜呈报减刑或假释，需要再考察一段时间，视教育改造情况另行呈报。

2018年4月27日至5月6日，贵州省安顺市人民检察院向贵州省太平监狱发出检察意见书，认为封某某等12人不能认定为“确有悔改表现”，本次不宜呈报减刑或假释。

2018年5月11日，贵州省太平监狱减刑、假释评审委员会回复贵州省安顺市人民检察院：“经我监2018年5月9日监狱长办公会审议，根据监狱减假工作及相关文件规定，仍予提请呈报。”监狱长办公会审议当日，贵州省太平监狱向贵州省安顺市中级人民法院提交了罪犯封某某等12人的《提请假释建议书》或《提请减刑建议书》。

2018年5月21日至23日，贵州省安顺市人民检察院向贵州省安顺市中级人民法院提出检察意见书认为，罪犯封某某等12人的行为，违反司法部监狱管理局《关于加强监狱安全生产管理的若干规定》第9条“禁止在罪犯劳动现场和具有火灾、爆炸危险等场所吸烟”的规定，不符合《中华人民共和国刑法》第78条、第81条和最高人民法院《关于办理减刑、假释案件具体应用法律的规定》第3条、第22条的规定，建议裁定不予减刑或假释。

2018年6月4日，贵州省安顺市中级人民法院开庭审理了罪犯封某某等12人减刑、假释案。庭审中，承办检察官发表检察意见：一是封某某等12人的行为违反监管工作的禁止性规定。司法部监狱管理局《关于加强监狱安全生产管理的若干规定》（〔2014〕司狱字120号）第9条明确规定：“禁止携带打火机、火柴等明火源进入监狱。禁止在罪犯劳动现场和具有火灾、爆炸危险等场所吸烟。”二是封某某等12人违反监规纪律的行为情节较重。《贵州监狱计分考核罪犯实施细则（试行）》（黔司发〔2017〕11号）第24条规定：“参加计分考核的罪犯，每月基础分为100分，其中教育改造基础分65分，劳动改造基础分35分。”第40条第1款第11项明确规定：“不遵守吸烟规定的，每次扣10分；在生产现场等消防重点区域吸烟的，每次扣50分。”以上罪犯在消防重点区域吸烟、被扣50分，扣分比重占基础分的50%，情节较重。三是封某某等12人行为违背“强化监规纪律”专项活动精神。2018年，司法部监狱管理局在全国监狱系统开展“强化监规纪律，净化改造环境”专项活动，贵州省监狱管理局印发了“强化监规纪律，净化改造环境”专项活动实施方案指出：“重点惩治罪犯目无法纪、漠视监规等行为。着重集中整治行为规范，以解决内务卫生定置管理、劳动现场规范管理等重点问题。”强化监规纪律，就是要让每名服刑人员遵规守纪、真心悔改，从根本上净化监管改造环境，认真落实国家总体安全观指导下的治本安全观。

庭审中，出庭检察官还就“该监狱某监区罪犯在消防重点区域吸烟现象突出问题”向监狱提出口头建议：“建议监狱进一步加大教育改造力度，教育服刑人员认真遵守监规纪律，禁止服刑人员在消防重点区域吸烟，确保监管场所安全稳定，切实维护本监其他在押人员的生命财产安全。努力将服刑人员改造成守法公民。”刑罚执行机关出庭代表当庭表示：“收到检察机关不予呈报假释和减刑的建议后，监狱领导高度重视，召开专题会议进行研究，各监区结合‘强化监规纪律，净化改造环境’专项活动的开展，已经进行‘违规吸烟’专项整治，监狱将进一步强化监规纪律约束，努力将罪犯改造成守法公民，以实际行动维护在押人员的合法权益。”

2018年6月11日，贵州省安顺市中级人民法院作出《刑事裁定书》，裁定对罪犯封某某等12人不予假释或减刑。

鉴于检察机关本次监督纠正情形，法律和相关司法解释没有明确具体的规定，为防止类似情形在贵州省安顺市辖区的5所监狱重复出现，2018年7月5日，贵州省安顺市人民检察院牵头，组织辖区的5所监狱及安顺市中级人民法院召开联席会，就相关问题进行了讨论，会议议定：根据《贵州监狱计分考核罪犯实施细则（试行）》，罪犯一次性被扣50分的，其减刑、假释考核期或间隔期延长3个月并从严掌握减刑幅度，且在提请减刑、假释前3个月不得有一次性被扣50分的情形；一个减刑、假释考核期内原则上不能有两次一次性被扣50分的情形。一次性扣65分以上处罚的，原则上应取得新的成绩后才能提请减刑、假释。考核周期内累计扣分达50分的，参照以上标准执行。

本次监督纠正情形涉及12名服刑罪犯的切身利益，且检察机关和刑罚执行机关的意见分歧，为监督、配合监狱做好监管改造工作，收到法院不予减刑、假释的裁定后，驻监检察室积极配合监管干警深入罪犯改造一线收集狱情动态。一方面，此次监督纠正情形在贵州省太平监狱引起了强烈反响，树立了“让认真遵守监规纪律、真心认罪悔罪的服刑人员优先减刑、假释”导向；另一方面，此次没有得到减刑、假释的12名罪犯思想有一定的波动。2018年7月18日，承办检察官与贵州省太平监狱干警一起到监区对12名服刑人员进行集体谈话，耐心释法说理，普法效果明显，得到了监狱领导、监管干警和服刑人员的一致好评。

指导意义

该系列减刑、假释案件在办理中坚持双赢多赢共赢的监督理念，既充分展示检察机关对刑罚执行活动的有效监督，又积极促进“将罪犯改造成为守法公民”的刑罚执行功能的实现。其典型意义如下：

一是通过裁判结果有效矫正刑罚执行机关对“确有悔改表现”的认识偏差。在收到刑罚执行机关的《拟提请假释建议书》和《拟提请减刑建议书》后，检察机关就充分与刑罚执行机关交换意见，建议监狱本次不予呈报该违规的12名罪犯，将机会留给认真遵守监规纪律的罪犯。但监狱长办公会讨论后认为，监狱内部有减刑、假释排序办法，该12名罪犯符合相关文件规定，仍予提请呈报，但最终法院裁定支持了检察机关的意见，统一了监、检、审三方对“确有悔改表现”的认识。

二是在重大减刑、假释案件办理过程中充分运用“检察官联席会”提供智力支持。在与刑罚执行机关初步交换意见后，鉴于检察机关与刑罚执行机关在类案的减刑、假释标准上存在明显的“认识分歧”，安顺市人民检察院分管副检察长及时组织召开检察官联席会进行讨论，与会检察官分别从减刑、假释条件的把握、庭审提问、发表检察意见要点等方面为承办检察官提供了有益的决策参考。

三是综合运用“立论说法”“类比讲理”“政策指引”等方法凸显庭审监督效果。庭审中，承办案件检察官首先“立论说法”，即：罪犯封某某等12人的行为违反司法部监狱管理局《关于加强监狱安全生产管理的若干规定》中的禁止性规定，属明显的“不认真遵守监规”；其次“类比讲理”，《贵州监狱计分考核罪犯实施细则（试行）》第39条第13项规定“煽动、教唆、怂恿他犯违规违纪的，每次扣50分”，罪犯封某某等12人在消防重点区域吸烟一次被扣50分，其扣分比重达基础分100分的50%，属严重违反监规行为；再次“政策指引”，其违规行为属司法部监狱管理局和贵州省监狱管理局当年“强化监规纪律，净化改造环境”专项活动中重点整治的“劳动现场规范管理”问题；最后“以情感人”，落实治本安全观，绝不能也绝不允许因为执行禁止性规定不严而发生大火。相关人员也不能心存侥幸，事故一旦发生，就会产生无法承担的严重后果。庭审后，合议庭采纳了检察机关的监督意见。

四是着眼建立长效机制，在办案中落实好双赢多赢共赢的监督理念。案件成功办理后，检察机关主动深入监管改造一线，对本次减刑、假释案件办理过程中情绪波动的罪犯进行“释法说理”，全力支持刑罚执行机关的教育改造工作。同时，积极主导，及时组织召开辖区内的刑罚执行工作联席会，研究解决办案工作中出现的新情况新问题，推动安顺辖区的审判机关、检察机关、刑罚执行机关就相关工作达成共识并形成长效机制，以专题会议纪要形式对研究讨论问题予以明确和规范。本案中，检察机关“组合拳”式的监督工作，得到了改造对象、刑罚执行机关和审判机关的高度认可。

五是对案件办理过程中发现的问题跟踪监督整改，切实“维护在押人员合法权益”。针对多名罪犯在消防重点区域吸烟，存在安全隐患，潜在影响其他罪犯生命财产安全问题，驻监检察官全程跟踪，积极监督监狱进行全面整改。同时，督促监狱约谈问题比较突出的监区管教民警；对消防器材，应急预案等进行全面检查；加大监管改造力度，教育罪犯认真遵守监规纪律，努力将罪犯改造成为守法公民。

相关规定

1.《中华人民共和国刑法》

第七十八条 被判处管制、拘役、有期徒刑、无期徒刑的犯罪分子，在执行期间，如果认真遵守监规，接受教育改造，确有悔改表现的，或者有立功表现的，可以减刑；有下列重大立功表现之一的，应当减刑：

（一）阻止他人重大犯罪活动的；

（二）检举监狱内外重大犯罪活动，经查证属实的；

（三）有发明创造或者重大技术革新的；

（四）在日常生产、生活中舍己救人的；

（五）在抗御自然灾害或者排除重大事故中，有突出表现的；

（六）对国家和社会有其他重大贡献的。

减刑以后实际执行的刑期不能少于下列期限：

（一）判处管制、拘役、有期徒刑的，不能少于原判刑期的二分之一；

（二）判处无期徒刑的，不能少于十三年；

（三）人民法院依照本法第五十条第二款规定限制减刑的死刑缓期执行的犯罪分子，缓期执行期满后依法减为无期徒刑的，不能少于二十五年，缓期执行期满后依法减为二十五年有期徒刑的，不能少于二十年。

第八十一条 被判处有期徒刑的犯罪分子，执行原判刑期二分之一以上，被判处无期徒刑的犯罪分子，实际执行十三年以上，如果认真遵守监规，接受教育改造，确有悔改表现，没有再犯罪的危险的，可以假释。如果有特殊情况，经最高人民法院核准，可以不受上述执行刑期的限制。

对累犯以及因故意杀人、强奸、抢劫、绑架、放火、爆炸、投放危险物质或者有组织的暴力性犯罪被判处十年以上有期徒刑、无期徒刑的犯罪分子，不得假释。

对犯罪分子决定假释时，应当考虑其假释后对所居住社区的影响。

2. 中共中央政法委《关于严格规范减刑、假释、暂予监外执行切实防止司法腐败的意见》

一、从严把握减刑、假释、暂予监外执行的实体条件

1. 对职务犯罪、破坏金融管理秩序和金融诈骗犯罪、组织（领导、参加、包庇、纵容）黑社会性质组织犯罪等罪犯（以下简称三类罪犯）减刑、假释，必须从严把握法律规定的“确有悔改表现”、“立功表现”、“重大立功表现”的标准。

对三类罪犯“确有悔改表现”的认定，不仅应当考察其是否认罪悔罪，认真遵守法律法规及监规、接受教育改造，积极参加思想、文化、职业技术教育，积极参加劳动、努力完成劳动任务，而且应当考察其是否通过主动退赃、积极协助追缴境外赃款赃物、主动赔偿损失等方式，积极消除犯罪行为所产生的社会影响。对服刑期间利用个人影响力和社会关系等不正当手段企图获得减刑、假释机会的，不认定其“确有悔改表现”。

对三类罪犯拟按法律规定的“在生产、科研中进行技术革新，成绩突出”或者“对国家和社会有其他贡献”认定为“立功表现”的，该技术革新或者其他贡献必须是该罪犯在服刑期间独立完成，并经省级主管部门确认。

对三类罪犯拟按法律规定的“有发明创造或者重大技术革新”认定为“重大立功表现”的，该发明创造或者重大技术革新必须是该罪犯在服刑期间独立完成并经国家主管部门确认的发明专利，且不包括实用新型专利和外观设计专利；拟按法律规定的“对国家和社会有其他重大贡献”认定为“重大立功表现”的，该重大贡献必须是该罪犯在服刑期间独立完成并经国家主管部门确认的劳动成果。

2. 对三类罪犯与其他罪犯的计分考核应当平等、平衡。在三类罪犯计分考核项目和标准的设计上，不仅应当考虑对其他罪犯教育改造的普遍性要求，而且应当考虑对三类罪犯教育改造的特殊性要求，防止三类罪犯在考核中比其他罪犯容易得分。进一步限制、规范三类罪犯的加分项目，严格控制加分总量。对利用个人影响力和社会关系、提供虚假证明材料、贿赂等不正当手段企图获得加分的，不但不能加分，还要扣分。司法部应当根据上述要求，抓紧修

改罪犯的计分考核办法。

3. 对依法可以减刑的三类罪犯，必须从严把握减刑的起始时间、间隔时间和幅度。被判处十年以下有期徒刑的，执行二年以上方可减刑，一次减刑不超过一年有期徒刑，两次减刑之间应当间隔一年以上。被判处十年以上有期徒刑的，执行二年以上方可减刑，一次减刑不超过一年有期徒刑，两次减刑之间应当间隔一年六个月以上。被判处无期徒刑的，执行三年以上方可减刑，可以减为二十年以上二十二年以下有期徒刑；减为有期徒刑后，一次减刑不超过一年有期徒刑，两次减刑之间应当间隔二年以上。死刑缓期执行罪犯减为无期徒刑后，执行三年以上方可减刑，可以减为二十五年有期徒刑；减为有期徒刑后，一次减刑不超过一年有期徒刑，两次减刑之间应当间隔二年以上。

确有阻止或检举他人重大犯罪活动、舍己救人、发明创造或者重大技术革新、在抗御自然灾害或者排除重大事故中表现突出等重大立功表现的，可以不受上述减刑起始时间和间隔时间的限制。

4. 对三类罪犯适用保外就医，必须从严把握严重疾病范围和条件。虽然患有高血压、糖尿病、心脏病等疾病，但经诊断在短期内不致危及生命的，或者不积极配合刑罚执行机关安排的治疗的，或者适用保外就医可能有社会危险性的，或者自伤自残的，一律不得保外就医。

5. 从2014年1月开始，以省、自治区、直辖市和新疆生产建设兵团为单位，各地职务犯罪罪犯减刑、假释、暂予监外执行的比例，不得明显高于其他罪犯的相应比例。中央政法相关单位应当积极指导和督促本系统落实相关比例要求。

3. 最高人民法院《关于办理减刑、假释案件具体应用法律的规定》

第三条 “确有悔改表现”是指同时具备以下条件：

（一）认罪悔罪；

（二）遵守法律法规及监规，接受教育改造；

（三）积极参加思想、文化、职业技术教育；

（四）积极参加劳动，努力完成劳动任务。

对职务犯罪、破坏金融管理秩序和金融诈骗犯罪、组织（领导、参加、包庇、纵容）黑社会性质组织犯罪等罪犯，不积极退赃、协助追缴赃款赃物、赔偿损失，或者服刑期间利用个人影响力和社会关系等不正当手段意图获得减刑、假释的，不认定其“确有悔改表现”。

罪犯在刑罚执行期间的申诉权利应当依法保护，对其正当申诉不能不加分析地认为是不认罪悔罪。

第二十二条 办理假释案件，认定“没有再犯罪的危险”，除符合刑法第八十一条规定的情形外，还应当根据犯罪的具体情节、原判刑罚情况，在刑罚执行中的一贯表现，罪犯的年龄、身体状况、性格特征，假释后生活来源以及监管条件等因素综合考虑。

[主办检察官：潘　勇*
检　察　官：章　琛]

* 安顺市人民检察院副检察长。

图书在版编目（CIP）数据

检察调研指导：入额领导干部带头办案专辑 / 贵州省人民检察院编．—北京：中国检察出版社，2019.9

ISBN 978－7－5102－2331－0

Ⅰ.①检…　Ⅱ.①贵…　Ⅲ.①检察机关－工作－中国－文集

Ⅳ.①D926.304－53

中国版本图书馆 CIP 数据核字(2019)第 193902 号

检察调研指导：入额领导干部带头办案专辑

贵州省人民检察院　编

出版发行：中国检察出版社
社　　址：北京市石景山区香山南路 109 号（100144）
网　　址：中国检察出版社（www.zgjccbs.com）
编辑电话：(010)86423703
发行电话：(010)86423726　86423727　86423728
经　　销：新华书店
印　　刷：北京玺诚印务有限公司
开　　本：710 mm×960 mm　16 开
印　　张：13
字　　数：234 千字
版　　次：2019 年 9 月第一版　　2019 年 9 月第一次印刷
书　　号：ISBN 978－7－5102－2331－0
定　　价：44.00 元